ペスタロッチーに還れ

―教育的格差・貧困・偏見に挑む―

黒澤英典［著］

学文社

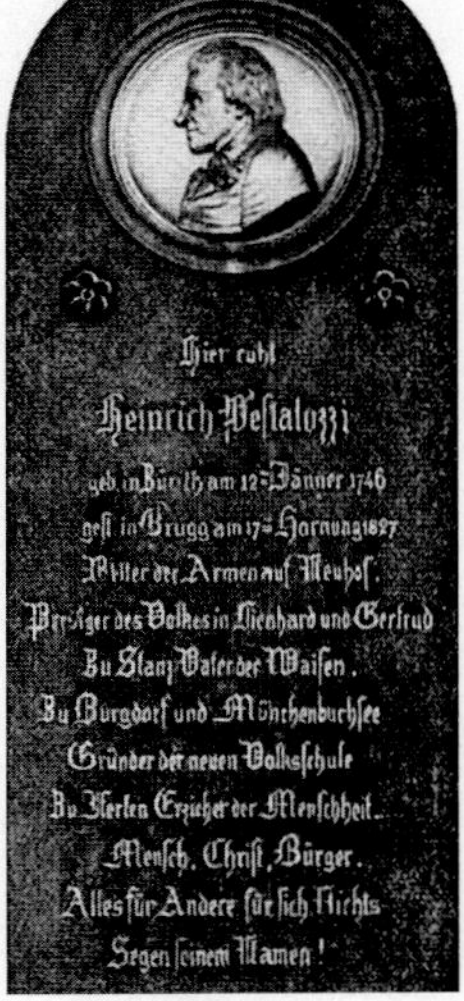

Hier ruht
Heinrich Pestalozzi

geb. in Zürich am 12 Jänner 1746,
gest. in Brugg am 17 Hornung 1827,
Retter der Armen auf Neuhof
Prediger des Volkes in Lienhard und Gertrud,
Zu Stanz Vater der Waisen,
Zu Burgdorf und Münchenbuchsee
Gründer der neuen Volksschule,
Zu Iferten Erzieher der Menschheit.
Mensch, Christ, Bürger.
Alles für Andere,für sich Nichts.
Segen seinem Namen !

ハインリヒ・ペスタロッチー
ここに眠る。

一七四六年一月一二日チューリッヒに生まれ、
一八二七年二月一七日ブルックに没す。
ノイホーフにおいては　貧民の救済者。
『リンハールトとゲルトルート』においては
民衆の伝導者。
シュタンツにおいては　孤児の父。
ブルグドルフとミュンヘンブーフゼーにおいては
新しい民衆学校の創設者。
イヴェルドンにおいては　人類の教育者。
人間、キリスト者、市民。
すべてを他者のためになし、己がためにはなにものをも。
彼の名に恵みあらんことを！

序　文

戦後七〇年を迎える今日、わが国の教育現実は「いじめ」「自殺」、教師による「体罰」、さらに「子ども虐待」など、また一方では、家庭の経済力が子どもの教育的格差を拡大している。こうした状況は、子どもの健やかな成長・発達の危機であり、深刻な問題である。

なぜ、今、一八八年も前に死んだ外国の教育者・ペスタロッチーを取り上げなければならないのか、という疑問を抱く人もあるだろう。ペスタロッチーは、国において「教育」を優先させ、教育において「子ども」を優先させ、子どもにおいて内面に秘められている「無限の可能性」の開花を優先させる──「教育」の実現に生涯をかけたのである。ペスタロッチーの八一年の生涯は、ヨーロッパ史およびスイス史のなかで最も激動の時代であった。そしてペスタロッチーはとりわけ時代の動向に敏感に対応し、貧しい民衆の子どもたちの幸せのために苦闘した人間であった。

ペスタロッチーの思索と実践との領域は、一般に考えられるように教育の分野のみにあったわけではない。それは政治、法律、経済、産業、道徳、宗教など多方面にわたっている。私たちは彼の生涯のいたるところに、下層民衆の幸せのために一貫した誠実な魂の歩みを、挫折と絶望のなかから絶えることなく、よみがえってくる彼の不屈な精神力を、また飽くなき探求心を読み取ることができる。

こうしたペスタロッチーの苦闘に充ちた生涯は、いつの時代でも私たちの胸を打ち続けるのである。

とりわけ二一世紀の初頭におけるわが国に山積している教育課題に対して、厳しい省察の波動を起こさずにはおられないであろう。

子どもたちが瞳を輝かし、青年が夢や理想をかかげて未来に挑戦していくためには、ペスタロッチーの生涯の苦闘から生まれた人間的信頼を基盤とするよりほかにない。

必ずや、ペスタロッチーの八一年の生涯は、二一世紀の初頭において、未来を担う子どもたちや青年の健やかな成長・発達を願って教育実践に努力している教師に、保護者や多くの市民に、勇気と英知と希望をあたえるにちがいないと確信する。

こうした、拙著を著すにあたって、多くの先行研究者の業績に負うところが多大であった。ここに厚く感謝の意を表すものである。

特に長年ご指導いただいた恩師文学博士・田花為雄先生に心から謝意を表すものである。

出版にあたっては学文社編集部二村和樹氏にお世話になった。ここに記して感謝を申し上げる次第である。

二〇一五年二月

ペスタロッチー没後一八八年の命日に

黒澤　英典

第二版 序 文

〝いま、なぜペスタロッチーか〟を再度改めて問いたい。ここ数年、経済的格差がますます教育的格差を生み、「いじめ」「不登校」「子どもたちの自殺」さらに「親による乳幼児の虐待死」など嘆かわしい事件が大きな社会問題となっている。こうした現代日本社会にあって、いま一度ペスタロッチーの八十余年の生涯を振り返ることによって、今日の困難な教育課題を克服する方途を見いだしたいと願っている。さて、ペスタロッチーの生涯は、孤児や下層民衆の子どもたちに貧しい悲惨な暮らしから抜け出すのに必要な基礎学力を育てるための工夫から出発した。そして、基礎学力を身につけることによって、民衆が近代社会の主人公であるという自覚を育むために全生涯を捧げた。素朴なスイスの農村地帯まで商品経済が浸透し、農村の分解が進行していくなかで、孤児や貧しい農村の子どもたちは、読み・書き・算（3R's）という新しい能力を必要としていた。しかし、彼らには、それを学ぶ学校がなく、たとえあったにしても、それは特権階級の子どもたちのものであって、孤児や下層民衆の子どもたちにとって、入学も許されず、たとえ入学できたにしても、生きる力にならないまったく役立たないものであった。

ペスタロッチーの生涯は、歴史的社会的立場に立って、人類、とくに民衆・いや貧民の子どもたちの救済と学びからの解放とを政治的・経済的・教育的立場に立って実現しようと意図したものである。社会において《教育》を優先させ、教育において《人間》を優先させ、人間において《内面に秘められたる無限の可能性》の実現に生涯をかけたペスタロッチーの教育の現代的意義を問いたい。

わが国におけるペスタロッチー研究の先駆者・長田新博士は、チューリッヒ大学名誉哲学博士学位授与式での記念講演のおわりに次のように述べている。

《ペスタロッチーに還れ!》というわたしの叫び声は、ペスタロッチーに還って彼の下からの教育学が何であるかを把握し、そして彼のこの下からの教育学を明日の歴史に生かし明日の歴史をつくることでなければならない。わたしは人類教育史上にあらわれた一人のイエス・キリストであるペスタロッチーの名において…。下からの教育学を明日の歴史にいかし、明日の歴史をつくる崇高ないとなみにするには未来を創り拓く地球社会の子どもたちの幸せを育むことである。

最後に、版を新しくするにあたって、多くの方々から貴重なご意見・ご助言をいただいた、とりわけ、長田新博士のご令息・横浜市立大学名誉教授長田五郎先生には貴重なご助言と資料のご提供をいただき、またスイス在住で高著『ペスタロッチ巡礼』の著者である岸井敏氏には貴重なご教示をいただいた。お二人に深く謝意を申し上げる次第である。またこのたびも、学文社二村和樹氏にお世話になった心から御礼を申し上げる。

二〇一八年七月一七日　酷暑の日に

黒澤　英典

目次

〔凡　例〕
一、「ペスタロッチー」の表記については、原則として「ペスタロッチー」としたが、原著者が「ペスタロッチ」と表記している場合はそのままにした。
一、引用文は原文のとおりにした。
一、引用文中の句読点・傍点は、読解に資するために著者が施した個所もある。
一、本文中の人名については、原則として敬称を省略した。
一、本書所収論文の初出掲載誌は巻末に掲げた。

序章　いま、なぜペスタロッチーか

現在わが国では「いじめ」「自殺」「不登校」そして教師による「体罰」、さらに親による「幼児・児童虐待」など教育問題が続出している。こうした諸問題に適切な対応すべき学校、教育委員会、さらに児童相談所等の機能が十分に発揮されず、つねに後追いの状況であるのが現実である。

それなのに、なぜ一九〇年ほどまえに亡くなった、スイスの教育実践家ペスタロッチーを問題にしなくてはならないのか、という疑問をもつ人もいるであろう。

これに対して、いろいろな答えが考えられる。とりわけ、ペスタロッチーの八一年の生涯は、まさに教育的格差・貧困・偏見への挑戦であったといえる。

そして、教育に捧げつくして、死を迎える時まで子どもらと共に生き続けたのだ。彼の教育者としての精神は、いつの時代でも永遠に教育者としての原点である。

いまこそ、私たちはペスタロッチーとは、いったいどんな人物で、どんな時代背景のもとで生き、どんな思想を創造したのか学んでみたい。

1 J・H・ペスタロッチーとは ―人と仕事―

ペスタロッチー（Johann Heinrich Pestalozzi 1746–1827）は、西洋近世教育史上の巨星であり、その著作・書簡・日記等は量と質とにおいて実に膨大なものである。ペスタロッチーの全集だけでも代表的なものは、次のようなものがある。

『ペスタロッチー著作全集（コッタ版）』（*Pestalozzi Sämtliche Schriften*. 15 Bände, J. G. Cotta, Stuttgart und Tübingen. 1819）

『ペスタロッチー著作全集（ザイファルト版）』（*Johann Heinrich Pestalozzi, Sämtliche Werke*, Hg. von L. W. Seyffarth. 12 Bande, Liegnitz. 1896ff.）

『ペスタロッチー著作全集（校訂版）』（*Johann Heinrich Pestalozzi. Sämtliche Werke*, Kritische Ausgabe, Hg. von Buchenau, Spranger, Stettbacher, Berlin 1927ff. Zürich 1946ff., Bd. 1-XXVIII außer XVIIB.

『ペスタロッチー書簡全集（校訂版）』（*Johann Heinrich Pestalozzi, Sämtliche Briefe*, Hg. vom Pestalozzianum und von der Zentralbibliothek in Zürich, 1946ff., Bd. I-XIII.

ペスタロッチーは、彼の八一年の生涯において、膨大な著作・書簡・日記等を残しているが、一八世紀末から一九世紀初頭まで、人間の成長と発達について政治的・社会的・教育的視点から述べた資料が残されている。とりわけ、彼の問題意識は一貫して上流階級の子どもたちではなく、貧しい階層の子どもたちに向けられていた。

ペスタロッチーの生誕一〇〇年を記念して建てられた墓碑銘の最後の部分に「すべてを他者のためになし、己がためにはなにものをも」（"Alles für Andere, für sich Nichts"）なさなかった気高い人格者として尊敬されている。また完成された「理想の教師」として、あるいは、「教育愛の化身」として、また「永遠の教師」として、世界中の子どもたちの幸せを願う多くの人びとによって限りなく称賛されている。しかし、彼の苦難に充ちた生涯を振り返っても、また、二一世紀初頭に生きる私たちの現実の願いや要求にすぐさま応えてくれるものではありえない。彼は、はじめから「理想の教師」でも「教育愛の天才」でもなかった。

ペスタロッチー研究の第一人者のシュプランガー（Eduard Spranger）(1)もいうように、彼は哲学者でも、心理学者でも、教育学者でもなかった。彼は、つねに自らのおかれた具体的状況に即して「いま、ここで」と、困難な状況に立ち向かい、嘲笑され、苦闘しながら、思索した人であった。

ペスタロッチーが学校を開いたイヴェルドン（Yverdon）(2)の駅前案内所のパンフレットでは、次のように紹介している。

イヴェルドンの広場に立つ銅像になって毎日行き交う人々を眺めておられるあなたは、いったいどなたですか。

―私の名はハインリッヒ・ペスタロッチ。一七四六年一月一二日にチューリッヒで生まれ、そこで、幼児期と少年期を過ごしました。結婚し、妻とアールガウ州のビル（Birr）という田舎に移り住みました。私たちの家はノイホーフ（Neuhof：新しい農場）と呼ばれ、既にその頃から孤児や浮浪者の救済に乗り出したのです。本や新聞にも数多く書きましたが、それら、田舎に住んでいる貧しい人びとや子どもたちの余りにも惨めな生活が少しでも改善されるようにと願ったからです。その後、ウンターヴァルデン州のシュタンス（Stans）で六カ月ほど暮らし、戦争で何もかも失ってしまった孤児たちの世話をしました。それから、ベルン州のブルグドルフ（Burgdorf）で教師となり、子どもの教育に携わりました。

なぜ、あなたはイヴェルドンに来られたのですか。

―イヴェルドンへは一八〇四年に、徳育と知育の両面で子どもたちを教育するために来ました。市の招きを受け、提供してもらった城に教育施設をつくったのです。当時の学校は、貧しい子どもたちは、読み書きなどを学ぶ余裕などなく、年端も行かぬうちから働かねばならず、道端で物乞いすることさえあったのです。学校に通うことのできた子どもたちは、何から何まですべてを、時にはその意味を十分に理解しないままに、暗記させられていました。

七歳から一五歳までの男の子たちは、城の中で授業を受け、寝食を共にしました。生徒は、イヴェルドンだけではなく、ローザンヌ、ドイツ語圏スイス、ドイツ、フランス、イギリス、イタリア、スペインからもやって来ました。生徒の数は一五〇人にも達したことがあり、たくさんのクラスに分けられました。私の教育方法に関心を抱いた大勢の先生が、スイスだけでなく、外国からも手助けに来てくれました。私たちは、あたかも一つの大家族のような暮らしをしていたのです。

あなたが創られた学校は、どんな学校だったのですか。

―私が目指した学校は、知識注入の暗記主義の厳しい学校ではなくて、授業を楽しくする学校でした。イヴェルドン城の学園では、子どもたちは居ながらにして自然を学び、平地で地理の勉強もし、樹木、田畑の耕作、動物を観察するために、森の中や野原へよく遠足に出かけたものです。夕方、天候に恵まれた日には、夕焼けの美しさを崇め、夜には満天の星を数えたものです。生徒たちは、数学、暗算、フランス語、ドイツ語、音楽、唱歌、絵画などを学ぶと共に、体育も行いました。私の願いは、子どもたちが望みどおりの職業に就いて、幸せで、世の中の役に立つ大人になってくれることでした。そこで、私たちは街なかにある職人たちの仕事場を時々訪ねては、彼らの仕事への理解を深めようとしたのです。

あなたの銅像の傍らには、少年と並んで一人の少女が立っていますが、それはなぜですか。

―私の生きた時代には、女の子の教育はなおざりにされました。そこで、私は、一八〇六年に、このイヴェルドンの市役所の隣に女子学園を創設し、少年と同じ教育が受けられるようにしたのです。女の子の場合には、将来、家族に温かい心くばりのできる母となり、あるいは、幼児教育に携わる優れた保育者となるように育て上げることも忘れませんでした。

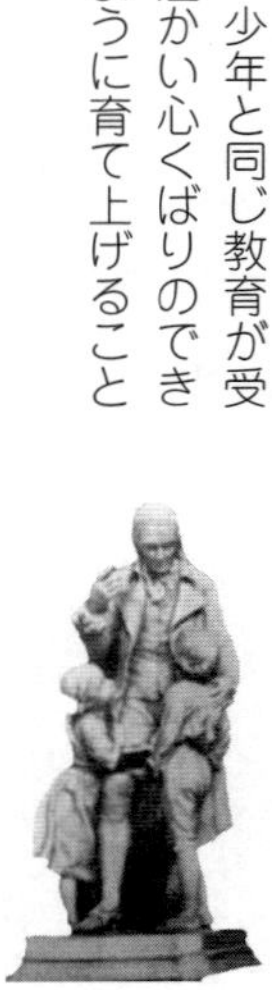

当時の人々は、障がいをもつ子どもの面倒をよく見ていたのですか。

―残念ながら、見ていません。障がい児は、多くの場合、蔑ろにされて放っておかれたのです。私は、イヴェルドン城で、聾唖の少年二人の教育に取り組み始めました。一八一三年に聾唖児専門の施設もつくりました。これがスイスで最初の障がい児施設です。ブレーヌ通りに今でも残っています。

奥様も、あなたのお手伝いをなさったのですか。

―妻、アンナ・シュルテス（Anna Schulthess）[3]とは、一七六九年に結婚しました。知的で心の広い女性でした。私の仕事の大部分は、妻の支援があってできたことです。イヴェルドンでは、年少の子どもたちや孫のゴットリープ（Johann Gottlieb）[4]の世話をしてくれました。残念ながら、妻には一八一五年に先立たれてしまいました。墓は、今もイヴェルドンの墓地にあります。

お子さんもいらしたのですね。

―ヤコブリ（Johann Jacques）[5]と云う名の息子がおりましたが、体が弱く、若くして亡くなりました。とはいえ、結婚し息子を残してゆきました。それが、私たちと一緒に暮らしていた孫のゴットリープです。

イヴェルドンでは、どのくらいの間、仕事をなさったのですか。

―二〇年にも及びました。一八二五年、七九歳の年齢に達し、疲れを感じ、アールガウ州ビルにあったノイホーフの自宅に帰りました。そして、孫のゴットリープ夫妻に看取られて、一八二七年二月一七日に天寿を全うしました。

なぜ、あなたの名前は、世界中で知られているのですか。

―確かに、私の名は、ロシアからブラジルにまで、メキシコから日本にまで知れ渡っています。私は八一年の全生涯を子どもたちのために捧げました。私の夢は、すべての人びとに教育を受けて自立する機会を与えること、学校を実生活に結び付けること、クラスを一種の大家族にすることでした。この夢は、部分的であるとはいえ、実現しています。

そして、銅像の台座に刻まれた次の碑文には、私がこの世で成し遂げたことが一言で刻み込まれています。

《物乞いたちに、人間として生きることを教えるために
私は、私自身、一人の物乞いのような生き方をした》

この案内はみごとに、ペスタロッチーの全生涯が表現されている。特に注目されることはイヴェルドンに今まで差別されていた女子のための女学校を創設したこと、さらに障がいをもつ子どものための聾唖専門施設をつくったことである。クランディ（Clindy）[6]に下層階級の貧しい少年少女を受け入れる「貧民学校」もつくった。

彼の八一年の生涯は、まさに下層民衆の教育的格差・貧困・偏見の克服のための戦いであったといえよう。

2 ペスタロッチーの教育思想の受容

日本には、明治の一〇年代にアメリカのペスタロッチー主義教育理念の運動を代表するオスウィゴ運動[7]（Oswego Movement）が高嶺秀夫[8]や伊沢修二[9]によって伝えられた。

高嶺・伊沢らによってペスタロッチーの開発主義が、当時の教育方法の研究が幼稚であったので、これが大きな刺激となって全国の小学校に普及した。しかし、開発主義が余りにも技巧にはしり、形式にとらわれすぎるとの批判も生まれてきた。そこで、一八八七（明治二〇）年に、ヘルバルト学派ドイツ人エミール・ハウスクネヒト（Emil Hausknecht）[10]を帝国大学教師として招いた。国際的にみても、わが国においても一九世紀後半のヘルバルト派全盛期においても、ペスタロッチーへの関心が根強く、底流として全国各地の教育現場に継承されていた。

しかし、わが国のペスタロッチーの受容は彼の教育思想の根底にある人間観や価値観など排除したところの技術主

義的方法論の摂取であったと言わざるを得ない。真のペスタロッチーの教育思想の摂取に限界があったことは否めない。[11]

ペスタロッチーの根本精神の具現化としては留岡幸助[12]が一九一四年に北海道遠軽に北海道家庭学校を開設し、問題行動をもつ青少年を集め、農場を開き、感化教育、労作教育による啓発事業を行い、現在も継続されていることは注目に値する。

一八九六（明治二九）年一一月には、澤柳政太郎[13]・廣澤定中共著『ペスタロッチ』が刊行された。この書は主としてドゥ・ガン[14]著（ルッセン英訳）の『ペスタロッチ』をもとに編纂したものである。澤柳は、この書の例言のなかで「ペスタロッチの行實は洵に金玉の燦爛（サンラン・あざやかにかがやくさま）たるが如く、後世教育者の模範とすべきものならざるはなし。特に其の精神其の熱誠にいたりては、世界の教育者中優に古今独歩と称するを得ん。……」[15]と、称賛している。

二〇世紀の初頭においては、二〇世紀こそ未来に生きる子どもたちが幸せに生きられる世紀となることを祈った児童中心主義の教育思想の台頭と共に、ペスタロッチへの関心は世界的に広まった。

わが国の《ペスタロッチーの教育思想への関心》は、過去三度あった。そして、いま、四度めの時期を迎えているのではなかろうか。

(1) 第一期

第一期は二〇世紀初頭の大正自由主義教育運動の根本思想として、ペスタロッチーの教育思想が受容され、師範学校の教育のなかで大きく花開き、全国各地の小学校の教師の教育実践の支えとなった。その全盛期は、大正期から昭和の初期にかけての時代である。理論的指導者としては澤柳政太郎・小西重直[16]であった。澤柳は一九一七（大正六）

年にペスタロッチーの精神に基づく成城小学校を開校した。そこには、澤柳の教育精神をしたう優れた教師たちが集まった。長田新[17]・小原圀芳[18]・赤井米吉[19]などペスタロッチー主義教育の発展に大きな功績を残した。

(2) 第二期

第二期は、敗戦後の厳しい状況のなかで、国家再建を教育に求め、真実の教育者の出現を望むなかで教育改革の目的を民衆の自己解放のための生きる力としての学力形成という課題の達成として生涯をかけたペスタロッチーが高く評価された。

敗戦直後の混迷した教育状況のなかで、文部省は新しい日本の教育が、何を目当てとし、どのような点に重きをおき、それをどういう方法で実行すべきかについて、教育者の手引きとするために『新教育指針[20]』を敗戦九カ月後の一九四六（昭和二一）年五月に四分冊として発行した。

「はしがき」のなかで、「国民の再教育によって、新しい日本を、民主的な、文化国家として建てなほすことは、日本の教育者自身が進んではたすべきつとめである」と述べている。さらに、第一部前編第二分冊の最終章「教育者はどこに希望と喜びを見出すべきか」のなかで次のように述べている。

「教育精神の模範と仰がれ、教育の聖者としてたたえられているペスタロッチは、どんな一生を送ったであろうか。フランス革命のあらしがかれの祖国スイスにも荒れくるって、親を失ひ家を焼かれたみなし児・貧児たちは、たよる力もなくちまたをさまよってゐた。青年時代から革命運動に深い関心をもっていたペスタロッチは、その一生がいの力をそれらあわれな子供たちの教育にそそいだのである。《こじきを人間らしく育てるために自分は乞食のように生活した。》といふのが彼自身の告白である。今日の日本の教育者にこじきの生活をせよといふのではないが、生活のなやみの中にも高い理想を仰ぎ、貴いつとめによって自らを慰めたこのペスタロッチの精神こそは、永遠に教育者の力であり光りでなければならない。[21]」

さらに、混迷のなかに苦闘している教師たちに、戦後教育の未来像を力強く次のようにさし示している。

「今日の教育者がつちかひ育てる青少年の心の若芽が、五年、一〇年、三〇年の年月を経てりっぱにのびてゆくとき、軍国主義や極端な国家主義はあとかたもなくぬぐい去られ、人間性・人格・個性にふくまれるほんとうの力が、科学的な確かさと哲学的な広さと宗教的な深さとをもって十分にはたらかされ、そこに民主主義の原理はあまねく行われて、平和的文化国家が建設され、世界人類は永遠の平和と幸福とを楽しむであろう。かうした高く遠い理想を、単なるゆめに終わらせないで、毎日の教育活動を通して、一歩々々確実に実行してゆくところ、そこに教育者の希望があり喜びがあるのである。[22]」

文部省が敗戦間もない時期に、このような『新教育指針』を示すことによって、敗戦の虚脱感のなかにあった教師たちにとっては、大きな勇気づけになったことは当時教師であった人の回顧録などを通して知ることができる。

ペスタロッチーその人については、玖村敏雄の『ペスタロッチーの生涯』の改訂版が、当時多くの教師に読まれた。玖村はこの著書の序のなかで「ペスタロッチーの片言隻語に彼の全人生がいつも懸かっていたように、それぞれ自分の生命をかけて悔いのない言葉で子供等に、青年等に話しかけられるような方向をめざして歩みはじめてほしいのである[23]」と述べ、戦後教育のペスタロッチー精神による教育者の出現を渇望しているのである。

(3) 第三期

第三期は、一九六〇年代からおよそ一九七〇年頃と考えている。それは、わが国におけるペスタロッチー研究の先駆者である長田新による『ペスタロッチー全集』(全一三巻)[24]の刊行である。「ペスタロッチーを読まずに教育を語るなかれ」と生涯力説してきた長田が『全集』刊行の「あとがき」のなかでペスタロッチー研究の方向性を次のように述べている。

「ペスタロッチーは単に教育技術の発見者でもなければ、また単に教育方法の改革者でもなかった。彼は市民革命期の思想家として、来るべき資本主義時代の何ものなるかを看取し、新しい社会と政治と経済とのあり方を正しく認識し、それらによって作られつつまたそれらを作ってゆく人間と、その人間の教育の問題とを生涯を通じて求めつづけた教育思想家だった。人間とその教育とについての彼の思想は、そのまま時代の社会と政治と経済とに対する彼の対決の書物でもある。しかも時代の社会や政治や経済の状況に対する対決のなかから、まさに彼の教育原理と教育方法とは生まれ出ているといっていい。

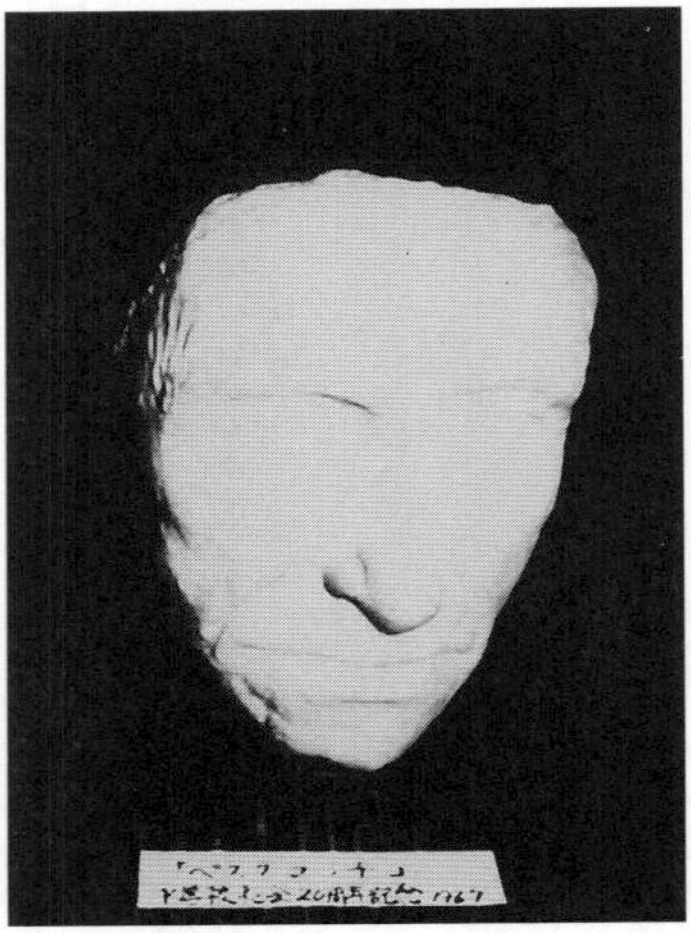

ペスタロッチーのマスク

およそすべての史的研究がそうであるように、思想が単に思想自体の観念史的な自己展開としてではなくて、むしろそうした自己展開を支え、それを動かしているその時代の社会や政治や経済のいわば函数として積極的に捉えない限り、その思想のもつ歴史的社会的意義は到底理解できない。特にペスタロッチーのごとく単なる書斎の哲学者でも教育学者でもなくて、常に自らのおかれた歴史的社会のなかで思索し実践していった思想家の場合、いっそうこの点は強調されなくてはならない。

こうした観点からペスタロッチーの思想全体を見直し、そして再評価することはわれわれに課せられた今後の課題であろう。……いよいよペスタロッチー全集邦訳一三巻が完成し、日本の研究者に提供しうる運びとなったことを、私は衷心読者とともに慶びたい。[25]」

時あたかも、わが国では高度経済成長政策が進行し、経済発展のための学力重視の偏差値教育が日本全国すみずみの学校にはびこる状況のなかで、人間教育の必要性が叫ばれた。こうした社会的状況のなかから、ペスタロッチーの思想全体を見直そうとする動きが起こってきた。

こうした動きの一例として、埼玉県中学校校長会では新制中学校創立二〇周年記念行事の一環として県下の中学校に「ペスタロッチーのマスク」を頒布した。それは新制中学校の創立の理念に立ち還り、ペスタロッチーの人間教育の精神を教育実践の原点にして新たな教育課題に挑戦しようとした。[26]

(4) 第四期

第四期は、一九八〇年代の中頃の時期である。象徴的には雑誌『総合教育技術』(小学館)の「特集―いま〈ペスタロッチー〉を読む」の発行である。[27] 高度経済成長のなかで偏差値教育が子どもたちの心を蝕み「学級崩壊」「校内暴力」「家庭内暴力」という異常な行動に追い込んでいくなかで、「学校とは本来どういう性質のものであるか」「ペスタロッチーの人間教育」に関心がもたれた時期である。

心理学者である波多野完治は、特集「いま、なぜペスタロッチーか」の巻頭論文[28]で「ペスタロッチー特集・ふたつの理由」として、「新しいペスタロッチー像」の出現を期待して次のように述べている。

「第一は、ここ二〇年か三〇年のあいだ、わが国で、ペスタロッチーについての本格的な研究が出ていない。……ところで、スイス本国で、厳密な本文校訂を経た全集が出はじめたのが、ペスタロッチーの死から百年後の一九二七年であり、その完成はじつに一九五七年なのである。この全集によって、ペスタロッチーの思想は、はじめてその全容を真の姿においてあらわした、というべきなのであろうが、一九五七年以降、この新全集をふまえて出てきたペスタロッチー研究を、私はわが国では知らないのである。この全集によって、ペスタロッチーは教育者としてよりも、むしろ『社会改革家』としての重みを加えた、といわれている。『わが父』ペスタロッチーではなく……もちろん、それも大切だが……平和と安全を世界にもたらすために教育に努力した人としてペスタロッチーが大切だ、という考え、そのために彼は国民教育の普及に力を入れ、民主主義的文化についての明確な考えにも達していたのだ、という発見が、この全集の完成によって解明されたといわれる。(29)」

第二の理由は、現在、さまざまな批判にさらされている学校教育について、波多野は、「ペスタロッチーは『学校』『学校』としきりにいうが、それは『社会の縮図』としての学校であり、言い換えれば、『家庭の延長』としての学校である。……ペスタロッチーにあっては、学校は社会の実践の一部をなしていたのであるが、一九八〇年代の今日においては、この関係が逆になっている。すなわち、学校の成績、または、学校間の格差が社会のすべてを被い、学校の生徒に与える『偏差値』が人の一生を支配するような状態になってしまった。こういう状態が、ペスタロッチーの意図にそうものであるかどうか、学校とは本来どういう性質のものであるかを、ペスタロッチーにたちもどって究明してみよう、というのが、『なぜいまペスタロッチーなのか』と問う第二の点である」と述べている。

さて、筆者は二一世紀初頭のわが国の子どもたちをめぐる教育環境は、親の経済力が子どもの教育的格差・貧困・偏見として、子どもの一生を決めかねない。ペスタロッチーの考えのすべてが「現代」にそのまま適用できると考えるものではないが、今こそ、ペスタロッチーの思想全体を見直し、そして再評価することは私たちに課せられた課題であると思う。

3 ペスタロッチーを現代に生かす道

二〇世紀こそ、子どもたちがいのちを大切に幸せに生きられる世界であって欲しいと願ったスウェーデンの児童問題研究家である女性の解放の理論的指導者でもあったエレン・ケイ（Ellen Key 1849–1926）は、『児童の世紀』を著した。この書は、二〇世紀初頭の新教育運動のバイブル的存在となった。彼女の主張は、子どもたちの主体的な自由を尊重する児童中心主義的な立場であった。

　しかし、二〇世紀は、その前半は二つの世界大戦、そして後半は発展途上国における民族独立の紛争のなかで、多くの子どもたちは飢餓と貧困など劣悪な生活環境で尊い生命すらうしなっているのである。さらに科学技術の発達による負の側面としての環境破壊が、世界中の子どもたちの尊い生命と幸せに生きる権利さえ奪っている。

　世界人権宣言（Universal Declaration of Human Rights）[30]は、「すべての人間は、生まれながらにして自由であり、かつ、尊厳と権利とについて平等である。人間は、理性と良心とを授けられており、互いに同胞の精神をもって行動しなければならない」と宣言しながらも、ユニセフ（unicef）[31]の『世界子供白書』を見れば、子どものおかれている劣悪な状況を知ることができる。

　そうしたなかで、二一世紀こそ、世界中の子どもたちのいのちの尊厳が守られ、それぞれの子どもたちが内面に秘められている無限の可能性を開花することを目指して活躍しているユニセフのアンソニー・レーク事務局長は、豊富な具体例を通じて、「可能性に満ちた世代」として持続可能な進歩が実現できることを『世界子供白書二〇一一』で明らかにしている。

　一方、日本の子どものおかれている状況は、どうであろうか。「日本子どもを守る会」[32]は、一九五一年五月五日に制定された「児童憲章」（一九五一年）の理念に謳われた「児童は、人として尊ばれる。児童は、社会の一員として重んぜられる。児童はよい環境の中で育てられる」という精神に基づき、子どもたちが安心して暮らし、豊かに育ち合っていける社会の実現を目指して、一九六四年に『子ども白書』を刊行して以来、今日まで毎年発行している。二〇一三年の『子ども白書』の特集テーマ「いのちの輝きを守るために――いじめ・体罰・自殺につながる暴力性を克服する」をみると、「モノ」「カネ」にたるみきった日本社会のなかにおかれている、学校教育の現実を知ることができる。

こうした現実と同様に、およそ二〇〇年前のペスタロッチーの生きていた時代もまた、ヨーロッパ世界は混乱の状況にあった。一七八九年のフランス革命とそれに続くヨーロッパ世界の動乱の繰り返し、スイス革命政権の成立とその崩壊、ナポレオンのスイスへの侵入とそれに対する民衆の自由を求めての抵抗運動等を、私たちは世界史の学習をとおして知っている。

この時期はペスタロッチーの生涯で最も重要な時期、つまり彼の四三歳から六九歳(一七八九〜一八一五年)は、まさしく激動の時代であった。ペスタロッチーは、そのような将来に展望も希望も見いだされぬ状況のなかで、動乱で親を失い家をなくした孤児たちの救済を目指して、この子どもたちの教育に八一年の生涯をかけた。スイス革命への期待が挫折し、世間からは冷たい世評にさらされながらも、彼は下層民衆の子どもたちの生きるための基礎学力の向上に努め、教育的格差・貧困・偏見に挑み、民衆救済の願いと夢を、地球社会的な規模で実現しようと努力しつづけた生涯であった。

子どもを愛し子どもと共に平和な世界を生きることを願ったペスタロッチーの願いは、フレーベルやエレン・ケイ、デューイに引き継がれた。さらに、現在、世界中で子どもの「いのちの輝きを守るために」多くの人びとが心骨を砕いて努力している。

二一世紀こそ、困難な国際社会の状況、また急速な地球環境の破壊が進行していくなかで、同じく激動の時代を生きたペスタロッチーの人類解放の教育理念を学び教育の本質とは何か、教育的真実とは何か考えてみたい。

第1章 『隠者の夕暮』の覚書
—ペスタロッチーの教育思想の源流—

1 ペスタロッチーとの出会い

筆者が初めてペスタロッチーの名前を知ったのは高校一年の夏休みであり、『隠者の夕暮』（長田新訳、岩波文庫）を読んだのは大学一年の夏休みであった。原書で読みたくて探していたが、大学三年の夏休み、神田駿河台下の洋書専門の古本店・崇文荘でペスタロッチー著作全集（校訂版）第一巻の未製本を見つけたときの感動は今でも懐かしく思いだされる。そのなかに*“Die Abendstunde eines Einsiedlers”*の原本と草稿（Entwurf）[1]が入っていた。その後、半世紀余のあいだ何度となく読んでみたが、しかし、難解であり、正直言って理解困難な箇所ばかりであった。あとで解ったことであるが、あのペスタロッチー研究の第一人者であるシュプランガー[2]ですら、「ペスタロッチー研究を数十年間つづけてきた私には、つねに一つの謎がつきまとってきた。それは、彼が理解されるのにかくも困難であるのは、どこに原因があるかということである。それは、彼に表現力が不足しているからだとは思わない。というのは、彼はむしろ生まれつきの能弁家で、その話し方たるや、あるいは炎のように、あるいは剣のように、あるいはまた、静かなささやきから荒れ狂う嵐にいたるまで、およそ読者の心情を感動させる手法のすべてに精通しているのだからである」と述べているほど、ペスタロッチーの文章は決して論理的ではなく、独自の思考方法を用いているのであるが、そこがペスタロッチー理解の困難なところであり、また魅力でもある。

さて、筆者のペスタロッチー研究において、これまで三度ほどペスタロッチー関係の遺跡見学と資料収集の旅をした。一度目は一九七五年の春、二度目は一九九一年、三度目は、二〇〇一年の早春であった。とりわけ、二〇〇一年の旅によって、ペスタロッチーを身近な人と感ずることができるようになってきた。ペスタロッチー理解の難解な箇所も、このときの旅によって、彼が下層庶民階級の子どもたちの教育に情熱をはらった風土に接したことによって、いままで理解できなかったところがなんとなく理解できるようになった。

ペスタロッチーの終焉の場所となったブルグ（Burgg）の家もブルグの駅から徒歩で一〇分程度のところにあった。チューリッヒ（Zürich）から列車で二〇分ほどいったブルグ郊外のビル（Birr）村の墓碑銘や教会の庭、そして、そこから徒歩で三〇分ほど畑の中の道をいくと、ノイホーフ（Neuhof）であった。

筆者にとっては、感動的なことは、ノイホーフとの出会いであった。ペスタロッチーの教育事業の原点がここにあり、彼の死後に消滅してしまっているものと考えていたが、道端に案内板があった。そこから一〇〇メートル程いくと、《スイス・ペスタロッチー・ハイム・ノイホーフ：Schweizerisches Pesalozzi-heim Neuhof》に着いた。

ペスタロッチーの死後、ノイホーフの教育施設（貧民労働学校）が再建され、現代社会の教育課題に応えるかたちで《スイス・ペスタロッチー・ハイム・ノイホーフ》として、ペスタロッチーの当初の精神を生かした青少年の職業訓練を主とする教育施設が再生されていたのであった。ノイホーフに着くと、いまから二五〇年前この地に孤児や貧しい家庭の子どもたちのための貧民労働学校を開設したペスタロッチーの姿がよみがえってくるようであった。一八二七年二月一七日にペスタロッチーが亡くなったあと、孫のゴットリープ（Gottlieb）が、ノイホーフの跡を継いだが、一八四〇年に農場を売却した。その後、一八九一年まで、八回も所有者が変わった。一九一二年に慈善事業財団に買い取られ、そこでは《特殊な状況におかれた青少年のための人間形成と職業訓練をするための財団》として現在に至っている。

現在、青少年のための必要な教育支援と職業教育のための職業訓練のコロニーが設立されたのである。一九三三年には中心施設が建設され、さらに一九七二年には、四つの新しい寮がつくられた。現在、一二〇名ほどのスイス国内はもちろん、ヨーロッパ各地からやってきた、一五歳から二〇歳前後の青少年がそれぞれの専門的技術をもった指導者と共に規則正しい家族的な生活をしている。職業訓練の分野は、設計／絵画（Malere）、溶接／金属加工（Metallbau）、家具／木工（Schreinere/Zimmerei）、園芸（Gärtnerei）、農業（Landwirschaft）、料理（Küche）などの六分野に分かれ職業教育と訓練が行われている。(3)

訪問を連絡しておいたので、ノイホーフの理事長のホファ（Andreas A. Hofer）さんらが出迎えてくれた。それぞれ独立した建物が広い施設内に散在していた。約二時間かけて各セクションを見学した。そこでは、若者たちが生き生きと真剣に学び、作業をしていた。

料理のセクションでは、ちょうど昼時であったので、焼立ての美味しいパンと絞りたての牛乳をいただいた。若者たちはここで技術を身につけ、立派な青年となって社会に旅立っていくのである。中庭にある、ここで育った若者たちの旅立ちを勇気づける《青春の像》は印象的であった。理事長室の書棚には、世界各国のペスタロッチー関係の研究書が陳列されていた。三時間ほど滞在して、再会を約してノイホーフをあとにした。

この厳しい風土に二五〇年前荒れ地を切り拓いて、理想郷を目指して生きたペスタロッチーの姿を思うとき、『隠者の夕暮』の難解と思われていた箇所も、次第に理解できるように思われた。『隠者の夕暮』は、短い著作でありながら厖大なペスタロッチーの著作を先導するものであり、それ以後に展開されるペスタロッチーの思想のさまざまな萌芽が、ほとんど内包されているといえるほど、ペスタロッチー研究上重要な著作である。

2 西洋教育史上の位置づけ

西洋教育史のなかで、教育思想上より五名の教育思想家を上げるとしたら、古代ギリシャのプラトン（Platon bc427–347）、近代教育の先駆者・チェコのコメニウス（Johann Amos Comenius 1592–1670）、近世ではルソー（Jean-Jacques Rousseau 1712–1778）とペスタロッチー、さらにもう一人あげるとすれば、二〇世紀を代表するデューイ（John Dewey 1859–1952）があげられる。

しかし、西洋教育史における第一人者としては何といっても、ペスタロッチーをあげなければならない。だが、ペスタロッチーは、プラトンやルソー、デューイのように思想の世界から教育の世界へと降りてきて論じた人ではなく、現実の民衆教育の必要性から教育の世界へ進み、教育思想の深淵へ自らの身を投じた人であった。

ペスタロッチーの生きた時代は、フランス革命（一七八九年）から、さらにその影響によるスイス革命（一七九八年）を中心として、その前後およそ八〇年にわたる。ペスタロッチー誕生当時のスイスにおいては、封建的な政治・経済・教育の制度のもとにあって、都市および特に農村においての下層庶民の生活は、極度に貧困に陥っていた。いわゆる「市民革命」のもたらした効果も、この下層庶民階層にまでは浸透しない実情にあった。

ペスタロッチーは、このような社会状況のなかにあって政治的革命そのもの限界を深く認識し、結局、人間自身・下層庶民階層自身の変革を伴わなければならないことを確信し、市民革命の精神が最下層庶民にまで普及徹底されなければならないことを真剣に考え、教育改革にのりだしたのであった。それは、彼の膨大な著作・書簡・日記などみれば、文字どおり下層庶民の人間性向上に尽くした生涯であったといえる。

しかし、ペスタロッチーは生来の思想的天才では決してなかった。彼は実に現実社会の人間の苦しみをなめ尽くしてきた人物であったといえる。

もし、人の思惟の形式を二つに大別して論理的思惟と直観的思惟に分けるならば、ペスタロッチーは、まさに直観的思惟の人である。

シュプランガーは、ペスタロッチーの教育史的意義を *Pestalozzi:Denk-enform der Eriehung*（1961）の日本版（吉本均訳『教育の思考形式―ペスタロッチー研究』明治図書、一九六二年）の序文で次のように述べている。

「ペスタロッチーは、彼の生きた時代にも、後世にも、ほかの多くの点でも、重要な貢献は、まことに、彼が真の民衆学校の思想を把握したということ、つまり、単に特権階級に対してではなく、民衆のすべての子どもに対して平等に定められた学校という思想、であり、そしてすべての子どもを、単に彼らの生計維持や社会の単なる自己保存のためにではなく、完全に発達した人間にまで教育する学校という思想を把握した点にあるといえよう。この理念を、ペスタロッチーは、ほかの誰よりも、徹底して考え、彼の時代に模範的に実現した。」

このことは、彼の生前の偉業を称えたアールガウ州政府が、ペスタロッチー生誕一〇〇年を記念して建設した墓碑銘に刻まれている。

ハインリッヒ・ペスタロッチーここに眠る。
一七四六年一月一二日チューリッヒに生まれ、
一八二七年二月一七日ブルクに没す。
ノイホーフにおいては　貧民の救済者。
『リーンハルトとゲルトルート』においては民衆の伝導者。
シュタンツにおいては　孤児の父。
ブルグドルフとミュンヘンブーフゼーにおいては新しい民衆学校の創設者。

イフェルドンにおいては人類の教育者。
人間、キリスト者、市民。
すべてを他者のためになし、己のためにはなにものをも。
彼の名に恵みあらんことを!

ペスタロッチーの八一年の生涯は、この碑文にみるように、他者のために尽くした、とりわけ、下層庶民階級の子どもの教育に尽くした一生であったといえる。

3 『隠者の夕暮』の思想形成

『隠者の夕暮』(*Die Abendstunde eines Einsiedlers*、以下『夕暮』)は、ペスタロッチーのどのような生活のなかから生みだされた思想の結実であるのか、まず述べておきたい。

ペスタロッチーは、一七六九年九月にチューリッヒの資産家の娘アンナ・シュルテス(Anna Schultheß 1738-1815)と結婚した。ペスタロッチー二三歳、アンナ三一歳であった。二人はまずミューリゲン(Müligen)という田舎の村で生活を始め、その後ブルグの郊外ビル(Birr)村のケステンベルグ(Kestenberg)の丘の麓に近いところに土地を求め家を建て、この場所をノイホーフと名付けて農業を始めた。当時のヨーロッパでは重農主義思想が広まっていた。

こうした動向のなかへ、一条の閃光のように、ルソーの『エミール』と『社会契約論』(一七六二年)が、彼の社会批判と《自然に還れ!》の叫びとをもって登場した。それは、当時の活気あふれる青年たちに強烈な印象を与えた。とりわけ、一六歳のコレギュウムーフマニタティス高等学校の生徒であったペスタロッチーへの影響は大きかった。

彼は、カール大学（現チューリッヒ大学）に進学するが、一七六五年（一九歳）に大学を中退し、自然主義的な牧歌的な田園生活に憧れ、農場経営に没頭する。しかし、それまで熱心に彼を支えてくれた支援者が手を引いたことや、ヨーロッパをおそった凶作の影響もあり、一七七四年ペスタロッチー（二八歳）の農場経営は破綻した。その理由は多岐にわたっているが、最大の理由は当然のことながらペスタロッチーに経営能力が欠けていたことである。こうした窮地に陥ったペスタロッチーであったが、貧民救済を生涯の仕事と考えていた。

ペスタロッチーは、妻アンナの協力を得て、当時不幸な生活を強いられていた貧民の子どもたちの実質的な救済事業に着手しようとした。当時、貧民の子どもたちは、大きな農家に引き取られて、家畜のようにこき使われたり、乞食の手先として使われたりしていた。

マニュファクチュアの労働力として、一日十数時間も不健康な環境のなかで働かせられていた。ペスタロッチーは、わずか手元に残った農場と家屋を利用して一種の貧民学校を開設し、これらの不幸な子どもたちを助けようとしたのである。

貧民の子どもたちを救済する施設は、当時スイスの各地にあったが、いわゆる慈善施設であり、貧しい人びとにただパンを与えることを目的としていた。こういう慈善行為の結果は、その善意の人びとの意図に反し、結局は施しを受ける人びとの心をいっそう堕落させ、自立の精神を失わせることになるとペスタロッチーは考えた。

ペスタロッチーによれば、貧民は施し物によっては救済されない。貧民自身が自助努力によって、人間らしい生活をしていくのに必要な能力や手段を身につけられるように支援してやるとき、初めて貧しい人びとを真に救うことになる。彼らが生まれながらにもっている内在的可能性を開花させ、その能力を発揮させる生活を可能にさせる教育こそ大切なのだと考えた。そこでペスタロッチーは、人間の内在的可能性を開発・発揮させる適切な教育が必要であると考え、民衆を教育することによって、自立的精神を育み、貧困を克服しようと考えたのである。ここにペスタロッチーの民衆教育思想の萌芽がみられる。

ペスタロッチーは、自己の信念を実現するためにノイホーフに親を失った子どもたちや親に捨てられた子どもたちや、貧しい家庭の子どもたちのための教育施設《貧民学校》を、一七七四年に開設した。一七七七年には、四歳から一九歳までの子どもたちが三七名になっていた。これらの子どもたちと共に、協同生活をしながら、農業や糸つむぎなどの仕事を教えながら、知的・道徳的教育も行った。

彼は、施設内での労働生産物とその売上による利益によって施設の自給自足体制の確立を目指していた。そのため彼の貧民教育思想を明らかにし、世の中の慈善事業家たちに理解と経済的支援を呼びかけようとした。しかし、彼が考えたほど、彼の貧民救済の理念や方針は人びとに十分理解されなかった。一七八〇年、施設は閉鎖を余儀なくされた。ペスタロッチーの生涯における苦難の時代が始まった。彼は、この失敗を境に、わずかに残った農地を耕して細々と生活を続けるかたわら著作活動を展開することになる。

筆者が訪れたのは、二〇〇一年の早春で、あちらこちらに雪が残り、土地はならだかな斜面であり岩があちらこちらに白い雪の上に頭をだしているような野原であった。農耕にはあまり適さない土地のようにみうけられた。彼は、この地で農耕を始めた。しかし、農作物の収穫も思ったようにはいかず、経済的基盤が不確実で、最初はペスタロッチーを支援してくれた資産家も手を引き、五年たたないうちに農業経営は失敗に終わったが、この失敗の苦難のなかでペスタロッチーは、初めてその生涯の使命を自覚した。彼は、この時初めて貧困のどん底にある生活の苦しさが、どんなものであるかを身をもって体験した。そこで貧しい民衆の子どもたちを集めて教育するという仕事を思いついたのである。それは一七七四年の真冬であった。

その時、ペスタロッチーの一人息子ヤコブ（Jakob　1770-1801）は生まれて四歳であった。ペスタロッチーは自分の家を開放し、その家に貧しい子どもたちや孤児たちを集めて、糸つむぎなどの仕事をさせると共に、その子どもたちを教育しようと救済事業に着手した。始めは二〇人足らずであったが、後には八〇人にもなった。しかし、この事業も子どもたちやその親たちに裏切られて失敗に終わった。

一七八〇年にペスタロッチーは、あらゆる意味において生活のどん底に陥った。食べ物は辛うじてパンと水であり、冬は暖炉の燃料にも事欠く状態であった。妻のアンナは病気がちであった。

今や、その最初の教育事業に失敗したペスタロッチーは、彼の生涯の使命の自覚の第一歩において大きな挫折を味わわなければならなかった。この痛手のなかで心に宗教的自覚が芽生えた。この宗教的自覚こそ、ペスタロッチーの生涯を貫く教育思想の根本となるのである。彼の苦悩の宗教的自覚の心の記録が『夕暮』であった。これはペスタロッチーの宗教的教育的自覚の心血の滴りを書き留めたものであり、一貫して《人間とは何か》を追究し、人間教育の本質にせまる思想家としてのペスタロッチーの出発点であった。

こうしたペスタロッチーの貧しさと苦悩のなかから生まれた『夕暮』は、一七八〇年五月イーゼリンの経営する雑誌『エフェメリンデン・デル・メンシュハイト』(*Ephemeriden der Mensch-heit*)の誌上に発表され、非常に格調高い荘厳な著作として当時の識者に高く評価された。『夕暮』は、表題のもとに、(1)教育の道、(2)教育の一般目的、(3)家庭教育、(4)神への信仰、(5)永遠の生への願い、(6)公民生活の形成という構成になっている。

全体の形式は、短い格言集のようになっていて、一八二の小節より構成されている。行数は、全体で六一九行より成っている。このほか、最後に「備考」(anmerkung)として六節(三八行)が付け加えられている。

一見、格言集のようにもみられるが、思想の流れは、その間に脈絡一貫しているのであって決して孤立した断片的な感想ではなかった。『夕暮』は、全体で六五七行というごく短い著作ながら、ペスタロッチー自身も語っているように、彼のその後の半世紀に及ぶ苦難に満ちた民衆教育の思想と実践のさまざまな萌芽が、この短編著作のなかに包含されているといっても過言ではなかった。また、一七八〇年九月二九日付のイーゼリン宛の手紙では『夕暮』は、私が書こうとしているすべてのものに対する序言である」と語っている。こうした意味から、この書の西洋教育史上、とりわけペスタロッチーの教育思想を知るうえでは大切な著作であることがうかがい知れる。

ペスタロッチーは、その生涯を通じて多くの書簡を書いている。『ペスタロッチー書簡集』全四巻（*Sämtliche Briefe*, 4Bände.）として刊行されている。書簡は、その人の生涯や人格や思想や業績を理解するのに極めて貴重な資料である。というのは、あらたまった形式で著作や論文が書かれる以前の、生のままの発想や構想が、日記や書簡には表現されているからである。とりわけ、書簡には、執筆者の生命への躍動すら感じられる。

ペスタロッチーの思想そのものが、体験と思索から織りなされたものであるが、そうしたことが、彼の多くの書簡のうちに如実に示されている。ここでペスタロッチーが師とも呼び、恩師とも呼び、父とも呼んで最も尊敬していたイーゼリン（Isaak Iselin 1728-82）は、バーゼル市役所の書記であり、当時スイス思想界の指導者でもあった。彼宛の書簡、それも『夕暮』執筆にかかわる書簡をもとに、ペスタロッチーは「何を訴えたかったのか」「何を問題にしていたのか」、彼の体験と思索について述べておきたい。

『夕暮』刊行の意図を理解するために、起草に至るペスタロッチーの体験と思索の跡を略年譜的にたどっておくと次のようである。(4)

一七七四年　二八歳　ヤコブの『育児日記』を書き、ルソーの教育思想を実験する。
　ノイホーフの農業はまったく失敗し、貧しい家の子どもや孤児を集めて教育救済事業を始める。
一七七五年　二九歳　貧児救済事業の経営が困難になる。
　ヴュルテンシュタイン州知事チャルナー宛に貧児院の経営について「貧児教育に関する論文―貧困な村の子どもの教育について―」を書く。
一七七七年　三一歳　チャルナー知事宛に「貧民の子どもの教育に関する論文―貧困児童の教育施設について―」

を書く。貧児院児童三六名。貧児院に綿布工場を付設する。

農民を相手に牧草地の訴訟を起こして勝訴する。

一七七八年　三二歳　貧児院に関する報告書を書き、その報告書に、三六名の子どもの個性調査を発表する。
イーゼリン宛に『リーンハルトとゲルトルート』の発想を話す。（テキスト五一七）。この書物は、最下層の民衆にとって、最も重要な真実を、彼らの言葉で語りそして彼らの実状を絵でみるように説明しようとするものである。

一七七九年　三三歳　貧児院いよいよ衰退に向かう。疲労のため健康を害す。

「わが故郷の都市の自由について」を書く。

『隠者の夕暮』の原稿できあがる。


一七八〇年　三四歳　貧児院を閉じる。

『隠者の夕暮』を「エフエメリンデン」誌に発表する。

イーゼリン宛に『リーンハルトとゲルトルート』の第一部の原稿を送る。（テキスト五三一）

『嬰児殺し』について発想と計画を述べる。

『隠者の夕暮』の補遺と誤植の訂正についての希望をイーゼリンに申し出る。（テキスト五三〇）。


『夕暮』は、ペスタロッチー二六歳の春、ノイホーフで初めての希望に満ちた田園生活であったが、翌年には農業経営は困難に陥る。二年後、貧しい家の子どもたちや孤児たちを集め、救済事業をはじめる。子どもたちと共に荒野に鍬を入れ貧困と苦闘していた。そして、しばしば周囲の人びとの嘲笑と憐れみの的とさえなっていた。

こうして、孤立無援の困窮した状態において、ノイホーフの荒野に立った一人の農夫として、孤児たちの父親として、一〇年間の苦闘のなかで、ペスタロッチーはいったい何を考えていたのか。荒野を耕しながら子どもたちとの暮らしのなかで、どういう高い思いを心に抱いていたのであろうか。人びとは、この書によって初めて知らされるのである。

この著作は、農業経営の企ての失敗、挫折によって意気消沈して、今や三五歳の若さで《隠者》と自認する心境にいたったペスタロッチーが、その苦悩と悲哀の思いを、いわばほとばしるがままに吐露した、人びとへの呼びかけであり、問いかけであり、宗教的信念の告白であり、箴言であり、格言集である。

この箴言でペスタロッチーは、誰に対して「何を言いたかったのか」「何を問いかけたかったのか」。彼の内面について述べておきたい。

4 イーゼリン宛の手紙 ― 一七七九年六月九日 テキスト五二一の分析 ―

この手紙は、『ペスタロッチー書簡全集（テキスト版）』(*Johann Heinrich Pestalozzi, Sämtliche Briefe.*) 五二一の分析である。[5] ペスタロッチー自身が、この手紙の最後にこう書いている。

「この手紙は、今まで私が書いた手紙のなかで、私の心にとって最も大切な手紙です。もし、私の考えが誤っているなら、どうか正しい考えに連れ戻してください。」

『隠者の夕暮』を私たちが理解するうえで、いや、ペスタロッチーの全思想を理解するうえで、この手紙には、大切なヒントが隠されているに違いない。そこで、この手紙を詳しく読むことにしたい。

「私はバーゼルから帰って以来、小さな書物を書こうとする計画に専念しているからです。その書物は最下層の民衆にとって、最も重要な真実を、彼らの言葉で語りたいのです。……」（一七七八年一二月二八日テキスト五一七）

シュプランガー門下の偉才で第二次世界大戦後の最も優れたペスタロッチー研究者といわれている、ケーテ・ジルバー (Kate Silber 1902–1979) は、一七七九年六月九日 テキスト五二一のイーゼリン宛の書簡は、《ペスタロッチーが生涯のうちで書いた最も重要な書簡》であると高く評価している。(6) ペスタロッチーは手紙で次のように述べている。

「あなた（イーゼリン）宛に、私は近々一つの新しい原稿（『隠者の夕暮』）を送ります。この原稿について、あなたの詳細なご意見をお聞かせください。というのは、この事柄をできるだけ明るい効果的な光にあてて照らしだしたいからです。この事柄が、政治上の繁栄や多くの州における誤った政治上の原則の道徳的、家庭的影響に関して、人びとの熱心な注意を引き起こしうることが、十分に明瞭にされるなら、私の心は安静になるでしょう。

しかし今は、理論そのものについて語ります。あなたが言われることは、私を驚かせます。市民的自由は、民衆を啓発して、より多くの道徳的、家庭的幸福をもたらす、より高い神の恵みを享受するように高めるべきです。民衆の啓蒙と自由な市民の集団活動の感情、すなわち共通の幸福を目的とする共同活動の感情は、自由の生みだした成果です。(7)」

ペスタロッチーの最大の課題は、『夕暮』と同じころ書いた未発表の論文「わが故郷の都市の自由について」で指摘している。市民的自由の確立をどのようにしたらよいのかであった。ペスタロッチーは、最も尊敬し信頼しているイーゼリン宛の書簡（一七七九年六月九日　テキスト五二二）で次のように述べている。

「あなたは（イーゼリン）、ここで、正義に重点をおいています。私もそうです。

しかし、私はあなたのすべての正義が、この地上から失われていくのを感じています。

そして、私は強い人間力を恐れています。正義は、この人間力をすべての民衆のなかに求めます。私は、民衆がこの強い人間力を喪失しているように思います。

《純粋な正義を求める克己へと、人間の心をどのようにして形成していくのかを、私自身を振り返ってみて探究しているのです。そして、《敬神の念をあつく》《人間愛に富んだ人》が、《純粋な正義を要求する克己へ》至るものだと、私は思うのです。

だから玉座の上に座っている人から農民まで、この世の中で期待されることは、《神への敬虔（神を敬いつつしむこと）と《人間への愛》であります。……だから正義は、啓発のうえよりも、むしろ《愛のうえ》に樹立されねば成らない、というのが私の体験です。

暖かい家庭生活は、あらゆる政治の正義と民衆道徳との生ずる根源です。なぜなら啓発は敬虔と愛情とによって、極めて容易に高められるからです。

《宗教は、人間愛への陶冶（Bildung）です》。だから、宗教は父と子との親子関係の純粋な相互の心と心との触れ合いへの陶冶、すなわち親子相互の正義への陶冶です。

私たちは神の子であるという宗教の偉大な思想が、私たちを兄弟にします。兄弟心と愛とは、権威ある人間の正義の唯一の根源です。

……宗教の概念は、政治の根本概念と密接に関連しています。

不信仰は世界の最大の不幸であり、そしてあらゆる父親の教育を無視する子心の喪失です。父への従順がないと、どんな家庭でも破壊されます。万物の父に対する従順は、世界の普遍的な法則に基づく純粋な家政の教訓です。

賢明な方よ（イーゼリン）。……私たちの宗教の信仰に重点がおかれていないようなすべての啓蒙は、玉座の上に座っている人びとのもとでも、鋤きのかたわらにいる人びとのもとでも、克己心があまり強くないときのみ、広範囲にわたって作用するものであるという私の主張の根拠をご理解いただけますか。

すなわち宗教と信仰とは、民衆の唯一の哲学であり、そして民衆を偉大なものにまで、また内面的な有能さにまで真に高めていくものであるという、私の主張の根拠をご理解いただけますか。[8]」

ジルバーが、このペスタロッチーの書簡を高く評価する理由は、ペスタロッチーの思想構造が端的に表現されているからである。ペスタロッチーの思想の根本にあるものは、第1に「神への敬虔」、第2に「人間への愛」である。具体的には「敬神の念の厚い人」「人間愛に豊んだ人」で、こうした人を育む場が《暖かい家庭生活》であるという。

こうした精神をもつ民衆が育ったとき、市民社会は「政治における正義の実現」と「民衆道徳」の高揚によって、「市民的自由の実現した社会」が創成されるというのである。彼が民衆教育の重要性を強調し、生涯をかけて実践する理由があったのである。こうした市民的自由の実現のために、ペスタロッチーの全生涯をかけた民衆のためのあくなき民衆解放の闘争が『夕暮』から始まるのである。

5 『隠者の夕暮』の内容構成と展開

そこで、『夕暮』の内容について検討したい。

内容構成は、『夕暮』というテーマの下に(1)教育の道、(2)教育の一般目的、(3)家庭教育、(4)神の信仰、(5)永遠の生命、(6)公民生活の形成から成り立っている。全体の形式は聖句のような短い格言集のようになっていて、一八二の小節より成り、そのほかに最後に「備考」として六節を付け加えている。

格言集のようなものであっても、思想の流れは一貫しているのであって、決して孤立した断片的な感想ではない。

まず、冒頭に次の言葉から始まる。

Vatersinn Gottes, Kinderssinn der Menschen, Vatersinn des Fürsten, Kindersinn der Bürger. Quellen aller Glückseligkeit.
神の父親ごころ。人間の子ごころ。

君主の父親ごころ。民衆の子ごころ。
すべてこのうえなき幸せな体験の源泉

(1)《人間》とは何か

「君主の座の上にあっても、木の葉の屋根の下に住んでも、お互いに同じ人間、その本質において変わることのない人間、この《人間》とは一体何者であるのか。なぜ、賢い人びとは、人間とは何者かを、私たちに語らないのであろうか。なぜ哲学者は、人間とは何者であるかを知らないのであろうか。

《人間とは何者であるのか》。何を人は必要とし、何が人を高め、また何が人間を堕落させ、何が人間を強め、何が人間の力を奪うのか、これらのことは、民衆の指導者に必要なことであると共に、最も貧しき家に住む民衆にも必要なことである。……」

こうした、人間は《その本質において》平等であるという《人間》のとらえ方と、人間は、その《人間性》を《自然の道》にしたがって遂げなければならないということ、その《自然》の道が、神が人間に定めた道であり、それを遂げさせることが、人間陶冶（Bildung）の一般的な目的であること、この目的の道から、当時の現実の社会が、いかに人のわがままによって、乱され、真実が見失われていることへの痛烈な批判と警告が、この『夕暮』の六五六行の重い箴言によって非論理的に繰り返されるために難解である。

このペスタロッチーの警鐘も、当時の多くの人々の聞き届いたとはいえなかった。現代の私たちにとっても、よほど注意してこころを傾けないかぎり難しい。既に述べたように、この『隠者の夕暮』は、ペスタロッチーの教育思想の最初の表明であると同時に、八一年に及ぶ彼の世の人びとに讃えられたり、誤解されたり、騒がれたりした教育的生涯の予告でもあったといえる。

(2) 《自然》について

ペスタロッチーの根本思想の中心をなす概念が《自然》である。ルソーの影響が強いが、敬虔なキリスト者であるペスタロッチーと無神論者であるルソーとは根本的なところで意見を異にする。『夕暮』のなかで、主な《自然》についての記述をあげると次のようである。

「人よ、あなたがこの《自然》の秩序において真理を研究するならば、……あなたはその真理を見いだすだろう。」

「崇高な自然の道よ、あなたが導きゆく真理は力であり、教育(Bildung)の源であり、人類の全本質であり、調和である。」

「生活の観点、人の個人的使命、汝こそは自然の書物である……この人間教育の上に建設されないすべての学校教育は誤り導くものである。」

「自然の力は、抵抗しがたく真理に向かって導きゆくものであるとはいへ、決してその導きにおいて窮屈なところがない。……」

「自然の教育法(Lehrart)において圧迫せられた窮屈な序列があったならば、自然もまた偏ったものをつくるであろう。このようにして、自然の真理が人類の全豊かさとなって、温和に(sanft)自由になってくるということもないであろう。」

「人類の精神が一つの対象に対してあまりに偏って、あまりに激しく導かれるときは、人類はその力の平衡と知恵の力とを失うものである。だから、自然の教育法は烈しくはないのである。」

「人類の教育における自然の秩序は、その認識その天賦の才能およびその素質を応用し訓練する力である。」

「人間の家庭的関係は、第一の且つ最も著しい自然的関係である。」

「何人でもこの自然の秩序からはづれて、階級教育、職業教育、支配者の教育、被治者の教育を不自然に促進する者は、人類の最も自然的な至福の楽しみから去って岩礁峙つ海へむかうのである。」

「神に対する信仰、すべての知恵とすべての至福との源泉、そして人類の純粋なる教育のための自然の道。」

ペスタロッチーは、以上みてきたように、《自然》を繰り返し強調することでは、コメニウスとよく似ている。ルソーの影響を強く受けているが、決定的な違いは、ペスタロッチーは《敬神》であるが、ルソーは無神論のところである。また、この時代の時代思潮である啓蒙主義の流れに添っているといえる。しかし、ペスタロッチーの《自然》は、はるかにそれらの自然を超えている。

ルソーのいうように、《自然》があるがままで《善》と考えられるような、空想的な性質としての自然ではない。ペスタロッチーの《自然》は、外的な世界と人間の内的な本性を意味しており、高い《神的な》性質でもあれば、低い《動物的な》性質でもある。道徳的には、善でもあれば悪でもある。それがペスタロッチーの《自然》(Nature)である。《Nature》の語義を分析すれば、あるがままの《自然》であり、もう一つは《本性》である。ペスタロッチーの自然概念は一義的ではない。人間の内面に秘められている《人間性》(Humann Nature) は、善なるものに向かう心と、同時に邪悪に向かう心が共存していると考えている。

したがって、真理の探究者は、人間とその世界を知るためには、さらにこの認識を踏まえて人間の善なる心に働きかける。この自然の道のうえを、外に向かうと同時に、内に向かっても進まなければならない。この《自然の道》は、人間をいかなる目標へ導くのか。私たちの《人間性の完成》、つまり《人間の内にある天賦の諸能力・無限の可能性》を幸せという究極目的に至るまで保護し、発展させることである。ペスタロッチーは、決して皮相的な幸福主義を主張してはいない。彼の内的世界には、《敬神》思想が確固たる位置を占めている。彼は、「人間のこれらの内的な諸能力を純粋な人間の知恵にまで普遍的に向上させることは、陶冶の一般的目的である」という時、ペスタロッチーはドイツの古典派の人びとの人文主義的な理想に接近するが、「さらにもっと身分の低い民衆の」という特色ある言い回しをつけくわえることによって、彼は古典派の人びとの人文主義的な理想を超えていくのである。

しかし、純粋な人間の知恵はどこにあるか。ペスタロッチーが、見いだした真理の何であるかは、「人間は内的な安らぎにまで、陶冶されなければならない」という『夕暮』の核心的な命題のうちに表現されている。「私たちの本質をその最も心の深いところで満足させることは……人類の目標でもあれば、使命でも有る」。人間の必要とするものは、実際的な知恵であって、理論的な真理ではない。人間は実際的な知恵を自分の地位のためにも、また自分の職業のためにも必要とするのである。なぜなら、個人的な境遇は異なっているとしても、人間はすべて同一の基礎と基本的な要求をもっているからである。

『夕暮』の冒頭で述べているように、玉座の上にあっても、木の葉の屋根の下に住んでいても、愛と感謝と義務との感情は、皆同じなのである。いや、木の葉の屋根の下に住んでいる聡明な人ほど愛と感謝と義務との感情は強いのである。

いまや、ペスタロッチーは《自然的な要求》の満足が内的な安らぎと平和を生みだすという「真理」を発見した。彼によれば、秩序正しい自然の営みにみられる安らかな感情は、人間存在の最も確かな基礎であり、また、人間の将来の全生活に影響しつづける浄福（Segen：清らかな幸福）である。

「賢明な自然の秩序」のなかで安らかに憩うことは、人間教育の《源泉》でもあれば、《目的》でもある。そこから逸脱することは、苦痛であり、禍であり、罪悪であるという。こうした《自然の秩序》はどこにあるのであろうか。それは、ペスタロッチーの内的世界の根底にある《敬神》思想のなかにおける「自然の人間関係」のなかに見いだされる。

6 生活圏の理論 ―『夕暮』の分析から―

ペスタロッチーの教育思想の前提になるのが、《生活圏の理論》である。『夕暮』の分析をジルバーの著書『ペスタロッチー』(*Pestalozzi-Der Mench und sein Werk* 1957)(9) の考えにそってみておきたい。ペスタロッチーは、『夕暮』のなかで《自然の人間関係》を、一つの中心点の回りにあって拡大してゆく生活圏（Lebenskreisen）のかたちで考えている。『夕暮』のなかに、この考え方が現れている。

人間をその境遇において幸せにする知識の範囲は狭い。しかもその範囲は身の回りから、家庭から、最も身近な人間関係からはじまり、そこから広がってゆく。どのように広がる場合でも、知識の範囲は真理のあらゆる浄福力としての中心点を手本としなければならない。

私たちの家庭環境は、最初の、また最も優れた自然の環境である。親ごころは家庭の秩序を生みだし、父の家は、家族の幸福な発展の基礎である（母の重要な役割については『リーンハルトとゲルトルート』のなかで述べられている）。健全な家庭生活（のちに《居間》(Wohnstube) と呼ばれる）は、日々のやりとりのなかで、義務や感謝の概念（Begriff）が、理解されるようになる前に、《愛（Liebe)》《信頼（Vertrauen)》《感謝（Dank)》という道徳的な力を無意識に育成する。

「父親の与えるパンを食べ、父と共に暖炉であたたまる息子は、こうした自然の道のうえで子どもとしてのつとめのうちに、自分の本当の幸せを見つける。」

「家庭の人びとに対する信頼と愛との感情から、すべての人びとに対する……しかも究極的には神に対する道徳的な品性が現れる。個人的な倫理は国民道徳へ拡大される。それゆえ、身近な人間関係によって育成された力は、つねに遠い人間関係に対する知恵と力との源泉である。」

ペスタロッチーによれば、家庭の狭い領域から、職業のいっそう広い領域へ入ってゆく。職業の意味は、職業そのものではなく、それが《全人（der ganze Mensch）》教育［知と心と技の調和した人間の育成］に対してもつ意味と内的な安らぎの獲得とにある。

さらに、人間を取り巻く社会の最も広範な外的な生活圏は、《国》であり、《国家》である。ペスタロッチーによれば、君主は人間であり、彼は国民の父でもある。しかも、この父と子の関係は、根源的なつながりの自然的な拡大である。君主たちの親心を信頼して、民衆は、君主たちが子どもたちを教育し、向上させ、人類をあらゆる幸せの享受へと導く彼らの父として義務を果たすことを、おもむろに待っている。なぜなら、彼らの使命へ一層近づけるためにこそ上に立つ者は下にいるものの父だからである。神を信ずる君主たちは、自分自身を神の子と考え、人びとを自分たちの同胞と認める。こうした信仰を抱くことによって、君主たちは自分たちの地位にともなうすべての義務を果したいという気持ちに誘われる。

このような父らしい品位に基づくヒエラルヒーにあっては、民衆の恭順は宗教の要件となる。それは共通の父としての神に対する信仰に基づくものである。そして、ペスタロッチー自身が神に仕える牧師であり、人類の父であると思っていることが、かすかにうかがえる。だから、民衆の信頼を得ることは、彼の生涯の強い期待であった。

人間の住む生活圏は、内に向かっても広がってゆく。「人類の幸せの力はすべて技巧や偶然の賜物ではない。それらは、あらゆる人間の奥底に、人間の根本的な素質とともにある」という内的感情は、人間をまっすぐに、徳と真理との道へ導く。心情の声に従うよく整えられた健全な人間生活は、《内的な安らぎ》を得るための前提なのである。

《安らぎ》は、煩わされることではなくて、《確信》である。だから、個々人の教育も、この内的な確信を保証し、この《落ち着き》からの逸脱を防ぎさえすればよい《未来への挑戦》である。

「生活圏での人間自身に正しい活動は、かれの徳の正しい尺度である。そして生活圏のなかで、個々人がこのように正しく活動するように、国民を陶冶することは、真の市民的な徳を芽生えさせる立法の知恵である。」

しかし、「人間の感情がもはや、内的な安らぎに充たされていないとすれば、感情の力は彼をその最内奥において、衰弱させ、……暗黒の苦悩をもって彼を苦しめるであろう」。自然の関連から逸脱する人間は、さまよって途方にくれ、孤独となって放浪し、《秩序》のなかには入れないのである。

ペスタロッチーは、「これらすべての《生活圏》の中心は神であり、《私の本質の最内奥に宿る神》である」という。神は人類にとって最も身近な関係にある。神は父であるという意識のうちに、人間は安らぎと力と知恵を見いだす。したがって内的な安らぎを得ようと思えば、人間はこの信仰から、生活が回転するこの中心点から、この神的な秩序から、逸脱してはならない。

神に対する信仰の喪失は、自己自身に対する信頼の喪失、「正・不正についての私たちの本性の内的証言」に対する不注意、「私たちの最初の根本概念と私たちの純粋な自然感情との混乱」、これらはすべて罪である。「罪は不信仰の源泉でもあれば、帰結でもある」。

このようにして、もろもろの生活圏は制約しあい、浸透しあって、内に向かい、また外に向かって作用すると同時に、人間の発展の原因ともなれば、結果ともなる。それらを相互に結び付ける《絆》は、《愛》である。

ペスタロッチーは、イーゼリンに宛てた手紙（一七七九年六月九日　テキスト五二一）のなかで、「『夕暮』の一般的な真理を政治的自由とイエスの教えの功績とに適用」している。ここでペスタロッチーは正義も徳も、市民的な関係も、個人的な関係も、《愛》に基づいていることを、『夕暮』そのものにおけるよりもいっそう力をこめて《……愛とは、権威ある人間の正義の唯一の根源です》と、強調している。《愛》は、すべての人間関係の前提であると同時に、《究極目的》である。

家庭と国家における親ごころと子ごころ、神の子であることと同胞感情は、政治的な自由と道徳的な自由との基礎である。それゆえに、《宗教は人間愛のための陶冶である》が、人間愛もまた、宗教心の最初の段階である。《神に対する畏敬と人間愛》を最高の完全性において統一した《神人》(Der Mann Gottes)、いわば、「神の子であることに対するあたたかい信仰を、人類のために苦しみと死をもって再興した《神人》は、世界の救済者である」。さらに、ペスタロッチーは、イーゼリンへの書簡のなかで「親愛な最も賢明なお方よ、私がイエスの教えを世界のために必要だと信じている観点をご覧ください」といっている。ペスタロッチーはこれまで、彼自身の宗教観を積極的に表明したことはなかった。しかし彼はやがて神と人間とに対する信頼をぐらつかせるほどの苦しい経験と宗教的な危機を体験するが、神が父であることとイエスの愛の行動とに対する彼本来の信仰は、すべての試練よりもいっそう強力である。

若き日のペスタロッチーの世界観は、まだひどく情緒的であるが、年老いたペスタロッチーが彼の思索によって証明し、実践によって検証しながら、やがて『白鳥の歌』(*Schwanen gesang*)で表現する世界観と同じものである。『夕暮』は、《人間はどうあるべきか》、人間の使命について述べたペスタロッチーの最初の、しかし根本思想の問題提起といえる。

ペスタロッチー八一年の生涯は、これを端的に表現すれば、挫折と絶望のなかから不断の努力によって、敬虔思想の下に《愛》と《真実》と《正義》に生きようした一人物の壮大なドラマである。彼の生み出した膨大な著作は、人類の幸せを求めて悪戦苦闘した真摯な魂の記録である。

この人物のすべてを一つのまとまりのある全体として示すことはけっして生易しいことではない。とりわけ、この『夕暮』は、既に述べたように理解しにくい。しかし、この小著には、以後彼が述べるすべての思想の根源が、彼独自の思考構造で、生きた人間の生活と行動と探究とを有機的方法で示している。

しかし、この『夕暮』は、ペスタロッチーの教育思想を知るうえで、彼自身もいっているように、彼の全生涯の教育思想が凝縮されており、ペスタロッチー研究の最も大切な著作であるといえる。

およそ二百数十年前、ペスタロッチーの生きた時代は、ヨーロッパ社会は、フランス革命後の動乱のなかにあった。そのような、未来への展望もままならぬ状況のなかで、ペスタロッチーは貧しい子どもたちの教育の道にその全生涯をかけた。一七九八年のスイス革命への期待が挫折し旧革命派という冷たい世評にさらされながら、しかも、彼は教育による民衆救済の夢を国際的な規模で実現しようと努力しつづけたのである。子どもを愛し、子どもたちと共に平和な世界に生きることを願ったペスタロッチーの理想を、継承したフレーベル（Fridrich W. Fröbel　1782–1852）は「さあ、みんなで子どもたちとともに生きようじゃないか！」（"Kommt,lasst uns unsern Kindern leben!"）と述べた。私たちは二一世紀初頭のいま、国際的にも、国内的にも困難な状況のなかで、地球全体の自然が破壊されてゆくなかで、どうしたら未来を担う「子どもたちと共に生きる」ことができるのか、真剣に考えてみようではないか。

第2章 『シュタンンツ便り』の考察
―「生活が陶冶する」教育的真実を求めて―

筆者が、初めてシュタンス（Stans）を訪れたのは、二〇〇一年三月上旬であった。ニーダーヴァルデン州（Nidrwalden）のシュタンス（当時はStanz.シュタンツと呼ばれていた）には、チューリッヒ（Zurich）を朝九時に列車で発って、ルツェルン（Luzern）を経てシュタンス駅に一〇時頃着いた。駅を出ると、小雪が舞っていた。駅前広場の正面突き当たりには、一七九八年の激しい戦いで亡くなった民衆を追悼する大きな記念碑が建てられている。この戦いは、一七九八年にナポレオンがスイスを手中に収めようとしたため、各地に反抗のための戦いが起こった。戦いは、その年の九月九日に始まった。特にニーダーヴァルデン州での戦いは激烈であった。最新式の兵器で武装した一万を越えるフランス勢に立ち向かったのは、十分な武器をもたぬ一五〇〇人の民衆であった。しかし、スイス側は実に悲惨であった。残ったのは四〇〇人にも及ぶ戦死者と家を焼かれた民衆と子どもたちだけであった。……その追悼碑の前を通って左側の坂道を上って行き、右に折れると、坂の上に、聖クララ修道院（Kloster St. Klara）があり、正面突き当たりにはチャペルがある。その左側の三階建の建物が、孤児を収容した仮の孤児院であった。中に入ってみると、現在仕切られているところは会議室か、教室に使われているようであった。チャペルの中は荘厳で立派だ。シュタンス滞在は短かったが、このチャペルでペスタロッチーはどれほどの時間を過ごしたのであろうか。感慨深いものがある。

さて、ペスタロッチーのシュタンツにおける孤児救済事業は、どのように進められたのであろうか。

一七九八年一二月七日からわずか半年余りの一七九九年六月八日に孤児院は終焉をむかえざるを得なかった。シュタンツを去ったペスタロッチーは、超人的努力をしたため心身ともに疲労し、健康を害していた。そのため友人のすすめで、しばらくベルン（Bern）近郊の温泉地グルニゲル（Gurnigel）で療養した。そこでシュタンツにおける彼の滞在とその目的と業績について自己体験を書き送った書簡である。それが『シュタンツ便り』、詳しくいえば『ペスタロッチーのシュタンツ滞在について一友人に宛てた手紙』（*Pestalozzis Brief an einen Freund über seinen Aufenthalt im Stanz*、以下『便り』）である。(1)

彼は、この論文を一友人宛の手紙として起草した。それは閉鎖されたばかりの彼の孤児院の経過と、その運命との顛末を友人に伝えるものであった。しかも偶然発見されて世に出たことが重要な意味をもつのは、この論文が単に、シュタンスにおけるペスタロッチーの教育実践の真の意味と主要な成果とを語ってくれるだけでなく、そこにはペスタロッチー教育学の宝庫を開く最も重要な鍵が秘められているからである。シュタンツにおける彼の活動は、彼の全生涯のなかで最も輝かしいものであり、同時に人類の教育史上において永遠にその価値をもち続けるものである。

1 『便り』の発端と歴史的事実

一七九八年の三月末にできたスイス共和国の新しい体制は、長年の民衆教育の理想実現に対するペスタロッチーの希望に新しい光を与えた。一七九八年五月にペスタロッチーは、二〇年前にノイホーフ（Neuhof）で挫折し、『リーンハルトとゲルトルート』（*Lienhard und Gertrud*）(2)のなかで描いているような民衆学校をつくって、そこで彼の独創的な教育法を試みたいと主張し同時に彼の教育原理についての覚え書を文部大臣シュタップァー（Stapfer, Philipp Albert）に手渡した。

学校はアールガウ（Aargau）に建てられるはずであったが、その交渉はのびのびとなった。おりしも、一七九八年九月九日新憲法に同意しないウンターヴァルデン（Unterwalden）州に対して恐るべき惨禍が起こった。

住民たちは、新憲法に反対したため、フランス軍によって焼き打ちされ、殺害された。特に、ニーダーヴァルデン（Nidwalden）とその首都シュタンツは被害が甚大であった。何百という人びとが生命を失い、子どもたちは孤児となり、あるいは住み家を失った。のちに、シュタンツの墓地に建てられた記念碑の碑文によれば、死者の総数は四一四名とある。そこで政府はシュタンツにおける血なまぐさい事件によって孤児となった子どもたちのために対策を講ずる必要に迫られた。しかも政府は、その土地の社会的精神的復興のためのペスタロッチーの提案を採用し、シュタンツ地区に孤児院の設置を決定し、一七九八年一二月五日孤児院を開設した。そして、孤児院の管理をペスタロッチーに委嘱し、彼の教育計画を実行させることにした。

「孤児院には家のない子どもたちが収容されて、彼らの生計を自分で立てるように、また道徳と人間の尊厳（der Menschenwürde）の確保とのために不可欠の自立を達成するように、ペスタロッチーに、その教育指導が委ねられた。これによって彼の民衆教育の努力は、ついに《国家》によって承認されることになった。[3]」

ペスタロッチーは、たいそう幸せで、《便り》にあるように、「私は喜んで赴いた。私はその地方の素朴なことで、その地方に欠けたものを補い、その地方の謝恩の精神を見つけるつもりだ。いよいよ生涯の大きな夢の実現に着手できるという私の感激は、ひとたび私にそれを始めさせようものなら、アルプスの頂であろうと、いや火がなく水がなかろうとも、仕事に取り掛かるほどの勢いであった[4]」と、ペスタロッチーの決意はかたく希望に燃えていた。孤児たちの収容施設として、ヴァルトシュテッテ州の寺院局や行政局の反対にもかかわらず、シュタンツの駅前にある聖クララ修道院（Kloster St. Klara）の付属の建物が選ばれた。今でもその建物の外壁の記念額には、次の言葉が刻まれている。

> ここでハインリッヒ・ペスタロッチーがニーダーヴァルデンの孤児たちのためにわが身を犠牲にして尽くしているなかで、教育の新しい方法を見いだした
> 一七九八－一七九九年

ペスタロッチーは、決定後わずか数日して、一七九八年一二月七日にシュタンツに到着した。新しい生活がはじまった。こうした孤児院は、シュタンツの市内および周辺の孤児の収容所となるはずであった。そこで子どもたちは、手工業の教育を受け、かつ読み方・書き方・算術および身体的・道徳的・市民的生活に必要な諸知識が授けられるはずであった。しかし、苦心の結果生まれた孤児院は、不幸にして長くは続かなかった。というのは、オーストリア軍の接近と二〇〇〇のフランス兵が、今にも侵入してくるという情報、こうした差し迫って来た戦争の脅威のなかで、スイス共和国政府派遣代表のハインリッヒ・チョッケは一七九九年六月八日、孤児院を一時閉鎖し、その空室を戦闘で負傷した民衆を収容する病院に当てるよう指令を出した。多数の子どもたちは放逐された。この子どもたちに対して、ペスタロッチーは各々二枚の服と肌着と僅かな金とを餞別として与え、自らは白木の裂かれる思いで六月九日孤児院に別れを告げ、翌一〇日にシュタンツを去った。

その時の状況を、「これが私の夢であった。私は、この夢の実現される日が、漸く近づいたと思った時に、シュタンツを去らねばならなかった(5)」と、孤独のなかで『便り』に書き綴じている。

2 孤児院の成立と運営の状況

シュタンツにおけるペスタロッチーは、希望に燃えて戦災孤児たちの救済事業を一七九八年一二月から始めた。しかし、彼の前途には途方もない困難が横たわっていた。ときにペスタロッチーは五二歳であり、彼の妻アンナ（Anna Pestalozzi-Schultheß）は、彼のすべての友人と同じように、彼が、不可能のことを引き受けたと思い込み、それから手を引くように再三にわたって訴え、かつたしなめた。しかし、自分の信念を実現しようとする彼の意志は、決してゆるぐことはなかった。

ペスタロッチーは、その決意を次のように語っている。

「私は時代の最もすぐれた理念の一つに着手しています。……もはや私は昔の私ではありません。それに私は今の事業が昔のそれと異なっているのは、ちょうど私の今の皺だらけの顔が、昔のなめらかな顔と異なっているのと同じです。(6)」

しかし、ウンターヴァルデンの状況は、とうてい好ましいものではなかった。

住民の政府に対する反抗ははじめ考えられていたよりも、いっそう強力であった。州当局もその建物の中に孤児院が設けられるはずの修道院側も拒否的な態度を示した。カトリックの住民は頑強に抵抗した。そのため建物の改築は長引き、一月中旬に孤児院が開かれた時にも、まだ完成されていなかった。壁の土ぼこり、悪天候、「炊事場もなければ、部屋もなく、ベッドもない」ありさまであった。それが最初の子どもたちが到着した時の状況であった。

そしてペスタロッチーは、シュタンツの乞食の子どもたちに人間の品位を回復させようと決意した。子どもたちは当初は五〇人おり、その後増え春の終わりには八〇人を数えたが、子どもたちが到着した時、彼らは極度に粗野であり、すさんでいた。

ペスタロッチーは、この時の子どもたちの状況を次のように描写している。

「子どもたちがやってきた時、ほとんど歩けないほどひどい疥癬《かいせん》にかかり、頭に腫れ物ができていたり、虱や蚤のついたぼろの衣服をまとい、骸骨のようにやせ細り、黄色い顔色をし、歯をむきだしにして顔をゆがめ、おびえた目付きをしている者や疑いの念と心配で、しわくちゃな顔をしている子どもが多かった。厚顔な図太さと、物乞いと、偽善とそしてあらゆる不実にすっかり慣れきった者も何人かいた。ほかの子どもたちは、不幸にうちひしがれ、辛抱強くはあるが、邪推深く、冷酷でかつ臆病であった。……不精な怠惰と、精神的素質ならびに基本的な身体的技量の訓練不足とは、すべての子どもたちに共通していた。一〇名の子どものうち、ほとんど一人としてＡＢＣを知らなかった。ましてや、そのほかの学校教育とか、教育的陶冶方法に至っては全く問題にならなかった。[7]」

しかし、「どんなに貧しい、どんなに不良な子どもの中にも、神の与え給うた人間性の力を信じて[8]」、ペスタロッチーはこの苦悩に充ちた仕事に着手した。彼は窮乏こそ、子どもたちの内面に《まどろみ》かつ、ゴミで覆われているにすぎない《本質的な力》を《子どもたちの内面に秘められている無限の可能性を》目覚めさせることを多くの経験を通して知っていた。彼は、どんな子どもでも、貧しい家庭の子どもでも、豊かな家庭の子どもでも、最もあわれな親から見放された子どものうちにさえ、子どもの最内奥に秘められている無限の可能性をかたく信じ、それを覚醒させることを、多くの経験の中で既に学んでいた。彼は子どもたちの内面に秘められている能力を「明るく光り輝かせる」ために、「周囲の泥」を取り除こうと考えた。こうした課題に応えるために、ペスタロッチーは一人の家政婦のほかは、子どもたちの教育のためにも、彼らの仕事の指導や家庭的な配慮のためにも、助手なしに、ただ一人で取り掛かった。しかし、これは資金の不足からではなく、これはペスタロッチーの深い意図があってのことであった。なぜなら、彼が努力した最初のことは、家庭的な雰囲気を子どもたちの自然的な発達の母体としてつくりだすことであったし、また子どもたちを外部の影響によって、かき乱さないために、ペスタロッチーが子どもたちにとって、すべてでなければならなかった。

3 『便り』の要旨と分析（その一）

苦渋に充ちた六カ月余りのシュタンツにおけるペスタロッチーの孤児と共に過ごした日々の意義について、彼の『便り』をみることにしたい。この『便り』の構成は全文三三ページ程であり、それが七八小節に分かれて書かれている。まず、冒頭次のような書き出しで始まっている。

「友よ！　私は再び夢からさめる。そして今度もまた私の仕事は水泡に帰して、衰え行く私の力がむなしく費やされてしまったことに気がついた。しかし、私の試みは本当にか弱く、本当に不運のものであった。だが、ほんの暫くの間でも、この私の試みについて語ることは《博愛の心（menschenfreudlichen Herzen)》をもった人なら、誰でも私の気持ちを理解してくれるであろう。また私が今、私の希望の糸をここで捨てなければならないが、しかし、私は幸福なのちの世の人びとが、きっとまたこの糸を私が捨てたところで拾い上げてくれるに違いないと、かたく信じて疑わない。この私の確信の根源について考えることも、また同じように快いものであるに違いない。[9]」

この冒頭の言葉のなかに、ペスタロッチーの深い未来に対する信念を読み取ることができる。彼が捨てなければならなかった希望の糸を、未来に生きる子どもを愛する人たちがきっとつないでくれるという確信が、この『便り』のなかに秘められている。この『便り』は「シュタンス滞在に関して、一人の友人に宛てたペスタロッチーの手紙」というよりは、未来に向かって《子どもを愛し、子どもと共に生きよう》とする人びとへの『便り』ではないだろうか。

(1) 民衆教育の夢の実現へ

「私は、かねてから懐いていた民衆教育（Volksbildung）の私の考えの全構想を当時のスイスの長官であるルグラン（Legrand）に披露した。彼はこれに対して、ただ単に興味を示したばかりでなく、私と同様に、スイス共和国は絶対に教育制度を改革せねばならないという結論に達したのである。そしてこの国の極く貧しい子どもたちは教育によって彼らの社会から引き放されることはなく、むしろ益々固くその社会に結び付けられるものならば、これら極く貧しい子どもたちのなかの多くの子どもたちに完全な教育を施すことによって、民衆教育の最大の効果が得られるであろう。(10)」

ペスタロッチーは、貧民の学校教育を施す計画が政府の協力によって希望の実現の日が近づいてきたやさきの一七九八年九月に起こったウンターヴァルデンの災難によって、何一つない場所で彼の長年の計画を実施しなければならなかった。しかし、彼は友人たちの反対を押し切って、喜んでそこに赴いた。そこで彼は、「今や私は、私の生涯の大きな夢の実現に着手できるのだ。この感激は、私をいやしくもひとたび私にその仕事を始めさせたら、アルプスの山の中の火もなく、水もない所でも、仕事に着手するほどの勢いだ」と述べ(11)、民衆の教育に大きな夢を抱いて任地に赴いたペスタロッチーの心情をうかがうことができる。

(2)『居間の精神』の教育的意義

しかし、ペスタロッチーを待ち構えた現実は厳しいものであった。だが、どんなに無教育で粗野で粗暴な子どもたちであっても、彼らの内面には素晴らしい素質と本性が、今か今かとその花を咲かせる時を待ちこがれていることを、ペスタロッチーは既に彼の体験を通して知っていた。そればかりではなく、彼はこの無教育そのもののような子どもたちのなかにも、みずみずしくいきいきした自然の力が芽吹いているのを見たのである。

さらに続けて、ペスタロッチーは彼の教育的信念を力強く次のように述べている。

「私はものごとの最も本質的な関係を人びとに直観させ、健全な精神と生まれつきの叡知とを発達させ、奥底深くゴミにうずもれているように見えるけれども、この環境の汚れを洗い落とし、明るい光で輝き出す力を奮い立たせるには、子どもたちの生活そのものからくる必要（die Noth）と要求（die Bedürfnisse）とが、どれほど多く寄与するものであるかを知っていたのです。私は、それをシュタンスで実行しようと考えたのです。私はこの泥沼の中から子どもの内面に秘められている、この力を取り出し素朴ではあるが暖かみのある家庭的な雰囲気のなかで見ようと思ったのです。私はこの《家庭的な雰囲気》こそが必要で、これさえ整っていればこの力はより崇高な精神となり、より高い活動の原動力となってあらわれるのです。そして、私たちの精神を満足させ、私たちの心の奥底の琴線に触れうるならば、どのようなことをも成し遂げうる真の生きる力を育むことができ得ることを確信しているのです。[12]」

このように、彼が最初に努力したことは、家庭的な雰囲気を子どもたちの自然的な発達の母体としてつくり出すことであったし、また子どもたちを外部の影響によってかき乱されないために、彼が子どもにとってすべてでなければならなかった。すなわち父親でもあれば教師でもあり、親方でもあれば下男でもあり、むしろ母親でもあれば看護師でもなければならなかった。彼の考えは、家庭教育の長所は公の教育によって模倣されねばならないし、《居間の精神（Geist der Wohnstube）》はすべてのよい人間教育の基礎であり、《純粋な父親の力》はすべてのよい教師の第一の要件である。同様に彼は、《人為的な》助成手段をすべて拒否し、子どもたちを取り巻く自然と、日常の必要と、そして子どもたち自身のつねに活発な活動等を教育手段としてもっぱら利用しようと考えた。

また、第二次世界大戦後の最も優れたペスタロッチーの研究者であるジルバー（Käte Silber）は、「ペスタロッチーは昼も夜も子どもたちのなかにいた。彼らのためになされたことは、すべて彼が手ずから与えたものであった。彼は子どもたちと苦楽を分かち、寝食を共にし、仕事や祈りをともにした。……それは最も親密な人間共同体であり、彼が最も渇望した願いを余すところなく実現したものであった。彼の愛の力は子どもたちのこのうえなく閉ざされた心情にさえ影響せずにはいなかった」[13]と、さらに「春の太陽が私たちの山々の雪を溶かさないうちに、私の子どもたちは見違えるように成長して、立派になった」[14]。八〇人近くのひどくすさんだ孤児たちは、まもなく兄弟姉妹のように仲良く睦まじく、わずかの小家族でしか見られないような、相互の心づかいと思いやりをもって生活するようになった。ペスタロッチーは、子どもたちに立派な教訓を与えたのではなく、彼自身の行動によって子どもたちに直接彼らの実際の行為に向かわせた。

(3) 子ども中心の教育の発端

ペスタロッチーは、最初から彼の教育的信念を実践するために、「ただ一人の家事をみる婦人の外は、子どもたちを教育するにも、子どもたちの身の回りの世話をするにも、助手もおかず、私は自ら子どもたちの中に入っていって孤児院を開いた。しかも私の理想の教育を実現しようと思えば、ぜひとも私は一人でしなければならなかった。《神のしろしめすこの地上に(Auf Gottes Erdboden)》一人として子どもの教育と指導とに対する私のやり方に力をかそうとする者は出てこなかった。それどころか、協力できるような人びとは、たいてい、学識や教養があればあるほど私を理解せず、また私が追究しようとした出発点を理論的に理解しかねるような人びとであった。そのなかでも彼らが最も忌み嫌ったのは、何ら人為的方法によらず、ただ子どもたちを取り巻く自然や子どもの日常の要求や、活発な子どもの活動そのものを、子どもたちの陶冶の手段として利用しようとする子ども中心主義の思想であり、私の実践であった」[15]と述べている。

ここにペスタロッチーの子どもと共に未来に向かって、教育の新しい境地を切り拓こうとする確固たる意気込みを感ずることができる。それは、子どもの生活そのものを基盤として教育を行おうとする彼の教育思想の最も重要な《子ども中心主義の新教育の理念》を看取ることができる。このことは、子どもたちの教育のプロセスを従来からの教育者の先入観や誤謬から解放させることであった。ペスタロッチーは、彼自身で一人ひとりの子どもたちの内面に眠っている無限の可能性を覚醒させ、開発することによって、人間性豊かな人間に子どもたちを育て上げていくことであった。

ペスタロッチーは「私が計画し、証明しようと思ったのは、家庭教育の長所は学校教育によって模倣されねばならず、学校教育は、家庭生活全体の上に構築されない。しかし、今日の学校教育は、私の見るところでは、いたずらに子どもたちを萎縮させる人為的な手段にすぎない(16)」と、学校教育の在り方を鋭く批判している。

(4)《信頼》と《愛着》(憧れ・尊敬)の教育

「善き人間教育を実践するには、居間における母親が慈悲深い眼差しで、子どもの精神のあらゆる変化を確実に子どもの眼の中に、その口許に、その額の上に読み取っていくような密接な関係が絶対に必要である。また善き教育を行うには、教育者の力というものは、とりも直さず家庭生活全般の刺激を満遍なく受けて活気に溢れる父親の力であることが絶対に必要である。これが私の孤児院における教育実践の基本であった。私の心は私の子どもたちを熱愛し、子どもたちの幸福は私の幸福であり、子どもたちの喜びは私の喜びであることを、朝早くから夜遅くまでどんな時でも、子どもたちがすぐに私の表情を読み取り、私の唇で感じられるように心掛けたのである。(17)」

それは、《シュタンツの孤児院におけるペスタロッチー》に象徴されるように、孤児たちと共に生き教育愛に満ちた彼の姿を思えば十分であろう。

「人は喜んで善を欲し、子どもは喜んでそれに耳を傾けるものだ。しかし、教師（Lehrer）よ、子どもはそれを君のためにするのではない。教育者（Erzieher）よ、子どもはそれを君のためにするのではない。子どもは自分自身のために善を欲するのだ。君が子どもを善に導こうとするならば、その善は、君のむら気や激情のために頭に浮かんだ単なる思いつきであってはならない。[18]」

「子どもは自分を喜ばせるものはすべて求める。自分に名誉をもたらすものはすべて求める。胸の中に大きな期待を懐かせるもの、自分に力を与えるもの、《ぼくにはこれができる》と子どもに叫ばせるもの、これらすべてを子どもは求める。しかし、こうした意欲は言葉によって生み出されるものではなくて、子どもに対するあらゆる方面からの世話によって子どもの心の中に呼び醒まされた感情と力とによって生み出されるものなのだ。……だから、私は何よりもまず子どもたちの《信頼》と《愛着》とを求めようとした。また、そうせざるを得なかった。これさえうまくいくならば、その他のことは自然にすらすらと解決されるに違いないと信じたのである。[19]」

ここに、シュプランガー（Eduard Spranger）のいう《教育愛（die pädagogische Liebe）》の基本的姿を看取ることができる。[20]

ペスタロッチーの思想は、子どもは、どんな子どもでも、たとえ乞食の子どもでも、孤児でも、悪童でも、多くの問題を抱えている子どもでも、またそういう子どもこそ、善に憧れ、他者から善なる者として認められたいと、心の底から祈りにも似た心で願っているのだ。だが、教師や教育者、そして大人たちは、彼らの心の奥底を見知る繊細な心の世界を読み取る叡知を失っているのだ。

世の中の教師や教育者や大人たちよ、真実の善なる心は何か、可視的で表面的な世界のなかでしか子どもたちを見ないで、子どもたちの内面に潜む心の世界を読み取る知恵を磨きたい。そしたら悪童といわれたり、問題児といわれ、偏見と差別のなかに追いやられている子どもこそ、あなた方の一言が、さらにあなた方の深い人間認識が、未来に向かって生きる子どもたちの心のとびらを開き、命の可能性の芽を成長させ美しい花を開くであろうことを……。まさにペスタロッチーはシュタンツでの生活のなかでの体験を通して私たちに問いかけているのである。

4 『便り』の要旨と分析（その二）

シュタンツでの彼の事業は、決して順調に進んだのではなかった。しかし、困難ななかにペスタロッチーの孤児たちに対する彼の深い心情を読み取ることができる。

(1) 艱難辛苦の日々

「友よ、しかし私の立場と民衆や子どもたちの気分というものを考えてもらいたい。それから、私がその際どんな障害を克服しなければならなかったかを察してもらいたい。不幸なこの地方は、火と剣とによって、戦争のあらゆる恐怖を味わった。民衆は大部分、新しい制度を嫌い、政府の仕打ちを怒り、その救済を信じようとしなかった。自分たちの生活になじみのないものはすべて改革として忌み嫌いつつ、彼らはその生来の憂鬱な性格のために、悲惨極まりない生活であったにもかかわらず、旧来の生活に固く執着し新しい考えには耳をかそうとはしなかった。彼らから見れば、私は忌み嫌うべき新制度の加担者であった。彼らの嫌う一部の人間共の手先と思われていた。……この新しい政府に対する不満は、宗教的不信によってさらに深刻なものとなった。そうしたなかで自分たちの子どもの教育者、教師が、貧しい自分たちと一緒に住み、活動しているのを見たことがなかったのである。友よ、この民衆の心情と、それから私の貧弱な力と私の立場とを想像してくれ給え。……この私の孤立無援（die Hülflosigkeit）の立場は、極めて苦しく、不快なものであったが、しかし、その反面、私の目的遂行にはかえって好都合であった。というのは、子どもたちにとって私は、かけがえのないものにならざるを得なかったから、……私は朝から晩まで、ほとんどただ一人で、子どもたちの世話をした。子どもたちの心身の為になることは、どれも私の手を通して行われたのだ。子どもたちが困ったときに受けた手助け、苦しいときの救済、数々の教え（jede Lehre）もどれを取ってみても、みな私によって為されたのだ。私の手は子どもたちの手のなかに、私の目は子どもたちの目のなかにあったのだ。私は子どもたちと共に涙し、子どもたちと共に微笑んだ。子どもたちは世界を忘れ、シュタンツさえも忘れた。子どもたちは、ただ私のそばに居り、私は子どもたちのそばにいた。子どもたちのスープは、私のスープであり、子どもたちの飲み物もまた、私の飲み物でもあった。私は何物をももっていなかった。家庭もなく、友もなく、召使もいなかった。私は子どもたちだけをもっていた。子どもたちが健康ならば、私は子どもたちに囲まれて暮らし、子どもたちが病むときには、子どもたちのそばに付き添った。私は子どもたちの真ん中で眠り、夜は最後に床につき、朝は一番早く起きた。私は子どもたちが、寝付くまで子どもたちと共に祈り、教えたりした。[21]」

さらに彼は語った。

「孤児院は次第に発展し、一七九九年には、私の許には、約八〇名の子どもがいた。大多数は善い素質をもった子どもで、そのなかの二、三名は、なかなか優れた子どもであった。学習は初めてだという子どもが大部分であったが、そのなかの二、三の子どもは、学習をいくらかでも、ものにすることができるということがわかると、たちまち、彼らの熱意は不屈なものとなった。生まれてから一度も本を手にしたこともなく、主の祈りやアヴェ・マリアも知っていない子どもたちも、二、三週間たつと、朝から晩まで、ほとんど休みなしに、実に熱心に勉強するようになった。……しかし、この最初の熱意は、生活全体にその向かうべき方向を示し、このための学習は、私の期待を遥かに凌ぐほどの成績を上げた。[22]」

このように子どもたちは、心のとびらを開き、いのちの輝きをあらわし始めた。

(2) 『学び』の方法の探究〜メトーデの誕生へ

ペスタロッチーのこの孤児院における学びの探究は、既存の授業課程からみれば計画性は見いだせない。しかし、この孤児院における授業課程の無計画性は、決して怠慢ではなく、ペスタロッチーの明確な意図に基づいていた。彼はこの孤児院を新しい民衆教育の最初の試みとみなし、教授法を個々の子どもたちの境遇と本性から発展させようと企てた。ペスタロッチーは、進んで子どもたちと共に、また子どもたちを通して学んだ。

子どもたちの自主的な生活のなかから、学びと生活の秩序は生まれてくるものであった。そのためには、ペスタロッチーの高い理想を求める細心の心づかいと、子どもたちと共に生きる誠実な姿なしには、生まれてこなかった。

「およそ、私の行動の出発点となったものは、絶対に、経済的関係でもなければ、その外の何か外面的なものでもなかった。また、子どもたちの心を堕落させ、荒廃させた環境の劣悪さと粗暴な言動のなかから、子どもたちを救い上げようという事業の発端を拓くことができた。その際、指導原理となったものは、次のような考えであった。《初めから形式的な秩序とか、几帳面さとかを強制したりするような杓子定規なやり方や、あるいはまた、規則や規定をたたき込んだりするようなやり方で、子どもの気持ちを教化することは、ほとんど不可能である》……もし、このような処置を強行すれば、子どもたちはますます私から離反し、彼らのもっている粗暴な野生を直接、私の目標に反抗させるような結果を招来したであろう。

したがって、私の指導原理は、子どもたちの内なるそのものと正しい道徳的情感とを彼らの心のうちに目覚まし、鼓舞し、それによって外的なものに対しても、注意深く、愛情豊かに、柔順になるように仕向けていくより外に方法がなかった。私はイエス・キリストの崇高な原理、《まず、内を清めよ、さらば、外も清くなるべし》(マタイ傳二三章）この原理を信頼するより外はなかったのである。[23]」

「今や私は、子どもたちの協同生活の最初の感情をうまく生かし、彼らの力が成長して行く最初の機会を巧みに捉えて、彼らを仲のよい兄弟姉妹にすること、われわれの家を大きな家庭の簡素な精神に融合させること、そして、こうして生まれた関係とこの関係のなかから生じてくる気分とを土台として、正しい、道徳的感情を生き生きと振るい起たせること、このことを当面の大事な目標とした。[24]」

「私は、この目的にかなり成功した。間もなく、八〇名の粗暴な乞食の子どもたちが、小さな家庭の兄弟姉妹の間にさえもめったに見られないような、やすらぎと愛情と親切さと誠実さとをもっていっしょに生活している姿が見られるようになった。この場合、私の行動の原則となったものは、次のようなものであった。《あなたの子どもたちをまず、心広く豊かにし、そして彼らの日々の要求を満足させることによって、彼らに彼らの感情、経験、行為に、愛と慈悲とを植え付けよ。そして、子どもたちの内心の基礎づけをしっかりして、これを安定させ、そうした後に、この好意を彼らの仲間内に広め、確実に広く実行するため、子どもたちに多くの優れた能力を習得させようとした。[25]」

ここに、民衆教育に対するペスタロッチーの堅い信念がうかがえる。

5 『便り』の要旨と分析（その三）

ここには《生活又は体験を陶冶の原理とする》ペスタロッチーの新しい主張が力強く語られている。それと同時に《道徳教育の在り方》について、彼独自の生活体験を通して、道徳的心情と行為を子どもたちに身につけさせることについて、言及している。ここに、彼の教育思想の根本が克明に語られている。

（1）『生活が陶冶する』～生活教育論への途

「私はまた、よく考え、よく働いて、確実な生計を立て、無知な、無教養な、不幸な人たちに忠告を与え、援助の手を差し伸べることのできるような静かな、平和な家庭の幸福を、幾度も、繰り返して子どもたちに説明してやった。この仕事を始めてから、二～三カ月しかたっていない頃、私の胸に寄り添ってくる子どものなかの、特に感情の豊かな子どもたちに、一人ひとりにこう訊ねてみた。《私みたいに、貧乏な、可哀想な人たちと一緒に暮らして　その人たちを教育して、立派な人に仕上げる仕事をやって見たいと思わないかね？》《ああ、私にも、そんなことができたら！》彼らは皆こう答えた。その時、彼らはどんなに興奮し、彼らの眼は、どんなに涙で溢れたことだろう。[26]」

「いつまでもみじめなのではない。いつかは自分たちも、立派な知識と技術を身につけて、世の中の人びとのなかに入っていき、人びとの役に立つこともできれば、その尊敬を受け取ることもできる。こういう希望が何よりも子どもたちの心を高めてくれたのである。

《外の子どもたちよりも立派な人間に仕上げてもらえるのだ》と、子どもたちは感じていた。私の指導と子どもたちの未来の生活との密接な関係を彼らはよく見抜き、《自分たちだって幸福な生活に入れる》と、考えながら、彼らは未来の幸福を心のなかに描いていたのである。このために、間もなく、努力も苦にならなくなった。子どもたちの希望（Hoffnungen）や期待（Wünsche）は、この努力の目標とぴったり一致したのである。友よ、この心の通じ合いのなかから《徳（Tugend）》は生まれるのだ。それは、ちょうど、か細い根の性質や要求が土壌の性質と一致する時、若い苗がすくすくと育つように、《私は、内面の力（eine innere Kraft）が子どもたちの心のなかに育っていくのを見た。》それは、《子どもたちの内面に秘められている無限の可能性が開花して行くのであり》、それは私の期待をはるかに凌駕する程にゆきわたり、その発現は、私を感動させ、また驚嘆させた。[27]」

ここにペスタロッチーの生活教育の根本理念を見いだすことができる。

(2) 《道徳は教えられるか》

《道徳》は、言葉で教えられるものではなく、体験を通して自然と心のなかに刻まれるもの、身につくもの、言葉や概念によらずに直下に生命主観の本質として感情を触発するところにペスタロッチーの得意とする道徳教育法がある。

「緊張させるための手段としての《沈黙》は、このような施設にあっては、おそらく一番大切なことであろう。私が孤児院にあって、教えていた時に要求した沈黙というものは、私の目標を達成する大事な手段であった。」[28]また、「ある乱暴な少女が、二、三時間身体と頭とを真直ぐにし、目をきょろきょろしないという、ただそれだけの習慣がつくだけで、経験したことのない人は、信じられないほどの高い道徳的態度を身につけるのである。この経験によって私は、教育によって、道徳的能力を実際に身につけさせるには、道徳的生活態度に慣れさせることのほうが、単なる道徳的理論や説教よりも、遥かに効果のあるものであることを学んだ」[29]。そして、「この原則を守らせることによって、子どもたちの気持ちは、明るく・晴れやかな・落ち着いたものになり、自ら進んで心の気高さと善とに向かうようになっていた。……何も知らない子どものほうが、純粋な感情の素朴さに対しては、遥かに豊かな感受性をもっていたのである」[30]。

(3) 「体罰」は必要か、否か

「子どもに頑固さや粗暴の態度が見られた時には、私は《厳格な態度で臨み、体罰を加えた。愛する友よ、ただ言葉だけで、大勢の子どもの心をとらえて決して体罰など必要としないという教育原理(der pädagogische Grundsatz）は、幸福な子どもたちを相手にする場合や恵まれた境遇にある場合は、もちろん、実行できよう。だが、私の場合は種々雑多な乞食の子どもが入り混じっていたのだし、子どもたちの年齢や身に染み込んでいる性癖のことも考え、また一つには手っとり早く確実に、しかも迅速にすべての子どもに働きかけ、すべての子どもを一つの目標に到達させる必要のあることなど考えてみると、体罰は絶対に必要なものであった。[31]」

教育指導上、体罰をどう考えるのか、重要な課題である。わが国の学校教育法においては、一一条で「児童、生徒及び学生に懲戒を加えることができる」と規定しているが、体罰については禁止している。ペスタロッチーはどう考えているのであろうか。

「ペスターロッチは体罰によって、子どもの信頼を失いはせぬかなどと心配するのは、全く間違っている。子どもの気持や考え方を左右するものは、めったに起こることのないような、一つ一つの行為ではないのだ。君に対する子どもたちの感情を決定的にするものは、毎日毎日繰り返されて、しかも子どもたちの目の前で働いている君の気持ちの真実さと、子どもたちに対する君の気持ちの真実さと、子どもたちに対する君の懐く愛情もしくは嫌悪感との程度である。だから、事実が示すように、教師の行う個々の行為が、子どもにどんな印象を与えるかということは、子どものこの一般的な気持ちという確固たる状態によって決定されるものである。[32]」

「世間の父親や母親の加える罰が、悪い影響を与える事は稀である。しかし、これに反して、平素、子どもたちと心の触れ合いをもてず、また子どもたちと共に家庭生活を共にしない学校の教師の罰は、全く異なるものである。こうした教師たちには、子どもたちの心を引き付け、さらにこれをしっかりと繋ぐいろいろの人間的絆の基礎が欠けている。この人間的絆の欠如のために、こうした教師は子どもたちにとって、疎遠な人間となり、人間的絆のある教師とは全く違った存在になってしまうのである。[33]」

「私の罰（meine Strafen）が、子どもたちに反抗心など起こさせたことは一度もない。それどころか、罰を加えたすぐ後で、私が彼らに握手を求めて、彼らに接吻すると彼らはひどく喜んだ。彼らは満足していて、私の平手打ちを喜んでいるということを嬉しそうに私に語ったのだ。このことについて、私の経験した最も感激の深いのは、次のようなことだった。私が一番可愛がっていた子どもの一人が、私からいつも可愛がられていることをいいことにして、他の子どもをいじめた。私は激怒して、きびしく叱って、私の不満をあらわした。その子どもは、悲しさのあまり気絶したようにみえ、一五分ばかり泣き続けていたが、私が部屋の外に出ると、すぐに立ち上がって、彼は私に告げ口した子どものところに行って、詫びをし、自分の乱暴な行いを言い付けたことを感謝したのである。友よ、これは、決して単なる芝居（Comödie）ではなかった。その子は、今まで、このようなことを見たこともなかったのだから。」

「愛する友よ、私は終日、純粋な愛情を傾けて、子どもたちと共に暮らし、彼らにこの身を捧げていたのだから、私の怒りは子どもたちに悪い印象を与えなかったのである。子どもたちは、私の心を知っていたため、私の仕打ちを誤解しなかったのだ。しかし、友よ、子どもの両親や外部の見学者や教育者（Pädagogen）たちは、必ずしもそうではなかった。しかし、これも仕方がないことであった。私の子どもたちさえ、私を理解してくれれば、世間の評判などどうでもよかったのだ。[34]」

教師と子どもたちとの人格的信頼関係が成り立っているとき、初めて教師の教育指導としての懲戒は、思いもよらず大きな教育効果をもたらす。教師の子どもたちに対する信頼と子どもたちの教師に対する尊敬の心情が醸成される時に、懲戒や体罰を受けた子どもたちは、自己の《否》に気づき教師の深い愛（Agape 的な愛）に対して、子どもたちは尊敬の念（憧れ・Eros 的愛）を心のなかに抱くのである。

(4)「道徳」の基礎教育の着眼点

道徳の基礎的陶冶の範囲は、次の三つの観点がその基礎をなしている。(35)

一、純粋な感情によって、道徳的情感を覚醒させること

二、正しくかつ、善良なもののなかで、克己と努力とをさせて道徳的訓練を行うこと

三、子どもが自分の存在と環境とを通じて正義関係と道徳的関係とを考察し、比較することによって、子どもの心のなかに道徳的考えを養い育てること

「《愛する友よ》この子どもたちは、彼らの正義と公正に対する感情がいかに敏感で強烈であり、率直なものであるか、いかに、純粋な好意が彼らの感情を高め、揺るぎないものにするかを、私は生涯忘れることはできないであろう。(36)」

「どんな教育原理も、子どもたちが自分の現実生活に結び付いている直観的な経験を意識する時、初めて子どもたちにとって真実となるものなのである。私の経験によれば、この事実のなかにすべてのものを解決する鍵があると思う。現実生活の裏付けのない真理は、子どもにとっては、単なる玩具に過ぎない。(37)」

ペスタロッチーは、学校における家庭的精神に関する彼の見解と、この家庭的精神に関する問題の解決についての彼の試みを述べてきたが、さらに、教育についての大事な観点と子どもたちの学習について次のように述べている。

「私は、私の子どもたちに対する《私の愛の信念》から生ずるわかりやすい結果に基づかないような規則や方法や技術は、何も知らなかったし、また、知ろうとも思わなかった。こうして、私は、子どもたちのより良き心を平等に奮い立たせ、子どもたち相互の間でかもし出され、私の配慮によって統制されていた、子どもたちの自然的な関係を余すところなく、子どもたちの上に作用させようとするより高い見地にたって、子どもたちの学習を指導して来たのである。(38)」

ペスタロッチーが、道徳についても決して教科書を使用していなかった理由は、貧困のためではなく、彼の教育に

対する考えのためであった。彼は学習の対象を学習の方法と同様に書物から学ぼうとしなかった。子どもたちの日々の生活のなかでの衝動や観察などが、最も大切な教材であった。

6 『便り』の要旨と分析（その四）

ペスタロッチーは、孤児たちと共に働き生活するなかで多くのことを学んだ。彼は学習と労働とを結び付けるつもりであったが、うまくいかなかった。しかし、彼は、《言葉だけの学習》を当時ほとんど重要なものとは考えず、むしろ、《精神的な訓練》に重きをおいていた。

(1) 《Arbeit》の教育的意義

「私は、もともと、《学習（das Lernen）》と《労働（die Arbeiten）》とを結合し、学校と工場とを結び合わせて、両者を統合することを目的としようと考えていたが、しかし、それに必要な設備は、人員の点でも、労働の点でも、機械の点でも、準備できなかったので、この企ては実行できなかった。……しかし、私は、既に出発点において、勤労（die Arbeitsamkeit）ということを、むしろ労働（Arbeit）に耐え、利益を上げうるという点からは余り考えていなかった。同様に、学習（Lernen）をも一般的に、《精神力の訓練（Übung der Seelenkräften）》と考え、そして特に、注意力、熟慮とそして確実な記憶力の訓練は、判断したり、推論したりする技術的訓練に先行しなければならないと考えた。[39]」

この《学習》と《労働》、《学校》と《作業場》との一体化こそ、ペスタロッチーの独創的見解である。ここに近世教育の根本課題であった《学習学校》と《労作学校》との統一を可能にする新教育の思想の萌芽がみられる。言葉による皮相的な、あるいは百科全書的知識ではなく、生活にねざした認識こそ、人類に最も幸福をもたらすのだと、ペスタロッチーは提唱している。ここに、子どもたちの精神そのものを陶冶しようとするペスタロッチーの基本的な教育思想が表れている。彼のいつも大切にしていた原理（Grundsatz）は、次のようなものであった。

「子どもたちが学んだものはどんな無意味なものであっても、それを完成させて決して後戻りさせず、また、ひとたび彼らの学んだ言葉は、決して忘れさせない。私は、どんなに進歩の遅い子どもにも、辛抱強く教えたが、子どもが前に立派にやったものを、二度目に下手にやった時だけ、私は、厳しい態度で臨んだ[40]。」

「子どもたちが、大勢でしかも才能がまちまちであったことが、反って、私の仕事を容易にしてくれた。……子どもたち同志で、学び合い、自分にできることを他の子どもに教えることを喜んだ。子どもたちの名誉心は目覚めてきて、自分で繰り返すことを、他の子どもに真似ていわせることによって、彼らは二重に勉強するようになった。私は、こうしてすぐに子どもたちのなかに、助手や協力者すら見いだした。……子どもたちは、未熟な子どもたちに、そのできないことを教える能力の点では、私たちの孤児院と共に行動し、孤児院の当面の用を足すには、信用でき、《雇われた教師（angestellte Lehrer）》よりも、はるかに役だった。私自身も、子どもたちといっしょに学んだ。私の孤児院の生活の基礎は、すべてがあまりにも技巧のない素朴な状態であったが、私のように教えたり学んだりすることを潔しとするような教師は一人もいなかったろう[41]。」

師弟同行、さらに《教えることは、学ぶこと》であるというペスタロッチーの根本思想の一つである。

「私の経験のなかの二つのものが、この理想の時期の招来の極めて重要な要素となっている。

第一は、たとえ年齢が不揃いであっても、大勢の子どもに一度に教え、しかも、その学業を上達させることができる。

第二は、この子どもの集団に、労働させながら教えることができる。この二つである。

この教育法（Unterrichtsart）が、暗記の仕事のように見え、また、その外面的形式上、暗記仕事として行われねばならないのは、当然のことである。……歌や詩を覚える記憶は、心の中に、調和と高い感情に対する感覚を発達させる。したがって、単に記憶だけで、子どもたちに対して、あらゆる種類の精神訓練を一般的に、施す技術があるのである。[42]」

(2) シュタンツの終焉…新たなる出発へ

「私が、最も多く期待をかけた人びとは、政治上の事情や興味にひどく没頭していて、私のやっているような些細なことは、彼らの大きな活動の舞台では、彼らの注意をほとんど引かなかった。これが、私の夢（Das meine Träume）であった。私は、この夢の実現される日が、ようやく近づいたと思った時に、シュタンツを去らねばならなかった。[43]」

ここニーダーヴァルデン州のシュタンツはルツェルンに近い。町の中心に建つカテドラルの左後ろに聖クララ修道院がある。シュタンスでのペスタロッチーの働きはここを中心にして戦災孤児たちのために行われた。一七九八年一二月から始められ、孤児たちと共同生活を行い、この経験がのちに『シュタンツ便り』として公刊されたが、残念ながらこの施設は一七九九年六月には閉鎖を余儀なくされた。

7 『便り』の教育学的意義

この手紙は、かなりの長さと反復とにかかわらず、ペスタロッチーの全著作中のみならず、人類の教育思想史の上で、最も興味深く、最も重要な文献の一つであるといえる。この『便り』が、教育学研究上重要な意味をもつのは、単にシュタンスにおけるペスタロッチーの教育実践の真の意味と主要な成果とを語っているだけでなく、そこにはペスタロッチー教育学の宝庫を開く最も重要な鍵が秘められているからである。

ペスタロッチーは『シュタンツ便り』のなかで主として、既に前節で述べたように要約すると、次の点について述べている。

第一に、孤児院の創設と管理・運営についての経緯。

第二に、ペスタロッチーの教育についての基本理念（民衆教育・教育愛・子どもの内的可能性の開発・教育の人間化・子ども中心主義・居間の教育・生活陶冶論・Arbeit の教育的意義・体罰・早期教育等）。

第三に、道徳教育についての根本理念。

ペスタロッチーは、シュタンツにおける孤児院での教育実践の最も有効な原理として、生活ないし体験がもつ意義の認識から出発して、一八世紀後半から一九世紀にかけて一般的であった人為的な教育方法を、あくまで避け、もっぱら《子どもたちを取り巻く自然》と《子どもたちの日々の要求あるいは、活発な活動そのものを利用すること、この方法は家庭においても最も自然に、また最も顕著に現れている《家庭における人間愛》《居間の教育》を《学校教育》の現場に生かすべきことを強調している。同様の見地から、彼はノイホーフの貧民学校（農園学校）でかつて実践し、さらに主著『リーンハルトとゲルトルート』で主張したように、シュタンツにおいても《学習》を《労働》に、《学校》を《作業場》に結合し、両者を互いに結合させようとした。このペスタロッチーの考えは、時のスイス政府に受け入れられただけでなく、《労作教育（die Arbeitserziehung）》として、あるいは《労作学校（die Arbeitsschule）》として、近代教育改革の基本的理念となった。

『シュタンツ便り』の教育学的意義は、次の二点になる。

第一に、子どもの内面に秘められている可能性の芽を覚醒させること。どんな子どもでも、善くなりたい、教師や親・他人から誉められたい、認められたいという願いを、孤児や問題をもつ子どもほど、強く心のうちに秘めているのだ。ペスタロッチーは、シュタンツの体験を通して確信するにいたった。子どもの内面に秘められている可能性を開発することの重要性を指摘した。

第二に、道徳教育の基礎を明確にしたこと。

(1) 言葉によってではなく純粋な感情によって、道徳的情操を体得させること
(2) 正しく、善なる人間関係のなかで、自己の意志によって自分の衝動・欲望・感情などを抑えること
(3) 子どもたちに自己の生活や境遇を通して、実際に生きた正義や道徳関係を深く考えさせることによって、子どもに道徳的な考えを習得させること

こうして、ペスタロッチーは、道徳の直観教授を提唱した。しかも孤児院での苦闘と葛藤のなかで、彼のさまざまな実践に基づく教育理念が《教育愛の化身》としての彼自身の人格的体験に抱かれて脈打つさまは『シュタンツ便り』ならではで、決して見られぬ光景であるといえる。

ペスタロッチーは『シュタンツ便り』の終章で、次のようにその心情を著している。

「友よ、私の仕事に誠意と深い関心を寄せてくれた人は、ほんの僅かであった。私が、最も多く期待をかけた人びとは、政治上の事情や趣味に没頭していて、私のやっているような些細なことは、彼らの大きな活動の舞台では、彼らの注意をほとんど引かなかった。《これが私の夢であった (Das waren meine Träume)》。私は、この夢の実現される日が、ようやく近づいたと思ったときにシュタンツを去らなければならなかった[44]」との言葉をのこして、希望が閉ざされ、疲労困憊したペスタロッチーは、シュタンツを去らねばならなかった。

ジルバーは、シュタンツにおけるペスタロッチーについて、「幼い孤児たちとの交わりによって、たしかに彼の《信頼 (Vertrauen)》と《愛 (Liebe)》は強固なよりどころをえた。彼は人間の本性に宿る神聖のものへの信仰

をここで再発見し、二度とそれを失うことはなかった。彼を立ち直らせたものは、《子どもたちに対する愛（die Liebe zu den Kindern)》であった。[45]」

それは、まさしく《教育愛の化身》としてのペスタロッチーの姿がそこにあった。

現在、シュタンツにおけるペスタロッチーの足跡は、既に述べたように、聖クララ修道院の外壁の記念額として、次の言葉が刻印されている。

> ここでハインリッヒ・ペスタロッチーがニーダーヴァルデンの孤児たちのためにわが身を犠牲にして尽くしているなかで、教育の新しい方法を見いだした。（一七九八—一七九九）

ペスタロッチーは、心身ともに疲労困憊・悲嘆のなかにも教育的真実を求めて新たな未来への挑戦に旅立つのであった。

第3章 『探究』の考察
―新しいペスタロッチー像を求めて―

はじめに

現在、わが国では教育の問題が山積している。なぜ今、一八八年前に没したペスタロッチーなのか疑問をもつ人もあろう。しかし、これに対していろいろな答えが考えられる。ペスタロッチーは、人類教育史上での永遠の教育者であり、また、彼が提起した多くの問題は、最近特に話題となっている「幼少児の虐待・殺し」などを痛恨の痛みをもって思うとき、二三〇年前、純朴なスイスにおいて社会問題化した《嬰児殺し》について『立法と嬰児殺し』（一七八〇年）のなかで、犯罪者自身犯した罪はとがめられねばならないが、それ以上に愛するわが子をなぜ殺害しなければならなかったか、その事情を糾明し改めねばならないとして、社会改革の責任を立法者に求めたことである。ペスタロッチーの真の姿は《教育者》としてよりも、むしろ《社会改革家》としての重みを加えている。《わが父》ペスタロッチーではなく、それも大切だが……人類の平和と幸せを地球社会にもたらすために教育に生涯を捧げた人としてのペスタロッチーが大切だ。そして、彼は国民教育の普及に努力し、民主主義的文化について明確な考えに達していたのだという真の姿がわかってきた。そのことはスイスにおいて、ペスタロッチーの生涯における全著作が厳密な本文校訂を経て全集が出版されたからである。それは、彼の死から百年後の一九二七年であり、その完結は、第二次世界大戦を挟んで実に三〇年を経た一九五七年で、膨大な著作である[1]。その著作のなかで、彼の根本思想を最も克明に著しているのが、『人類の発展における自然の歩みについての私の探究』(*Meine Nachforschungen über den Gang der Natur in der Entwicklung des Menschengeschlechts* 1797)[2]である。本章では、この論文を中心にペスタロッチーの根本思想を考察したい。

1 問題の設定〜『探究』で意図されているもの

ペスタロッチーは、一七九七年に『人類の発展における自然の歩みについての私の探究』(*Meine Nachforschungen über den Gang der Natur in der Entwicklung des Menschengeschlechts* 1797 以下、『探究』[3])を発表した。この論文の構想は、既に一七八〇年に『隠者の夕暮』(*Die Abendstunde eines Einsiedlers* 1780 以下、『夕暮』[4])刊行以来である。ペスタロッチーは、すべての哲学的な考察の永遠の課題である『人間とは何か』『人類とは何か』という問いに、心を奪われていた。自分の個人的な経験にしたがって、彼はその間、いろいろな時期に、優れて教育学的な見地からあるいは政治的な見地から、時に楽天的に、あるいはより悲観的に取り扱った。

まず、ペスタロッチーの生きた歴史的社会的状況をみておきたい。一八世紀後半のスイスを中心としたヨーロッパ世界の情勢はどうであったか。ペスタロッチーは、当時の社会悪、人間の堕落は素朴で純情な農民たちが幸せに暮らしていた純農村への紡績業の侵入による労働と、家庭生活の様態の急激な変化にあるとしている。しかも、当時ヨーロッパの先進諸国では、既にマニュファクチュアの段階に入っており、分業化された作業によって大量生産をくわだてるという経営が行われていた。のちの産業革命期ほど、激しく、大規模でないにしても、このマニュファクチュアのもとでの年少労働者の賃労働、しかも、単調で、心身をむしばむ長時間労働が始まっていた。こうした前期資本主義の純農村への侵入は人間の知恵と人間形成にとって大切な自然の場である農耕的生産を主とする家庭生活を、親にも子どもにも失わせてしまった。農村における季節の変化のなかで、それぞれが創意を働かせながら、たがいに励まし合いながら、鍬を握って大地を耕す家族共同の農耕的生産生活こそ、真の自然の教育の場であったが、それはマニュファクチュア生産の農村への侵入によって崩れさりつつあった。(5)

このような時代状況の弊害のなかで、失われゆく人間性の回復を願っての叫びが、「私とは何ものか」「人類とは何ものか」と、自問する熟慮のなかで、人間の自然の本質の究明を著したのが、『夕暮』と『探究』である。

ペスタロッチー研究の第一人者であるシュプランガー（Eduard Spranger）(6)は、「この『夕暮』と『探究』の二つの書はペスタロッチーの独自の個性的な世界を展開していて、ペスタロッチーの根本思想の研究にとって見逃すことのできない意義をもっている」と指摘し、さらにこの両書の難解さについて、次のように述懐している。

「ペスタロッチーについて、数十年間研究を続けてきた私には、つねに一つの謎がつきまとってきた。彼が理解されるのにかくも困難であるのは、どこに原因があるかということである。それは、彼に表現力が不足しているからだとは思わない。

というのは、彼はむしろ生まれつき能弁家で、その話し方たるや、あるいは炎のように、あるいは剣のように、あるいはまた、静かなささやきから荒れ狂う嵐に至るまで、およそ読者の心情を感動させる手法のすべてに精通しているからである。(7)」

さて、ペスタロッチーは『夕暮』刊行後、既に一八七〇年代の初めから『探究』執筆の構想を抱いていたことは、一七八五年一二月一〇日付チンツェンドルフ宛の書簡で「われわれ人間の自然の本質的の根本衝動に関し、また現代に至るまで人類が多様な境遇のなかで多かれ少なかれ被ってきた、あらゆる幸・不幸の出来事の歴史と経験とに関する探究によって、従来なお明瞭にされたことのないと思われる、正しい人間教育の一般的理論を明らかにし、また正確に叙述するという計画」をペスタロッチーがもっていて、この計画は「小説第四部（『リーンハルトとゲルトルート』）

の完成以上に」彼の関心事であることを述べていることから明らかである。ペスタロッチー全集（批判版）の第九・一〇巻に収められている厖大な量の『読書摘録』[8]は、一七八五年、八六年そして八八年のものだが、それが『探究』執筆のための資料集めを目的としたものであることも疑いない。さらに、ペスタロッチーは「人間に関し、また人間の教育に関する研究のために資料を集め、この究極の目的のために読書するという構想にとりかかっていますが、それはこの年の私にとっては一つの新しい仕事です[9]」と、友人ミュンテルに宛てた書簡のなかで述べている。

『探究』の著作の最大の意図は、人類社会の最も本質的な問題をあくまでも、ペスタロッチー自身の生命体験への反省に即して、究明しようとした誠実な探究の成果で、彼の数多い著作のなかで、最も深刻でかつまた包括的な人間探究の書である。そして、一言でいえば混沌としている一八世紀末のヨーロッパ社会における「人間的真実」の探究であったといえる。

2 『探究』の成立過程

一七八〇年に著した『夕暮』以来ペスタロッチーは、彼のすべての哲学的な考察の根本課題である《人間とは何か（Was ist der Mensch?）》、《人類とは何であるのか（Was ist die Menschheit?）》という問いに、心を奪われていた。

このソクラテス（Sokrates Bc470–Bc399）以来の人類の永遠の課題ともいえる根本問題に、一七九七年の『人類の発展における自然の歩みに関する私の探究』をもって、一応終止符を打っている。

この間に彼が発表した著書は、既に前章でも述べたようにかなり多数挙がっているが、人間や自然の本質を主題とした『夕暮』と『探究』とは彼の思想的立場を明確に述べたもので、彼の精神的風土を知るうえでも、貴重の論考である。

『夕暮』と『探究』とは、それぞれペスタロッチーの独自の個性的な世界を展開し、しかもこの二つの著書が互いに鮮やかな対照を示していることは、彼の精神史の研究にとっても見逃すことができない意義をもっている。

ペスタロッチーは彼の個人的な経験にしたがって、彼はその問いをいろいろな時期にすぐれて教育学的な見地から、あるいは政治的な見地から、時に経済的な見地から、貧民救済の立場から、より楽天的に、あるいは悲観的に取り扱った。

この『探究』の執筆の構想は、ペスタロッチーの心のなかでは、早い日から考えていたものであった。『夕暮』を一七八〇年五月に刊行するが、既にその直後から構想をまとめていたことは、1で述べたとおり、友人チンツェンドルフ宛のペスタロッチーの書簡[10]で知ることができる。

ペスタロッチーは、「私たち人間の自然の本来的な根本衝動に関し、また今日に至るまで人類が、多様な境遇のなかで多かれ少なかれなめてきた、あらゆる幸・不幸の出来事の歴史と経験とに関する探究によって、従来なお明らかにされたことがないと思われる、正しい人間教育の一般的理論を明確に、また正確に叙述するという計画[11]」をもっていた。この壮大な計画を実現するにあたって、既に述べたように膨大な資料を集めた。そのことは、『ペスタロッチー全集』（批判版）の第九・一〇巻に収められている『読書摘録[12]』でわれわれは知ることができる。

『夕暮』を刊行してから『探究』を発表するまでのおよそ一七年間、ほとんど信じられないほどの苦心をしながら、長い熟慮と周到な準備によって成ったものといってよい。

このように『探究』は、ペスタロッチーが、『夕暮』を刊行した三四歳からなんと五一歳までの一七年間の歳月をかけて成ったものである。それゆえ、ペスタロッチーが全生涯をかけて彼の全精神を傾注した魂の表現であるといえる。

彼自身も一市民としてフランス革命に対して自己の見解を著した『然り』のなかで強い決意を述べている。

そうした意味でも、この書は人類社会の最も根本的な問題をあくまでも、ペスタロッチー自身の厳しい実体験の反省に即して究明しようとした真実の探究の成果で、彼の数多い著作のなかで最も深刻でかつまた総合的な人間探究の書であるということができる。

『探究』の「まえがき」のなかでペスタロッチーは、「私の真理は民衆の真理であり、私の過ちは民衆の過ちである」[13]という確信をもって、この矛盾に満ち人間の在るがままの実態を、自己自身の内なる姿を凝視することによって、突き止めようとする生命力のほとばしりをこの書のなかにみることができる。

3 『探究』の構成

『探究』は、『ペスタロッチー全集』(校訂版)第一二巻に『本文』、および『草稿』が所収されている。『探究』の内容はペスタロッチーの内的生命と世界観にとって、一つの全く新しい時期が始まった。その内容には、彼の社会観の中心となった、フランス革命前後の世界史的動乱のもたらした影響と、青年時代より傾倒していたルソー[14]の『社会契約論』や『エミール』による自然観や社会観に大きな影響を受けている。若き日のペスタロッチーは、当時一六歳の内面への影響は大きかったに違いない。また、この『探究』執筆当時に出会った若きカント学徒であったフィヒテ[15]を介してのカント哲学[16]、とりわけ厳粛主義や自律主義の倫理学の影響は大きかった。

ペスタロッチーは『探究』の冒頭[17]「私はここで私自身の真理、すなわち私の生活経験が、私を到達させた単純な帰結のほか、もともと何事も知りえず、またそうすべきでない。……私は過去の哲学についても、現代の哲学についても無知である」といっており、さらに終わりの方で「私は私の生のいばらの小道を、学問的陶冶のすべての現代的な方法を全く用いずに歩んできた」といってるにもかかわらず、ペスタロッチーが正しい人間教育の一般的理論を求めるために、一七、八世紀の大思想家に強い関心をもって、これらの思想を深く学んでいたことを見落としてはならない。

その転機の動機とは二つある。一つは、哲学的なもので、ペスタロッチーがカント倫理学の自律思想に感動させられたということ。二つ目は、フランス革命の進行が社会的政治的な見解についてペスタロッチーに根本的な思想の転換を強要したことである。

『探究』の構成（目次）は次のようになっている。

《献辞》
まえがき
①私の探究の基礎（カテゴリーは一八項目ある、筆者付言）
人間の認識・知識　取得　財産・資産　社会的状態　権力　名誉　服従　支配
社会的権利　貴族　王権　自由　暴政　国法　好意　愛　宗教
私の個性の眼に映る人間像
②本書の主題への移行
人間の誤ちの内面的同一性
私の最も本質的な見地の最初の叙述
一、自然状態において私は何であるか
二、社会状態において私は何であるのか
この節のための補説
三、道徳的状態において私は何であるのか
本書の本質的結論
一、自然が作ったものとして

二、人類が作ったものとして、世界が作ったものとして
三、私自身が作ったものとして
私の本質的見地の二、三の結論
この結論のつづき

③ 私の最も本質的な諸原則と、最初私の問題を見たとき心に浮かんだ単純な諸見地との一致
認識と知識　取得　財産と資産　権利　社会的状態　権力　名誉　服従　支配
貴族　商業　王権　法律的権利　自由　暴動　暴動は不法である　国法
動物的好意　愛　宗教　真理と権利

④ 本書の最終的結論
自然の作品として私は何であるか
人類の作品として私は何であるか
私自身の作品として私は何であるのか
結論

以上が『探究』の内容構成である。「私とは何ものであるのか」「人類とは何ものであるのか」、この永遠の課題に真摯に取り組んだ一人の人間の魂の記録である。

4 記述内容の分析

『探究』は次のような献辞から始まっている。

◎「ある貴人への献辞」（Zuschrift an einen edlden Mann）

「畏敬の念から私はその貴人の名を秘しておく
だが、その人は私の意中の人が彼であり彼以外でないことを
わかってくれるであろう」[18]。
この献辞でいう貴人とは、フンチケル（Hunziker）の推定によれば、この貴人はダニエル・フェレンベルク（Daniel Fellenberg）であるという。
◎『まえがき』の冒頭で次のように述べている。
「◇　閣下よ！（Herr!）

或る国に民衆（Volk）の為の真理を求めた一人の人がありました。

その一人は高貴の生まれで、彼が始めた国に善政を行うために夜も眠らず、昼もそのためにささげました。

彼は目的を達しました。

彼の国は彼の知恵によって栄えました。

彼の頭上には賞賛と名誉とが冠せられました。

貴人たちは彼を信じ、
民衆は黙して彼に従ったのであります。

他のひとりはいわゆる徒労の人で、
彼は目的を達しませんでした。

彼の労苦はことごとに失敗しました。

彼は国のために尽くすことができず、
不運と苦悩と過ちとが彼の頭を押し曲げ、

彼の真理からあらゆる力を奪い、
彼の存在からあらゆる影響力を奪い、
国内の貴人たちは彼を知らず、
民衆は彼をあざけりました。
◇閣下よ！
民衆のための真理を本当に見つけたのは、二人の内のどちらだと思いますか。
世の人は即座に答えるでありましょう。
徒労の人は夢見る人であり、
真理は貴人の側にある。(19)」

「しかし、この貴人はそう考えなかったのであります。徒労の人が民衆の為の真理を求めて不断の探究をしていることを聞いたとき、貴人は彼のあばら家（Hütte）を訪ねて、あなたは何を見たか、と尋ねました。そこでこの人は貴人に対して彼の生涯の歩みを物語り、貴人はまた彼に対して彼の知らない多くの事情を説明したのであります。

徒労の人は貴人の正しさを認め、また貴人は徒労の人の経験に深く心を留めたのであります。彼らが別れるとき、二人の顔には静かな熱意があふれ、二人の口から次の言葉が出たのであります。

《私たちは二人とも善を求めた。そして私たち二人とも間違っていた。(20)」

「ある国に民衆のために真理を求めた、二人の人」とは、その一人の高貴な人はダニエル・フェレンベルクであり、「他のひとりいわゆる徒労の人」はペスタロッチー自身である。

さらに、「まえがき」のなかで続けて次のように語っている。

「人間性（menschlichen Natur）の内にあると思われるさまざまな矛盾は、次のような人にこそ、すなわち地位と境遇との類まれなる回り合わせのために、少なからぬ要求をもちながら極度に圧迫せられ、ひどく不満足な活動のただ中にありながら、強制も屈従も知らぬ自然生活の感情を、ほとんど、老年に至るまでも生き生きともち続けることのできた人にこそ、おそらく他の人びとに対するよりも強い影響を与えたであろう。

今、私は生涯の終わりに近く疲れ果てて座っている。そして私に今うちひしがれて心の奥底を傷つけられているものの、次のように自問する私の《おさなごころ》（Kindersinn）を楽しんでいる。[21]」

続けてまず始めに、この書の基本的意図を次のように述べている。

「私は何か、また人類とは何か。（Was bin ich, und was ist das Menschengeschlecht?）

私は何をなしたか。また人類は何をなすのか。

私は在りしままの生の歩み（der Gang des Lebens）が、私をどんなものにしたか、知りたい。

私のあるがままの生の歩みが、人類をどんなものにするかを知りたい。

私の行為は本来どんな基礎から出てくるのか、また私の最も本質的な意見は本来どんな見地から出てくるのか、また現に私が生きている境遇のもとでは、それらは本来どんな基礎や見地から出てこなくてはならないか、それを私は知りたい。

人類の行為は本来どんな基礎から出てくるのか、また人類の最も本質的な意見は、本来どんな見地から出てくるのか……また現に人類が生きている境遇のもとでは、それらは本来どんな基礎や見地から出て来なくてはならないか、それを私は知りたい。[22]」

冒頭、ペスタロッチーは「私とは何か？」「人類とは何か？」を自問している。そして「私の探究の歩みはその本質上、自然が私の個人的な発展そのものに与えた方向と異なる方向をとることはできない」と述べ、さらに「だからこの探究のどの部分においても私はある特定の哲学的根本命題から出発することはできない。私は、われわれの世紀がこの問題に関して今までに明らかにした点さえ無視しなくてはならない」[23]と述べている。彼自身の生きた生活体験に基づいて《人間とは何か？》《人類とは何か？》を、真正面から探究しようとしているのである。そのためには、特定の哲学思想や彼の生きた一八世紀の思想さえ無視しなくてはならないと、この著作に立ち向かう強い意志が表明されている。

そして、彼の内面の強い決意をこう語っている。

「私自身の内面にある真理、すなわち私の生活の体験が、私を到達させた単純な帰結の他、本来何事も知り得ず求めず、またそうすべきでもない。だが、まさにそれだから、この研究はわが同時代を生きる大多数の人びとに対して、《彼らがこの世の物事をみる見方からあまりかけ離れない仕方で、彼らの最も重要な諸問題に取り組むであろう[24]》。」

ここで、ペスタロッチーは、自らの現実の生活体験から内面に沸きいづる考えに基づいて、社会的に困難な諸問題に取り組もうとする決意、それは同時代を生きる民衆の心に、そういうものであることを確信しているのである。それは次のような彼の言葉で表現されている。

「私は同時代を生きる大多数の人びとが、私の真理および私の過ちのおもとと同じものを心に抱いており、また私の感情と同じ感情が、同時代を生きる人びとの内面を生気付けていることを、確信する。……私の真理は民衆の真理であること、そして私の過ちは民衆の過ちであることを確信する。……私は何であるか、それを私は問い続けた。何年もの間、私の心は動揺した。しかし、長い長い探究のすえ、ついに私は、次に述べる諸命題の中に、人類の発展の各時代における自然の小道を確実に追跡し、この小道の発端から終末までをたどって行くことのできる導きの糸があると思うようになった。[25]」

ここで、ペスタロッチーは、人間と自然についての探究の基本的方向を示している。

以上で「まえがき」を終わり、『探究』の本論に入ることにしたい。大別すると本論は、四つの部分に分けられる。

第一部　私の探究の基礎
第二部　本書の主題
第三部　新しい観点と第一部の観点との一致
（最も本質的な諸原則と、最初私の問題を見たとき心に浮かんだ単純な諸見地との一致）
第四部　本書の最終的結論

それでは『人類の発展における自然の歩みについての私の探究』について、第一部『私の探究の基礎』から見ていこう。

(1) 私の探究の基礎（第一部）

『探究』は人間の本性に宿ると思われる諸矛盾から出発して、「私は何であるのか、そして人類は何であるのか」という根本的命題の解決に取り組んでいる。

ペスタロッチーは第一部の冒頭で、彼自身の基本的思想の基礎的説明に役立つ概要を示している。すなわち

「人間は彼の動物的状態の頼りなさを経て、もろもろの認識に達する。

彼の認識は、人間を物の取得に導く。

取得は彼を所有状態に導く。

所有状態は彼を社会的状態に導く。
社会的状態は彼を財産・権力および名誉に導く。
名誉と権力とは彼を服従と支配とに導く。
服従と支配とは彼を貴族と官職と王冠とに導く
これらすべての状況が法律に基づく権利の状態を呼び起こす。
法律に基づく権利の状態は市民的自由を呼び起こす。[26]」

ここに、ペスタロッチーが上げた一連の主要概念は正しいかどうか。人類の発展において、自然はここに上げたような発展の道を歩むであろうか。彼自身、次のように自問している。

「ここまで考えてきて私は自問する。私のこの一連の《考え（Vorstellungen）》は正しいであろうか、人類の発展において、自然はこのような道を歩むだろうか、と――そこで、私はこれらの命題に含まれる一つ一つの主要概念（Hauptbegriff）について注目したのである。[27]」

そこで、これに関連して次に、彼が注目した《一八のカテゴリー》についてその要点を紹介することによって、ペスタロッチーのこの『探究』の基本的理念を認識しておきたい。

① 人間の認識・知恵（Die Kenntnisse, das Wissen des Menschen）

「人間は彼の知識（Wissen）の泉で、清らかな水を飲んで生気を得るが、彼がそこからさらに、進んで行く時、彼の永遠の海の大波をかき分けて底知れぬ深みの上に泳ぎ出る時、彼の心は高鳴る。あるものその時、荒磯の激しい波にもまれ、あるものは未知の深淵のなかに、さらに他のものは、山を削って深い谷に流れる嵐のなかに躍りこむであろう。人はすべて死に向って進むのである。[28]」

② 取得（Erwerb）

「取得も知識と同様に、人類の自然状態が堕落して支えが無くなったことから生まれる。この頼りのなさが、われわれのいろいろな力を結合させて、たくさんの制度や契約や協定や法律を作らざるを得なくなった。そうすることによって、われわれは、社会生活のなかで、われわれ相互の生活の楽しみを確実にし、満足なものにするという究極の目的を達しようと努めている。(29)」

③ 財産 (Eigentum) —資産 (Besitzstand)

「財産は、われわれの動物的我欲を助長させて、そのために社会的目的の大きな障害となった。特権階級は自分たちが何でもできると感じているから、《持てるものは幸いなり》の一語をもって、かれらの境遇を正当化している。……(30)」

④ 社会的状態 (Gesellschaftlicher Zustand)

「権力者は、社会的状態が彼の策略・彼の権力・彼の運勢によって支えられている状態に過ぎないということを人びとに認めさせたいと思っている。……至る所で権力をもつ人間は、市民の社会的権利を実際に認めることなしに、しかも市民社会の主人になろうとしてすべての可能な手段を用いている。

だがその原因は、深くわれわれの動物的本性の内に潜んでいるのだから、それについてわれわれは何も驚くにはあたらないのである。……すべての社会的不正は、その本質から見て、いつも私たちの動物的自然が社会的状態のなかにありながら、社会的結合の目的に反して、自由に活動する結果である。だから社会的秩序のためのすべての方策は、要するに私の動物的自然のこの活動の範囲を、社会的目的のために制限しようとする社会的制度以外の何ものでもないのである。……(31)」

⑤ 権力 (Macht)

「権力が権力である限り、人類の善良な弱さが至るところで、それに寄せている信頼に対して報いることはできない。権力に民衆は服従しなくてはならないのか、権力者の動物的欲望の単純な帰結たる彼らの要求を、そのまま認めなくてはならないのか？　民衆はそれを認めざるを得ないのである。世の中が無法である限り、世界は自己の権利の理念も失ったのである。……権力者は彼自身が道徳的である時だけ、すなわち、彼が権力者として行動せぬ時だけ、私に道徳的人間であれと要求することができる。権力者が彼の聖なる中に生き、奮い立ち、他人に仕えられようとせず、むしろ他人のために、仕えようとし、多くの人びとを救うために、彼の生命を捧げようとする時だけ、権力者は私に道徳的であれと要求することができる。それが、国王の権利を神聖なものとする彼の王冠の宝石である。この宝石が輝く所では、民衆は跪いて何の権利も求めない。だが、この宝石が欠けたり偽物であったりするときは、民衆は権利を必要とする。(32)」

⑥ 名誉（Ehre）

「……至るところで、名誉への衝動が動物的人間を導き、そのために彼は彼の着物や鼻輪を自己自身より大事にしたり、誰かが硝子珠やブランデーや勲章を用いて同胞を殺害したり、圧迫したりすることを企み、その為に出資すれば、その人のために自分の同胞をブランデーや硝子珠や勲章の為に、打ち殺したりするようになる。(33)」

⑦ 服従（Unterwerfung）

「服従の根拠は決して人類に自然に備わった奉仕の意志ではない。われわれの動物的本性のなかには、そのような意志の跡形もない。服従の根拠は自己配慮である。……(34)」

⑧ 支配（Beherrschung）

「支配は本質的に統治とは違ったもので、それは、私有財産と私的な必要と私的な権利との単なる帰結である。……支配は統治以上に、国家における個々人の要求や傾向性によって、決定される限りの社会的結合の目的に、その権利の基礎を置かなくてはならない。……(35)」

⑨ 社会的権利（Gesellschaftliches Recht）

「……私は、私の利己的本性が社会的状態における社会的目的の一般的な崩壊に、決定的な影響を及ぼすということを見てきた。だから、社会的人間の第一の諸要求は、この状態のなかで、私の我欲の誤ちを、一般的にまた有効に阻止できる一つの力を呼び求める。これらもろもろの要求の感じのうちに、人類のすべての法律的制度の起源がある。これらの制度が社会的目的と一致するところに、社会的権利の本質がある。……」(36)

⑩ 貴族（Adel）

「……貴族は過去の封建体制においては一般有産階級の中心として、この目的のための一手段であった。……貴族は僧侶と同じように人類の進歩を停滞させた。……彼は、国王と同様に世界の権利を憎んだ。彼は、富者と同様に利己的であった。そして、権力者と同様に暴力的であった。……」(37)

⑪ 王権（Kronrecht）

「……王権は、ただそれが社会的目的および社会的権利と一致することによってのみ社会的であり、またその限りにおいてのみ合法的である。……君主たちは崇拝に値することも有り得る。……」(38)

⑫ 自由（Freiheit）

「人類は生の諸要求の享受において、自主独立でありたいという一般的な強い傾向性をもっている。自然的自由は私の動物力を完全に生かすことにおいて、この独立を得ることである。市民的自由は、自然的自由の代償物である。すなわち社会的独立の獲得である。……」(39)

⑬ 暴政（Tyrannei）

「暴政は社会的目的をもたず、また社会的目的に反して、私の独立を冒すことである。暴政には野蛮な暴政と文明の暴政とがあって、野蛮な暴政の下では、私は血を流し、文明の暴政の下では、（精神が）やつれる。だがどちらの場合でも、その本質は同じである。暴政は、権力の自然的自由（die Naturfreiheit der Macht）による市民的権利（bürgerlichen Rechts）の圧迫にほかならない。……[40]」

⑭ 暴動（Aufruhr）

「社会的不法や無法な暴力の圧迫の下における人類の《呻吟（Das Wimmern）》は、決して暴動ではない。公共の秩序や社会的権利の為の方策が欠けていれば、それらを作り、弱体であれば、それらを強化しようとする人類の努力、この努力はいまだ品位を失っていない。私の人間性の奥底にあるものである。この努力を欠く人民（Volk）は、いずれも深い邪悪へと転落した。お前の市民（Bürger）の胸のなかでこの努力が死滅する時！　祖国という名よ、お前も死んだのだ。尊厳を失ったお前の国の人間たちは、公民（staatsbürger）となってしまったのだ。……[41]」

⑮ 国法（Staatsrecht）

「……私はここで社会状態における公の制度（öffentlichen Einrichtungen）によって、生のすべての喜びが（alle Wonne des Lebens）、破壊されるだろうという予感がした。《国法とは何か（Was ist das Staatsrecht?）》。私自身、問わねばならなかった。

この時、私の心にはゲーテ（Geothe）の詩が浮かんだ。（ゲーテの詩、『神性』より[42]）

人間よ、崇高であれ
慈悲ぶかく善良であれ
そはこれのみが
われらの知る
すべてのものから

人間を区別するものだから。

…………

崇高な人間よ

慈悲ぶかく善良であれ

有用な法を

かわることなく創れ

そしてただわれらの予感するあの存在の

典型となれ。

⑯　好意（Wohlwollen）

「無邪気な気楽さは私の単に動物的な好意の母である。

このような好意をあなたは幼子にも未開人にも、……羊飼いにも見いだす。人間の感覚の楽しみが快く、容易に得られるところでは、あなたは至る所にこのような好意を見いだす。(43)」

⑰　愛（Liebe）

「……動物的好意から愛は芽生える。……真の愛は信頼すべき誠実の神のこころに高まるとき、初めてそれは、真の愛となる。

だがあなたは、この信頼すべき誠実の神の心をどこに見いだすか。……私は、現実社会のなかに人間的愛を求めた。……(44)」

⑱　宗教（Religion）

「……宗教の本質は、私自身の真実と本質とに関する私自身の内的判断以外のなにものでもない。それは私自身のなかで私自身を裁き、断罪し、また許すところの本性および私の力の《神的なひらめき（der göttliche Funken)》以外のなにものでもない。……」[45]

以上、一八の主要概念について、ペスタロッチーの考えを要約して示した。この項目についての見解を述べておきたい。

ペスタロッチーは、第一部の冒頭で、彼の「探究の基礎」の説明に役立つ第一部の短い概要を示している。すなわち「人間は動物的たよりなさを経て、もろもろの認識に達する」。彼の認識は彼を取得へ導く。取得は所有状態へ、所有状態は社会状態へ導く。こうして最初に社会学的な概念について、それらの建設的な機能が述べられている。

ペスタロッチーは、ルソーの影響の下に自然状態は《善》であり、悪意の支配しなかった自然状態を認めている。しかし、人間の自然状態は、ホッブス（Thomas Hobbes 1588-1679）[46]のいうように、人間の本姓は利己的であり、人間を動かすのは快・苦の感情だと考えた。人間は自分自身の生命の維持するため、各人が欲するままに行動する自由があると説き、自然状態はまさに「万人の万人に対する闘争」の状態だと説いた。こうした自然状態の解釈に対して、ペスタロッチーは自然状態は、動物的な堕落へ移行するという危険性が内在していることを指摘し、彼が以前に楽天的な自然観のもとで認めていたように、所有状態（財産）が市民的生活の保証ではなく、むしろ反対に、「財産は、彼の手においては地上のすべての不幸が飛び出してくる《パンドラの箱（Pandorens Büchse)》となってしまった」[47]という。

このようにして、人間は社会的状態に入っていく。しかし、社会的状態は権力と名誉をもたらし、名誉と権力は隷属と支配を招来すると、ペスタロッチーは考えている。「権力」は、それ自体無法である。したがって、社会的状態は自然状態から本質的には少しも進歩していない。それゆえ、社会的な権利は決して道徳的な権利ではなく、動物的な権利の単なる変容にすぎないと、ペスタロッチーは考えている。

自由については、フランス革命によってもち上がった問題を論究している。既に、『然りか否か』（一七九三年）の中で市民のあり方を追究しているが、この『探究』では市民の内面的自律性の向上を目指すことの必要性を理論的に論究している。

さらに、法・好意・愛、そして、ペスタロッチーは最後に宗教の内的本質を「私の本性の内的本質と同じように神聖である」と見なしている。より高貴な愛が存在するとすれば、《精神をして肉体を支配させようとする》人間の最高の努力も可能であれ、「私の動物的な本性をさえ《私自身に向かって》煽り立て、私を不可解な戦いに挑ませる」いっそう優れた力も可能である。人間はこの内在しているこの力を無限に使用できる。彼の為すべき義務のために、あるいは彼の欲望のために使用できる。後者の場合は、人間を不正と罪へ導くが、前者の場合には、人間は自らのできる最善のものを為そうと努め、かつ自分自身を醇化する。

この論究の前提としての第一部『探究の基礎』において、ペスタロッチーにとって特徴的なのは、彼が道徳的な要求を自然的な関係に結び付けていることである。

(2)「『探究』の課題」の考察〜何を論究しようとしたのか（第二部）

『本書の主題』の冒頭で、まず次のような重要な命題をもって始まっている。

「一人ひとりの人間は、著しく高度の市民的幸福と道徳的醇化とに向上して行くのに、なぜ、人類は不法の悲惨と内面的堕落の不幸のうちに滅びて行くのか。この点を私は明らかにしなくてはならない。さもないと私の生の歩みが、私に与えた印象は、私の墓場に至るまでついに一つの混沌でしかないであろう。やがて、私は環境が人間をつくるということを知った。しかし、同時に私は人間が環境をつくるということ、人間は彼の意志にしたがって環境をさまざまに統御する力を自分自身の内にもっているということを知った。[48]」

ペスタロッチーは、いまやこの偶然と自由との混沌としたものを、解き明かし始める。

彼は、人間が地上で強制と辛苦を通してのみ進歩したことを知っている。他方、人間の本能のうちには、彼の健全な動物的な感情と思考と行為との基礎がある。問題は、人間が自分の動物的状態にとどまるかどうかである。あるいは、人間がそれを越えようと努力するかどうかである。人間が真理と権利（生活の諸価値）を重視するかどうかである。

真理と権利を重じないとすれば、人間は動物的であり、錯乱している。「もし人間が真理を求めるなら、彼は真理を見いだす。権利を望むなら彼はそれをもつ……。人間は彼の意志によって物が見えるが、しかし彼の意志によって盲目ともなる。人間は自分の意志によって自由であり、自分の意志によって奴隷ともなる。人間は自らの意志によって誠実ともなれば、彼の意志によって無頼漢ともなる。……」[49]という。

ここでもペスタロッチーは、混沌としている状況のなかで、人間自らの自由意志による主体的精神の自律を求めている。

◎『私の最も本質的問題についての最初の表明』

さて、ここで『探究』において、ペスタロッチーが最も論究しようとする《本質的問題》について検討しておきたい。

冒頭、次のような告白から始まっている。「私にとって次のことが次第にはっきりしてきた。……私は私自身の内に、動物的な真理をもち、社会的な真理をもち、そして道徳的な真理をもつ[50]」。したがって、「私はこう考えた―人間は、或いはむしろ私自身は三つの異なった存在、すなわち動物的・社会的並びに道徳的な存在である[51]」。

それゆえに、《私はなんであるか》という問いは、これら三つの異なった観点から取り扱われなければならない。ペスタロッチーは、いまやこれらの三つの状態を順次考察するが、それらは独立した状態ではなく、それら相互の関係において考察する。

まず第一に、「私自身の内に動物的真理（thierische Wahrheit）をもつ。すなわち私は、この世の万物を私自身のために存在する動物と見なす力を私自身の内にもっている。」

第二に、「私は社会的真理（gesellschaftliche Wahrheit）をもつ。則ち、私はこの世の中の万物を、隣人たちとの契約および協定の関係の内にある物と見なす力をもっている。」

第三に、「私は道徳的真理（sittliche Wahrheit）をもつ。すなわち私はこの世の万物を、動物的欲求や私の社会的関係とは無関係に、ただそれらが私の内面的醇化（innern Veredelung）のために何を寄与するかという見地から見る力をもっている。[52]」

こうして、ペスタロッチーは人間を自然状態・社会状態・そして道徳的状態という視点からとらえようとした。

① 自然状態において私は何であるのか

ペスタロッチーは「言葉の正しい意味における（ルソーの意味での）自然状態は、最高度の動物的な純朴さ状態である[53]」という。そこでは無邪気な好意が支配する。しかし私たちは、既に堕落して自分の利己的な本能にしたがっている自然人（Naturmensch）をさえ、野蛮人と呼ぶ。はたして堕落していない自然状態は存在するのか、それはただ瞬間的に、子どもの誕生の時に存在するにすぎない。

この無垢な姿が、ペスタロッチーにとっては自然状態の理想の自然人の姿であるという。それは道徳的状態の基礎で、人間の素朴さ素直さが秘められているからであるという。

② 社会的状態において私は何であるのか

「社会的状態は本来自然的状態の制限において成り立つ。だが、人間は必要に迫られるまでは、自然状態の無上の喜び（die Wonne）に制限を加えない。

しかも、人間は自然状態において深く堕落して、もはやそこに彼の動物的好意がまったく失われてしまうまでは、そのような必要に迫られることがない。だから彼が社会的状態に入るときは、彼は既に根底から硬化しており《堕落した自然人》（ein verderbener Naturmensch）となっている。[54]」

一七世紀のイギリスの思想家ホッブスが指摘するように、「社会状態はその本質において《万人の万人に対する戦い》の継続である。この戦いは、自然状態においてはただの形を変えているにすぎない[55]」。人間は社会的状態においては、堕落した自然状態におけると同じ存在であり、ここでも自分の動物的な欲求を満たそうと努めるだけである。さらに、ペスタロッチーは、この節のための補説のなかで《社会的人間について》、次のように述べている。

「本来の意味での社会的人間の情調（気分・趣）は本質的に利己的である。

本来の意味の社会的状態は本質的に、我欲によって汚されていない協力の心を欠いている。

本来の意味での社会的人間は協力的でもなければ公正でもない[56]。」

まさに、こうした社会的状態は、堕落した自然人の利己的本性の力が、支配している状態に外ならない。ペスタロッチーにとっては、一八世紀末のヨーロッパの封建制社会も過激な革命主義体制の下での社会も、まさに欺瞞と奸智と冷酷さの証明でしかなかった。

人間は、この社会状態において決して満足できないし、人間として完成されることもあり得ない。人間がこのことに気づき、真の人としての完成に至るべき義務があるのだと認識した時、道徳的状態が社会的状態に結び付いていくのである。

③　道徳的状態において私は何であるのか

この節の冒頭ペスタロッチーはこう述べている。

「道徳的状態は全く自主的なものであり、決して他の状態の結果ではない。私はこの世の万物を、私の動物的な欲望や私の社会的諸関係とは無関係に、ただそれらが私の内面的醇化のために……表象する力を私自身の内にもっている。[57]」

この力が生まれてくるのは、「私の為すべきことを私の欲することの法則とする時、私自身を完成する[58]」、という感情からである。

動物的状態はいかなる道徳も知らないし、社会的状態の内にあっても、私たちは道徳なしに済ませるであろう。「道徳はまったく個人的である、それは二人の間には成り立つことはない。誰も私に代わって、私が存在すると感ずることはできない。誰も私に代わって、私が道徳的であると感ずることはできない[59]」。

ペスタロッチーは道徳的な自主性をこのように考えたが、この考えはカント（Immanuel Kant 1724-1804）の自律思想に強く影響を受けている。

さて、「感性的な享楽と社会的な権利と道徳は、幼児期と青年期と成人期のように、相互に関連しあっているように思われる[60]」。つまり、人間が生きていくなかで混沌とした状態に置かれている。それゆえ、ペスタロッチーは、この世の中には《純粋道徳》は存在しないという。さらに、ペスタロッチーは彼の道徳観を次のように述べている。

「もともと私の道徳は、私が自分を内面的に醇化しようとする、あるいは普通の言葉でいえば、正しい行いをしようとする純粋な意志と、一定の私の認識や一定状態の私の境遇とを結び付ける手段・方法に外ならない。

また私は、父として、子どもとして、上司として、部下として、自由人として、奴隷として、自己自身のためではなく、私が世話し、保護し、その権利を重んじ、また服従し信頼し感謝し、献身すべきであると私が確信するすべての人びとの利益と満足とを求めようとする純粋で誠実に努力することである。

道徳的対象が私の個人的な生活に密接に関係すればするほど、私は自分の義務を尽くすためにますます多くの動機と手段を見いだす。自然が私の動物的存在を道徳的対象から遠ざければ遠ざけるだけ、私はその課題のなかに道徳へのそのような刺激や動機や手段を見つけだすことが、ますます少なくなる[61]」。

ここでペスタロッチーは人間の神的な本性と動物的本性、善性と我欲、善と悪、理想と現実等を不可分なものとして具体的・全体的にとらえて、両者の二元的な対立を克服しようとする独自なものの見方、考え方が示されている。したがって、「道徳的対象への動物的な接近は、道徳的な心情への「感性的な誘導手段」であり、それによって、私の我欲は私の好意と結び付く、この結合はそれだけではまだ私を道徳的なものとしない。私は自分の自由な意志の努力によってのみ道徳的となるのである。

「公民としてのあるいは父親としての義務についての抽象的な概念も、乳飲み子の涙や祖国の危機ほどには、私の道徳的態度を促進しない。人間対人間の自然の関係に基づく代わりに、君子と臣下、貴族主義者と民主主義者等のような社会的差別に基づく政策は、人類を社会的状態を通して道徳的使命へ接近させる可能性から、ますますとおのいてゆく[62]」と、ペスタロッチーは考えている。

◇《本書の本質的帰結》

「さて、ここで私があとを振り返り、人類の発展における自然の歩みをさぐりつつ辿って来た道は、結局私をどこに行きつかせたかと自問する。私は次の諸命題の内に、私の探究の本質的な結論を見いだすのである。[63]」

その命題は、ペスタロッチーはこの世界のなかで彼自身を三つの様式で説明するのである。

一、《自然が作ったものとして（Als Werk der Natur）》……私は牧場の牛や山羊のように必然の作品であり、数千年後でさえ私の髪の毛の一本さえ変えることはできない。

二、《人類が作ったものとして、世界が作ったものとして（Als Werk meines Geschlechts, als Werk der Welt）》……私

はアルプスの頂から小川に流れ落ちる水の一滴であり、川の激流に押し流され、やがて永遠の死の大海に（in den ewigen Meeren des Todes）消えうせてしまう。
三、《私自身が作ったものとして（Als Werk meiner selbst）》……、そのような作品として、私は私自身の内に私自身を彫りつける。それは不変の作品で――私の岩に刻まれた私自身はどんな波も洗い落とすことはない。私が私自身のうちに道徳的本質として完成する私の作品の痕跡は、時もそれを消し去ることはない[64]。

さらに、ペスタロッチーは「私は自然の作品としては、動物としては完成している。私自身の作品としては、私は完成に向かって努力する。人類の作品としては私は私の完成が不可能の地点に立ち留まろうとする。自然は自然の仕事を完全に成し終えた。そのようにあなたはあなたの仕事を成せ。あなた自身を知れ、そしてあなたの動物的自然の深い理解の上に、しかし、肉の絆のただ中で神のように生き得るあなたの内面の力を十分に知って、あなた自らを崇高ならしめるよう努力せよ[65]」と述べ、人間性の完成に向かって、自己自身を向上させることの必要性を強く述べている。

こうした見解の帰結（「私の最も本質的な観点の成果」）は、すべての真の人間教育にとって極めて重要である。教育（Erziehung）と立法（Gesezgebung）はこうした自然の歩みに従わねばならない。

教育と立法は、人間の自然的な関係に結び付き、かつ人間の好意（Wohlwollen）を維持するために、動物的な存在としての人間に適合しなければならない。

「教育と立法は社会的存在としての人間のために、その市民的な境遇と誠実と信頼によって耐えうるものにしなければならない。しかし、とりわけ教育と立法は克己心を強めることによって、人間をその堕落から《自己自身の人間性を回復できる力》をもつように高めなければならない[66]。」

(3) 諸原則と諸観点の一致（第三部）

～私の最も本質的な諸原則と、最初私の問題を見たときの私の心に浮かんだ単純な諸観点との一致～

第三部は、以上探究してきた《本質的な原理》と第一部の《単純な観点》とが一致しているかどうかを検討している。ペスタロッチーは、この冒頭、次のように述べ探究の結果の検証を始めている。

「これで私の書物は完結に近付いた。私の自然のうちに存在すると思われるさまざまな矛盾は、いつもこの世のすべての物に対して私の自然が三重の違った観点から、解決の糸口を見いだす。……最初に私が問題を見いだした時、私の眼に映った単純な諸見解が、私の探究の到達した最も本質的な諸結果と、どれだけ一致するのか確かめなければならない。[67]」

ペスタロッチーは認識と知識、取得、財産、権利、社会的状態、権力、名誉、服従、支配等々の社会学的な概念を三重の観点のもとに、「自然の作品として」「人類の作品として」、また「私自身の作品として」考察するが、その際、重点は最後の観点にある。現実の生活のさまざまな問題に対する人間の三重の態度は、端的にいって、次の三つである。

まず人間は、自然人としては自分の利己的な要求を、当然満たさざるを得ないこと、次に人間は公民としては拘束的な法と法律上の強制とを、是認すべきであること、そして、最後に、人間は道徳的な人格としては、自分の感性的並びに社会的な成果（財産・権利・権力・服従・支配）を他の人びとのために用いようとすることである。

しかし、ペスタロッチーは、単なる観念的に、自分の感情や欲望をおさえる心の状態に留まっていない。現実に生きる人間は、息苦しい道徳一辺倒の中では、生きることができないことを十分に知っていた。

むしろ、民衆の実生活に対するペスタロッチーの憂慮は、民衆を再び道徳の観念的世界から、現実の生活体験の世界に連れ戻すことであり、真理を民衆の生活現実の諸要求に即して、実証すべき切実な必要性を示している。

このことは「愛」の項目において明らかである。冒頭次のように語っている。

「私の自然の作品、私の自然のハーモニー奏でる弦の共鳴、私の動物的好意、そのようなものとしての愛は、私を動物的に満足させる感覚的な楽しみのある所にはどこにもある。……。[68]」

「つまり、人間にとって自然的な好意は、無邪気の状態にとって永遠に調和している。それは、誠実さによって、道徳的な自制へと高められる。それが損なわれるのは、社会的状態の堕落のなかにおいてである。愛の本質はこの世の貧しい人びと、罪ある人びとへの宥和的献身である。[69]」

最後に《宗教》について見ておくことにする。冒頭、ペスタロッチーは次のように述べている。

「純粋な自然の作品としての宗教を人類はもたない。動物的無邪気は犠牲を行わず、祈らず、祝福もせず、呪詛もしない。

私の堕落せる自然の作品としての宗教は迷いである。

人類の作品・国家の作品としての宗教は欺瞞である。

ただ、私自身の作品としてのみ宗教は真理である。[70]」

ペスタロッチーは、宗教もまた「人類の作品として」「社会の作品として」、さらに「私自身の作品として」の三つの観点から考察している。

すなわち、私の自然の作品としては、宗教は誤謬であり、迷信である。人類の作品としては偽善であり狂信である。このようなものとして宗教は、多くの人びとにとっては、宗教の本質である心情へと人びとを導く外的な形式である。私自身の作品としてのみ、宗教は真実である。「真の宗教は、道徳と同じように、全く個々人の事柄である」。

真の宗教は私自身を内面的に醇化する。「キリスト教は全く道徳である。だからそれはまったく個々人の人格の事柄でもある。キリスト教は断じて人類の作品ではない、それは断じて国家宗教でもなく、あるいはある権力的目的の為の国家の手段でもない[71]」。

したがって、国家や国民は宗教をもたないし、キリスト教をもたない。

こうして宗教は道徳と本質的に一致するように思われる。宗教のこのような「漠然とした概念」を乗り越えるものこそ、ペスタロッチーの信仰のあるべき姿であろう。

すなわちそれは、人間の内面に宿る神的なものへの信仰である。ペスタロッチーの信仰は激しく動揺したが、それにもかかわらずに苦悩と幻滅を克服した。信仰によって、「かつてひとりのガリレア人（イエス・キリスト）は、多数の民衆を感性的な堕落から救いだし、民衆に信仰によって彼らに内面的な独立を与えた。……かつては信仰が人間の内面的独立を可能にしたのだが、しかし、今では妄想でない。今日それを可能にできるのは……真理と権利の領域のみである[72]」。

ペスタロッチーは、ここで再び現実生活の領域へ立ち返っている。

『探究』の第一部「私の探究の基礎」では、扱っていない《真理と権利》の領域を新たに付け加えている。この諸節の最後の総括とし、次のように述べている。

「私は諸節全体において、人類の発展における自然の歩みを追求するうちに、真理と権利とはただ人間が真理と権利とを尊重する限りにおいて、人間にとって真の価値をもつものであるということを知った。人間が単に動物的に行動し、ただ物的な力である限り、真理と権利との両者は、それは人類にとって欺瞞（die Täuschung）と仮象（der Schein）とであるに過ぎない。

自由な人間的意志（der freie menschliche Wille）、すなわち私自身の努力によって私の動物的自然の過ちと不法とから私を解放する私の内的自然の力が、人間にとって彼の現実的な真理と現実的な権利の唯一の源泉である[73]」

そして、私たちが、永遠の矛盾を繰り返しながら、真理と権利とを尊重することによって、私たちの心情を道徳的な態度に一歩一歩醇化していくのである。

(4)『探究』の最終的結論(第四部)

ようやく、ペスタロッチーの《人間とは何か》《人類とは何か》苦闘に満ちた『探究』の最終的結論にたどり着いた。この最終章のなかでペスタロッチーは、本書の結論を次のように述べている。

「人間の幸福と人間の権利とは本来自然の作品としてのおよび人類の作品としての私自身を、私自身の作品としての私自身に従属させることに、動物および市民としての私自身を人間としての私自身に従属させることに基づいている。……私はこの見地をもって本書の結びとする。私の目的は叶えられた。すなわち私はこれまでの私の生の歩みが、私をどんなものにしたかを、でき得る限り私自身のうちに探究し、この探究を通して、現にあるがままの生の歩みが人類をどんなものにするか探究しようとした。私は私の行為がどんな基礎から出てくるか、また私の最も本質的な意見が本来どんな見地から出てくるかという説明を、できる限り私自身のうちに求めた。私は人類の行為が本来どんな基礎から出てくるか、また人類の最も本質的な意見がどんな見地から出てくるかという説明を、でき得る限り私自身の内に求めた。[74]」

そして、さらに続けて、ペスタロッチーは自らの生きざまを赤裸々に示して同時代の人びとに理解を求めている。

「わが同時代の人びとよ(die Männer meines Zeitalters)。地位と境遇との類まれなる回り合わせのために、圧迫された不満足な活動のただ中にありながら、強制も屈従も知らない自然生活の感情を、ほとんど老年に至るまで生き生きともち続けることのできた一人の人間の、真理愛(die Wahrheitsliebe)、人間愛(die Menschenliebe)、自由愛(die Freiheitsliebe)とに対して、今世紀(一八世紀)の後半が与えてくれたさまざまの印象のこの記録を、ありのままに、理解していただきたい。[75]」

「そして、私が私の人生の苦難に充ちた荊の途を、しかも学問的陶冶のすべての現代的な方法を全く用いることなく歩んだのに比べ、諸君がもっと平坦な大道を歩まれ、真理と権利との最も進んだ認識に達していられるにしても、どうか私の無遠慮な意見と、私の率直さに対してあえて皆さんのご注意と私の誤りに対して、皆さんの反論をお願いしたい。……

私は、これまでの私の生涯を人類のために誠実に真面目に役立てようとしてきたが、これからも私はどんな教示をも、誠実に真面目に役立てるように努めるだろう。

そこで、私は最後に、《自然の作品として私は何であるのか？（Was bin ich als Werk der Natur?）》、《人類の作品として私は何であるのか？（Was bin ich als Werk meines Geschlecht?）》、《私自身の作品として私は何であるのか？（Was bin ich als Werk meiner selbst?）》という三つの観点を今一度検討して置きたい。[76]」

ペスタロッチーはこのように述べ、最後のまとめにはいっている。筆者も、ここでもう一度、この三つの見解を再確認しておくことにしたい。

① 第一の見解《自然の作品として私は何であるか》

「自然の作品としての私は、私の感覚の楽しみの他には真理も権利も知らず、そのために本来の意味での社会的状態のなかに惨めな、軽蔑すべき存在としてあらわれる。この社会状態のなかで、私の知識のためにかえってならず者や乞食や夢想家に堕落するということ、また私が名誉をもてば、私の周りに集まる人びとを光りに添い寄る虫を焼き殺すということ、また私が権力をもてば、私に服従する人びとを権利なきものにするということ等々、これらのことは真実であるか[77]」と、自問し「これらのことはすべて真実である」と肯定し、次のように述懐している。

「私は自然の作品としては、物的な力であり、動物であり……永遠不変の動物的存在である。私は私の自身の力によって、私自身の作品としての私を、私の自然にとって可能なあらゆる完成に高めなくてはならない。私の運命が、私を世界のどんな片隅に投じようとも、私は世界の作品としての私を、その片隅にふさわしいものにしなくてはならない。……

左官が無用の石を鉄槌で打ち砕くように私を打ち砕き、最も具合いの悪い石片の隙間をふさぐ詰め物に私を使うだけである。それが社会的状態における自然人の運命である。

自然人は社会状態のなかでこれ以上恵まれた運命に出会うことはできない。(78)」

自然の作品としての私の運命であると述べている。

② 第二の見解《人類の作品として私は何であるか》

ここで、ペスタロッチーは内面の告白をしている。

「人類の作品としての私は、私の自然の作品と私自身の作品との中間に動揺しながら立っているということ、それは真実か。

人類の作品としての私は、私の動物的満足のためにも、私の道徳的醇化のためにも、確実な足場を見いださないということ、それは真実であるか。その時、私は根底から堕落した自然人として市民社会のなかに現れるということ、それは真実であるか。……

これらのことはすべて真実である。

私は単なる感覚的享楽（blossen Sinnengenusses）の地点に安住することはできないのと同様に、私の社会的陶冶（gesellschaftlichen Ausbildung）の地点にも安住することができない。

私は社会的状態のなかで、満ち足りた動物的な自然生活の快楽の下に深く転落して行くか、それとも社会的硬化の堕落を乗り越えて高く飛翔するかしなくてはならない。

私は社会的冷酷さの中で、私の人間性を喪失するか、私の本能の廃墟の上に、道徳的権利の承認へ私を誘うようなさまざまな経験を経験を拾い集めるかしなくてはならない。(79)」

③ 第三の見解《私の作品として私は何であるか》

「自然状態と市民的教養と道徳との相互関係は、子どもの状態と徒弟時代と成人期との相互の関係と同様であるということ、それは真実であるか。

私が私の感覚的享楽の過ちを知らず、また私の社会的要求の不法を知らないなら、私は道徳が予想する情緒的な気分に達しないであろうということ、それは真実であるか。

道徳は全く個人の事柄であるということ、……自然状態は道徳を知らず、また社会状態は道徳に基づかないということ、これらのことは真実であるか。

本来の意味での市民的義務は、私を道徳的にしないというのは真実であるか。

私はギルド（同業組合員）として、また大衆（Masse）として、為べきすべての事柄は、それ自身の内に私を不道徳にする誘惑をもっているということ、それは真実であるか。

これらの事はすべて真実である！。

道徳は、個人において彼の動物的自然および社会的冷酷さと密接に結び付いている。

しかし、道徳の本質から見れば、道徳は私の意志の自由に基づいている。

……道徳的本質としての私は、ひたすら私自身の人間的完成に向かって進む。そして、私の自然のうちに在ると思われるさまざまな矛盾を、私自身のなかで解消させることは、ただ、私が道徳的本質であるときにのみ可能となる」[80]。

以上が、ペスタロッチーの最終的結論であった。

さらに、『探究』の最後のページにペスタロッチーは自らの心情を語っている。

「彼は既に亡く、あなたはもはや彼を知らない。彼に関して残っているものは、踏みにじられた彼の生涯の乱れた足跡だけだ。彼は堕ちた。ちょうど果実がその若いとき北風に傷つき、害虫がその内部を食い荒らす時に、未熟のまま木から堕ちるように、旅人よ（Wanderer）、堕ちた果実の為に一滴の涙を注げ。それは堕ちてもなおその頭をそれが夏の盛りをその枝の上で病み抜いた木の幹に寄せて、耳をすませば聞こえるほどに呟いたのだ。私は死んでもなお木の根を強めよう。

旅人よ、地上に落ちて朽ちゆく果実を労られ。そして彼の滅びの最後の花粉（dem staub）に、せめてそれが夏の盛りを、その枝の上で病み抜いた木の根を培おう[81]。」

ペスタロッチーは『探究』執筆の前の数年間、彼は絶望と希望の間をさまよった。彼は現実の人間に絶望していたとはいえ、自分の意志次第で変わりうるはずの人間に対する彼のあくなき確信は、必ずしも放棄できなかった。しかし、彼は自分に対する確信を喪失した。それは、同時代の人びとが彼を信じなかったからである。

このような状況のなかで、彼は《人間とは何か》《私とは何ものであるのか》《人類とは何ものであるのか》を問い続けたのが、この『探究』である。

このように『探究』はペスタロッチーの八一年の生涯のなかで最も厳しい幻滅の時代に書かれたものであるが、しかし、《民衆の幸せ》と《人類の平和》を願う彼は、決して未来に対しての再起の勇気と希望を喪失したわけではなかった。

5 『探究』の特色とその価値〜新しいペスタロッチー像を求めて〜

ペスタロッチーは西洋教育史上でも知られているとおり、彼の教育思想は自己の生命体験に立ち、《生命》と《思想》とが常に一体化しているところに、その特色をみることができる。同時に、ペスタロッチーの膨大な著作のなかでも『探究』は、疑いもなく彼の思想発展の歩みのなかで、最も重要な位置をしめている。それゆえに、シュプランガーも語っているように、「理解されるのにかくも困難である」最も難解の著作であるといえる。

それは、彼の一七九七年『探究』発表以後のあらゆる著作の、あらゆる努力の哲学的な基礎づけとなっている。彼はもともと、本書の「まえがき」のなかで「ある国に民衆のための真理を求めた二人の人がおりました。その一人は高貴の生まれで、彼が治めた国に善政を行うために夜も眠らず、昼もそのために捧げました。彼は目的を達しました。彼の国は、彼の知恵によって栄えました。……[82]」というように、国政の哲学を探すために出発していたが、彼が見いだしたのは、正しい社会的状態は、個々人の道徳の上に築かれねばならないということであった。ペスタロッチーは、政治学から倫理学へ進んだが、生活体験を重視する彼の信念からは、単なる理論にとどまることはできなかった、そこで倫理学からさらに人間形成の学としての教育学へと進んだ。

ここでの彼は、「人間とは何か」「人類とは何か」を論究しつつ、結局、人間の内的努力が、個々の人格を醇化し向上させることに到達した。これらの見解をペスタロッチーは、骨の折れる回り道をたどりながら展開したのであった。

次に、この『探究』の教育学的価値について述べておきたい。

第一に、あげられることは、シュプランガーもいうように[83]、この『探究』は人類社会の最も根本的な問題を、あくまでもペスタロッチー自身の生命体験への深い苦悩と反省に基づいて、究明しようとした真実な人間探究の成果で、彼の数多い著作のなかで最も深刻でかつまた包括的な人間探究の書で、彼の根本思想を知るうえで最も重要な著作である。

第二に、「人間とは何か、私とは何であるのか、私は何をなしたか、人類は何をなしているのか」と、問いつつ、人間の内なる歩みを心理学的・社会学的観点から《自然状態》《社会状態》そして《道徳的状態》に至るなかで、それぞれの状態の特色を明らかにし、ペスタロッチー独自の人間観・社会観を示したことである。このことがその後の人間探究とりわけ教育研究に影響を与えたことは意義深いものである。

第三に、シュプランガーが指摘するように、環境教育学に対して、自力、自己活動、自己形成の勝利をペスタロッチーは、『探究』のなかで極めて明瞭に表現している。

「やがて、私は環境が人間を作ることを知った。しかし、同時に、私は人間が環境を作るということ、人間が自らの意志にしたがって、環境をさまざまに統御する、ある種の力を、自分のうちにもっているということを知った。[84]」

人間は内面に自己形成力を秘めており、環境に左右されるだけでなく、自己変革しうる力をもっているのであると自律的存在であることを指摘している。人間形成の諸力は人間自身の内にある。自己活動・自発性・自律性の教育学への新たな展望を拓いていることである。

第四に、「社会状態の本質は、その本質において万人の万人に対する戦いの継続である。この戦いは、自然状態の堕落において始まり、社会的状態においては、ただその形を変えているに過ぎない」ととらえ、人類の発達していくなかでの限界や市民的権利と市民的自由の本質と限界を明らかにしている。国家権力の本質を鋭く見抜いている。さらに重要なことは、国家と道徳、国家と宗教の問題は、国家権力の介入を否定し、あくまでも道徳や宗教の本質は、全く個人的なものであることを明確に述べている。ここにペスタロッチーの政治哲学・社会哲学・宗教哲学・道徳の原則が明示されている。

第五に、ジルバー（Käte Silber）[85]が指摘するように、ペスタロッチーは『探究』の論究によって、つまり人間が市民社会のなかで生活できるようにするためには、人間がより優れた認識と一致して行動し、自分自身を真に醇化できるように、人間をもろもろの認識や技量へ陶冶しなければならない。人間がもたねばならならない認識は、「万物の真理」を認識させることである。では《真理とは何か》。「人間にとって真理とは……言葉で言い表せるものである。言語は、人類がこの世の万物の本性について、自分自身で作り出す表象のしかたに関する私自身の証言である。だから、人類に語ることを教えよ！」[86]と、ジルバーは「ペスタロッチーが『探究』で驚くべき方向転換を遂げ、《メトーデ》の出発点に到達した。ペスタロッチーの言語についての論究は『ゲルトルートは、いかにしてその子に教えるか』（Wie Gertrud ihre Kinder lehrt.）のなかで継続され、文化政策的な問題は『わが時代に訴える（時代）』（Pestalozzi, an mein Zeitalter (Epochen)）のなかで、メトーデの成果を踏まえて取り扱われている」[87]と指摘しているように、『探究』は以後のペスタロッチーの生活に結び付いた実践活動のうえで重要な意味をもっている。

最後に、この『探究』は、ペスタロッチーの苦難に満ちた生涯を一貫して、社会的存在として民衆のなかに彼自身の身をおき、矛盾と絶望と挫折のなかで、人類の平和と民衆の幸せを求めて、悪戦苦闘した真摯な魂の記録であることを付言しておきたい。

おわりに

ペスタロッチーの生涯と彼のめざした事業について、述べて終わりにしたい。彼の生涯は、これを端的に表現すれば、〈愛〉と〈真実〉と〈正義〉に生きようした、一人物の壮大なドラマであるといえる。八一年の生涯のなかで彼が生み落とした著作は、人間の幸せを求めて、悪戦苦闘した真摯な魂の記録である。この偉大な人物のすべてを、一つのまとまりのあるものとして提示することは、決してなまやさしいことではない。

そこで、第二次世界大戦後のペスタロッチー研究の第一人者、かつまた苦難に満ちた生涯をペスタロッチー研究に捧げたジルバーの言葉を通して《新たなペスタロッチー像》の提示に耳を傾けたい。

「ペスタロッチーは自らをただ、後進のために道を用意する先駆者、あるいは《荒野に叫ぶ人》とみなしていた。ソクラテス（Sokrates）のように、彼は人びとの良心を駆りたて、彼らがそれに答えざるを得ないように問いかけた。彼は一つの典型、いわば努力しながら戦いながら勝利し、悩み、愛し、献身し続ける人間であった。

ペスタロッチーの究極の目標は、教授法でもなければ、まして子どもたちの教育あるいは貧民の運命の改善でもなかった。彼の《夢（der Traum）》は、すべての人間のより優れた力を強化することによって、彼らの《幸せ》を保証し、それによって人類に《安らぎ（die Beruhigung）》と《平和（der Frieden）》をもたらすことであった。

……彼が主張したのは、民衆自身の力を発展させ、かつ使用することが、可能であるばかりか、必要でもあるということである。彼はあらゆる人間、いわば最も堕落した人間の内にさえ宿るより高い可能性を信じ、一人ひとりの人間の教育を受ける権利と、この権利を充足させる社会の義務とを導きだした。このようにして、彼は民主的な文化についての一つの新しい見解を創造し、普遍的な民衆教育のための道を用意した。……講演や書簡の中に生きている彼の善意や愛の力と苦難に耐え忍ぶ力、高貴なものも卑しいものも、すべてを理解し許容する彼の人間性―これらは二〇世紀の人びとの胸をも揺さぶり、彼の精神の息吹を感得させずにはおかない。[88]」

ジルバーは、最後にペスタロッチーに畏敬の念を込めて、次のように述べている。

「今日ペスタロッチーは《私たちにとって何を意味するか》。自然から離反、労せずして多くを求める傾向、ますます進展する専門化、国家の干渉、大衆の平均化の時代において、彼は自主的な思考、誠実な仕事さらに人びとに、道義的な責任の意義を示し、また自然的な生活領域の確保、すなわち〈母と子の関係〉、家族の触れあいならびに、教養ある中産階層の職業共同体の確保の重要性を示している。彼によれば世の中は人間の満足・向上ならびに、幸せ以上に必要な物はない。ペスタロッチーはその生涯をとおして、いかに障害が大きくても、自己の課題に専念し、かつ自らを犠牲にする意志さえあれば、一つの信念を実現できる実例を示している。[89]」

このようにペスタロッチーは、生涯をかけて、社会改革家として《民衆の幸せ》と《人類の平和》のために、何を私たちは為すべきか問いかけている。二一世紀こそ、子どもたちが幸せに、また地球社会の平和を求めて未来に挑戦しなければと、ペスタロッチーは現代に生きる私たちに問いかけている。

第4章

『ゲルトルート児童教育法の考察』
―民衆の自己解放の真の学力を求めて―

『ゲルトルート児童教育法の考察』は、ペスタロッチーの生涯の全著作のうちで最も重要な教育学的著作である。この書によって、教育思想家・教育実践家としてのペスタロッチーの名声は初めて確立したといってよい。ヘルバルト（J. F. Herbart　1776–1841）もフレーベル（F. W. A Fröbel　1782–1852）もこの書によって初めて教育思想家としてのペスタロッチーを評価したことは明らかである。彼らはペスタロッチーがこの書において示した教授理論や、その後の実践に学び、これと対決しながら、彼ら自身の教育思想や教授理論を形成していったのである。その意味で本書『ゲルトルートはいかにしてその子を教えるか～わが子を自らの手で教育しようとする母親たちへの手引書…手紙による一つの試み～』（*Wie Gertrud ihre Kinder lehrt, ein Versuch den Müttern Anleitung zu geben, ihre Kinder selbust zu unterriechten, in Briefen.*『ゲルトルート児童教育法』以下、『ゲルトルート』）は、やはり近代の教育思想、特に科学的な教育理論の成立史の上で記念すべきモニュメントであるといわなければならないであろう。(1)

しかし、それ以上にペスタロッチーが、この書簡で最も言いたかったことは、のちに『わが生涯の運命』（*Meine Lebensschicksale als Versteher meiner Erziehungsinstitute in Burgdorf und Iferten*　1826）のなかでもいっているように、「民衆教育の単純化」「民衆の自己解放のための生きる力」としての学びであった。また、『シュタンツ便り』（*Pestalozzi's Brief an einen Freund über seinen Aufenthalt in Stanz*　1799）のなかでも、その萌芽をみることができる。彼の最大の課題は、最下層の子どもたちや戦争で親や家を失った孤児たちが、いかにしたら「学ぶ」ことに、興味・関心を抱き得るかの探究であった。

この子どもたちが学ぶことによって、それぞれの子どもたちの潜在的可能性を開花させ、自己解放の学力を身につけることによって、近代社会を担う民衆の育成をめざす一四通の書簡である。

1 この書簡の歴史的評価

この書簡に示されたペスタロッチーの教育思想や教授理論は、ノイホーフ（Neuhof）での体験や『隠者の夕暮』（*Die Abendstunde eines Einsieders* 1780）以来の生活圏の思想やきびしい政治批判の姿勢が本書を根底において支えていることは明らかである。

ペスタロッチーが新しい教授理論を開拓したというのは、具体的には彼が当時支配的であったザルツマン（C. G. Zalzmann 1744–1811）(2)などによる教育内容および方法の合理化など大胆に主張し、実践した汎愛派的教授理論や教授法に対する不信であった。それに代わる直観教授を提唱したことを意味している。

さらに、この新しい教授法の開発が、学びから遠ざけられ虐げられていた民衆の子どもたちの不幸な生活に触発されたものであったということを忘れてはならない。

当時一八世紀の社会は輝かしい啓蒙時代で、新知識の普及によって上流階級の人びとは華やかな生活をしていた。しかし、民衆は決して幸福になっていないという認識と、多くの民衆は学びから疎外されている現実に対して、この不幸にあえいでいる民衆のために、彼らの不幸の源泉をつきとめ、これを民衆に学びを通して生きる希望と力を育みたいというペスタロッチー特有の正義感から民衆の向上のための知育論ないし、学力論についての新しい理論を開発

に向かわせたのである。この事実は、ペスタロッチーの教授理論を歴史的に評価する場合決して忘れてはならないことである

君主や国王に、より忠実に奉仕するための知識とか、産業社会の要求に効果的に応ずるための学力とかいうようなものではなく、民衆が自らの力で幸福になりうるような知識や学力をペスタロッチーは求めたのであった。

時代は啓蒙の世紀であり、社会は産業革命の前夜であった。スイスの純朴な山村まで商品経済の浸透に伴って民衆の生活は急激に変化した。

この生活の急激な変化に対処するために民衆は新しい知識、新しい学力を必要としていたのであった。ところがそれを学びたくとも学び得ないのが、当時の民衆のおかれている実状であり、それを学び得たとしてもそれは不毛の知識の断片でしかなかった。これでは、民衆は幸福になれない。この危機的な事態の認識が、ペスタロッチーを新しい知識観、学力観の探究へと立ち向かわせたのである。『ゲルトルート』は、その探究の成果であるといってよい。それゆえ、この書は、存命中のペスタロッチーの存在を有名にし、当時において既に重要な文献であっただけでなく、二一世紀の今日においても、将来においても、子どもを愛し子どもの健やかな成長を願う人びとにとって、さらに虐げられている民衆の自己解放の真の学力を求めようと願う人びとにとっての永遠の教育書であろう。

第二次世界大戦後ドイツにおいてペスタロッチー研究の新しい領域を切り拓いたケーテ・ジルバー（Käte Silber）[3]は、その主著『ペスタロッチー』（*Pestalozzi, Der Mensch und sein Werk* 1959）のなかで、『ゲルトルート』について、冒頭この書の教育学的意義を次のように述べている。

「同時代の人びとがある作品について下す評価は、しばしば後世の人びととの評価とはひどく異なるものである。『探究』は今日ではますます重要さを増しているが、それが出版された当時から一九世紀の終わりまでは、ほとんど注目されなかった。むしろ存命中のペスタロッチーの名声は、『ゲルトルートはいかにしてその子を教えるか』（一

八〇一年）という書物に基づいていた。なぜならこの書は、幼児期の教育の領域において根本的に新しいものを含んでいたからである。すなわちそれは、すべての人間の精神活動が《私自身から（von mir selbust）》出発する、という『探究』における《巨匠の真理（Meisterwahrheit）》を教育学的に拡張したものであった。……すなわち私が現にある一切、私が欲する一切ならびに、私がなすべき一切は、私自身から出発する。この発見を教授法に応用することは、学校教育におけるコペルニックス的な方向転換を意味した。……本書のなかで提起された本質的な諸原則は、教育学の歴史に極めて深い影響を及ぼしたのである。(4)」

教育におけるコペルニックス的転換とは、学習者主体・子ども中心の教育を提唱しているのである。やがて、二〇世紀の子ども中心主義の教育思潮の源流となるのである。

2 一四通の書簡の構成

この書は、親友ゲスナーに宛てた一四通の書簡から成っている。刊行は一八〇一年一〇月、悲嘆のうちにシュタンツ（Stanz）を去ってブルグドルフ（Burgdorf）に移ってから二年余の歳月が流れた。新しい土地で元気を取り戻したペスタロッチーは、五五歳の働き盛りであり、民衆教育へ情熱が次第に高揚してきた。

シュタンツで心身ともに疲労困憊したペスタロッチーは、ゲルニゲルで体を休養させたのち、一七九九年一つの志を抱いてブルグドルフにやってきた。ペスタロッチーは、貧しい家庭の子どもたちを教えることに生涯の「大きな夢」を抱いていた。その夢を実現するための「実践の場」を用意してくれたのが親友のシュタッファー（P. A. Stapfer）であった。いまでも、ペスタロッチーがブルグドルフの下町の一角に下層民衆の子どもたちのために開いた教室の古い建物が残っている。その入り口の壁には、次のような記念額が掲げられている。

この家で一七九九年にハインリッヒ・ペスタロッチーは、初めて下町の民衆学校で教鞭をとった。「私は私の過ぎし日々に下層民衆の子どもたちに教えることができたことを、私の生涯の栄誉のしるしと思っている。」

この記念額は、ペスタロッチーの偉大な事業を讃えてブルグドルフの民衆が一九二四年に掲げたものである。ここでシュタンツ以来の新教授法の実験がようやく成果を挙げ、これを本格的に実施する新学校や、これを普及するための教員養成所の開設を目前にしていたからである。そして、この新学校がよりどころとするところの教授原理を広く人びとに広めることも、またペスタロッチーの長年の希望である下層民の人間的解放のためにぜひとも必要なことであった。ともあれ、ペスタロッチーは「いまこそ民衆教育についての君の理念を公表しなさい」というゲスナーの勧めに応えて筆をとったのである。

この書は、彼自身の内面から湧きでる言葉によって語られた彼自身の思想である。この書を見るとわれわれは、彼の《内的直観》の充実に心を奪われるのである。だから、この書は近代国民教育の礎石であり、永久の学びによる民衆解放の民衆教育のバイブルであるといえる。この書の構成は、次のようになっている。

■第一・第二・第三の書簡…序論〜回想と協力者の紹介

第一の書簡では、ペスタロッチーは、ノィホーフ以来シュタンツを経てとブルグドルフに至るまでの生活と思想の遍歴を、彼の「メトーデ（教育法）」の発生と発展の由来として説明している。貧しい子どもたちを教育し、それを通して国民を救済したいという意欲とそのための苦闘が「メトーデ」に結実したと言える。そして彼の苦難に充ちた生活と思想の足跡を回想している。第二・第三の書簡では、彼がブルグドルフにおいて三人の助手たちの協力を得るに至った過程と、それぞれの助手たちの特色が、感謝をこめて紹介されている。

■第四・第五・第六の書簡…総論～知識の陶冶

ここでは、彼の教育の一般的な原理を説明している。当時の学校教育への鋭い批判の上に人間の自然的発達の法則にしたがい、「直観」を基礎として明瞭な概念へと、「数」「形」「語」の能力を介して進められる教授の方法としての「メトーデ」の説明である。

■第七・第八の書簡…各論～知識の陶冶

ここでは、いわば各論として、上記の一般的原理を教授の各部門に応用する試みが説明されている。つまり、「語」の教授、「形」の教授、「数」の教授の手続きが、「直観のイロハ」、単純で容易な初歩から出発して次第に対象を正しく把握させる筋道として、具体的に例を挙げて説明しているのである。

■第九・第一〇・第一一の書簡および第一二の書簡

ここでは、上記の自分の思想の特色をその歴史的意義について評価し、さらに反省を加えるものである。特に直観を人間の認識の基礎として認めたこと、自然による人間形成の根本を発見したこと、教授活動の全体を「数」「形」「語」の三つの基本手段に還元して、さらにそれを調和的に組み立てることによって、人間の自然の歩みに一致する教授方法を工夫したことを強調している。さらに、残された課題を指摘して、民衆の不幸を救おうという大望を抱きながらも自分が無能であったことを自省し、これまでのことを助手たちの協力を得て成し遂げたことについて、神に感謝している。

■第一三・第一四の書簡…道徳と宗教の教育の問題

ここでは、人間における神への愛、信頼、感謝、柔順などの心が、もっぱら自然の本性にしたがって幼児と母親との関係から生ずることを指摘している。こうして、母の存在と、過程と、そこで自然的に育つ感性的な諸力と心情、およびそれらがやがて真の理性と道徳性との基礎となるということを強調している。

以上のような構成になっているが、具体的にどう展開されているか、みることにしたい。その前に参考まで、先にあげたケーテ・ジルバー（Käte Silber 1902–1979）は、この書の構成について次のように述べている。

「この書は、友人の出版者ゲスナー（H. Geßner）にあてた一四通の書簡からなっている。ゲスナーは、ペスタロッチーの諒解なしに、『リーンハルトとゲルトルート』という表題を選んだが、これは内容に少しも一致していない。もともとその表題は、副題にあるように、『わが子を自分で教えようとする母親たちに手引きを与えようとする試み』と呼ばれるはずであった。しかし、この意図にも、その書物は一致していない。母のための手引きとしてはあまりにも難しすぎるのである。その散漫な叙述形式は整った構成からは程遠いものである。整った構成が見いだされうるとすれば、次のような順序になるであろう。

すなわち、メトーデを発見するに至る過程と助手たちについての見解とに関する歴史的‐伝記的な紹介（第一～三信）ののち、大多数の書簡（第四～一一信）は知育を取り扱い、一通の書簡（第一二信）のみは「体」育を、最後の二通の書簡（第一三～一四信）は道徳＝宗教教育をとりあげている。

上記の主要部分（第四～一一信）では、メトーデの一般的な原則と教科へのそれらの適用とが述べられている。知的メトーデはここでさらに三つの細目、すなわち《語》《形》《数》の教授に分けられる（第七～八信）。

しかし、『ゲルトルート』は必ずしも「方法論的」ではなく、著者の感情の爆発はしばしば彼の説明の過程を中断する。それゆえ彼の思想を再現するためには、もっと理解しやすい順序と、できるだけより現代的な表現法とが見いだされねばならない。[6]」

ペスタロッチーが何に動かされて、なぜ新しい教授法を展開するに至ったかをみておきたい。彼が当時の人びと、彼らの教育、彼らの市民的な境遇を観察して、そこに皮相的なものの考え方、非能率な仕事、劣悪な社会関係を見いだしたことがわかる。ペスタロッチーは、無知と貧困と革命がそれらの欠陥に基づくことを認めた。こうした社会矛盾の害悪の原因を、彼はこれまでの《教育の指導》が、個人とそのより優れた本性に向けられる代わりに、群集（die Masse der Menschen）とその《堕落（Verderben）》に向けられていた点にあるとみた。なぜなら「文化」は、彼が『探究』のなかで詳しく述べているように、個人の《醇化》（手厚い教えで感化すること）

によってのみ達成され得るからである。

ペスタロッチーの思想の展開は、論理的に秩序立った論述を求めることができない。彼は感激する心のほとばしりのままに語り記述している。

この書は内容からみて、知識陶冶の方法論が本書の根幹であり、特色であって、その歴史的評価もこの部分の評価をめぐって争われている。この意味において本書は、コメニウス（Johann Amos Comenius 1592–1670）以来の近代の教授理論史のなかに位置づくものであり知的陶冶の完璧を期することによって道徳的・宗教的陶冶の充実を目指す立場に立つ著作であるといえる。本書が、ヘルバルト（Johann Friedrich Herbart 1776–1841）やフレーベル（Friedrich Wilhelm August Fröbel 1782–1852）を経てデューイ（John Dewey 1859–1952）、ケルシュンシュタイナー（Georg Kerschensteiner 1854–1932）、モンテッソリー（Maria Montessori 1870–1952）などに至る新教育運動史上の最も重要な先駆的モニュメントであるといえる。

特に注目すべきことは、この書は感性、感情の陶冶の人間形成における絶対的な優先を次のようにはっきりと主張していることである。

「子どもにとって最初の教授（Unterricht）は、決して頭や理性の仕事ではなく、つねに感覚の仕事であり、心情の仕事です。つまり母の仕事であります」（第一三の書簡）。

さらに最も注目すべきことは、この書に示されたペスタロッチーの教授理論（Unterrichtstheorie）が、《学問を民衆の手の届くところに置き、民衆自身の力による民衆の真の解放を目指すもの》であったということを、われわれは深く心に刻まなければならない。

人間の生まれつきもつ潜在的な無限の可能性と、一人ひとりの人間のもつ能力の発達の基本的メカニズムを追求し、これに従う教授理論の構築に取り組んだペスタロッチーが、人間の能力の発達を妨げてきた社会的諸条件を見逃すことなく、これと対決することなしには、民衆の真の解放はあり得ないとした洞察の鋭さを現代に生きるわれわれも学びたいと思う。彼は、第七の書簡のなかで次のように述べている。

「私は世間の人びとに、技術（Kunst）とか学問（Wissenschaft）とかを教えようとしたのでもなければ、教えようとしているのでもありません。……私はそのようなものは知らないのです。……ただ私は、あらゆる技術やあらゆる学問の発端（Anfangspunkt）の学習を民衆一般にとって、もっとやさしくすること、また国内の貧しい人びとや無力な人びとの、顧みられず、育てられもせずに打ち捨てられてきた能力に、教育の技術を適用すること、つまり、人間らしい人間になるための道を拓くことを望んできた。(7)」

それでは、まず『一四の書簡』を第一の書簡からペスタロッチー自身の印象的な言葉を通して考察しておきたい。

3 『ゲルトルート』の考察

この一四通の書簡のなかで述べられている教育学的ないし教授学的部分では、彼は何よりもまず今までの国民教育の欠陥ないし罪悪を指摘し、かつそれを粉砕しようとする鋭い洞察力と逞しい意気とを示しているが、こうした息吹はもちろん全一四通の書簡に一貫している。ペスタロッチーは、この書において何よりもまず国民教育の解放のために戦った。私たちは、この一四通の書簡を通して古代ギリシャに伝統をもつ西洋教育史上の階級的特権を打破して、教育の門戸を広く国民一般に、下層階級に解放しようとするまったく近代的な、かつまた民主的な精神の逞しい息吹を感ずることができる。

さて、一四通の書簡は、すべて親友のゲスナーに宛てたものである。彼の言わんとする民衆の陥っている不幸の源泉は、民衆の無知から生ずるもので、これを解決するには民衆の無知を教育によって克服することが大前提であると、彼は考えてのことである。

そのためには、民衆の子どもたちに教育をすることの必要性を強く感じていた。民衆教育の根本思想について述べ、大切なのは一般民衆の子どもたちへの教育をどうするかであった。

「ペスタロッチーの《民衆教授の単純化》を求める衝動は、既に萌芽としては非常に早いうちに抱いていた。『シュタンツ便り』のなかでもまだ十分に展開されていなかったが、今や彼は教育学的行為を真にソクラテス的な意味において、この書簡のなかで試みようとしているのである」と、シュプランガー（Edeard Spranger）(8)が指摘しているように、民衆の基礎陶冶をどのようにしたら自然の途に沿ってわかりやすく教えられるか、その教授方法がペスタロッチーの焦眉の課題であった。

(1) 第一の書簡〜回想　その一、ノイホーフからブルグドルフまで〜

この一四通の書簡では、ペスタロッチーは何よりもまず、今までの民衆教育の欠陥ないし罪悪を鋭く指摘し、かつそれを粉砕しようとする鋭い洞察力と逞しい意気とを示している。この書の序論にあたる部分が、第一・二・三の書簡である。これらの書簡は、主としてノイホーフからブルグドルフまでの回想と、その間の協力者に対して、感謝の心をこめて紹介している。では書簡をみることにしよう。

まず最初に、この書の冒頭で、ペスタロッチーは新しい知識観・学力観の探究へと立ち向かう決意を明言している。

① ブルグドルフの民衆学校の創設

ペスタロッチーは、ブルグドルフで新年の挨拶を親友ゲスナーに次のような手紙を送っている。

「民衆教育についての私の見解をできるだけはっきりと申し述べよう。ああ、思えば長い道のりだった。青年時代からずっと私の心は強い一筋の流れのように、ただひとつの目的に向かって脈打ってきた。私のまわりの民衆が陥っていた、あの不幸の源泉を塞ぎ止めるという目的に向かっているのだ。……私は何年間も五〇人以上の乞食の子どもたちといっしょに暮らした。乏しいなかで私のパンを彼らと分かち合った。乞食に人間にふさわしい生き方をさせるにはどうしたらよいかを学ぶために、みずから乞食としての生活をしたのだ。この子どもたちに対する教育理想には、農業、工業そして商業が含まれていました。(9)」

ペスタロッチーはこの子どもたちの自立のために農業、工業、商業の職業訓練をして、彼らを立派な専門的職業人として世に送りだすことを願っていた。

しかし、ペスタロッチーに細かいことを処理する能力や心構えとが欠けていたため、このペスタロッチーのノイホーフの計画は彼を支える部下もなく結局挫折してしまった。彼は、自らの『ノイホーフの挫折』を、次のように回顧している。

「私はこの試みを進めるためはかり知れぬ努力のなかで、奥深い真理を学んだのだ。そして、この試みが正しいのだという私の確信は、この試みが挫折した時に、却って以前よりもまして高まったのだ。私の心は、試みの失敗にもかかわらず、動揺することなく、ひたすら同じ目的を目指して意気高らかなものがあった。そしてついに、民衆の不幸な生活のただ中に身をおいて、民衆の不幸と、その原因を、いよいよ深く知ったのだったのだ。それも幸福な人びとが、決して知り得なかったような知り方で、それを知ったのだ。(10)」

彼が心から愛し同情もした貧しい人びとを救おうとする生涯の願いは、第一の書簡から切々と述べられている。

ペスタロッチーが一七九九年にブルグドルフに開いた学校は、下町の一角に今ではかなり老朽化した建物になって残っている。その建物の入り口の外壁には「私は私の古い日々にまず底辺の人びとに奉仕することができたことを、私の人生の王冠だと思っている」と書かれた額が掲げられている。この記念額は、ペスタロッチーへの感謝の意味をこめて一九二四年にブルグドルフ市民によって掲げられた。下層階層の子どもたちのための学校である。そのほかペスタロッチーのブルグドルフ滞在は一七九九―一八〇四年であったが、一八〇〇年にはこの城に師範学校を開設し、自ら校長を勤めた。

ブルグドルフとは、文字どおり「城の村（町）」という意味である。見方によっては小さな町が、城に押し潰されそうにもみえる。この城の建設は一二世紀末ツェーリンゲン家によるものである。現在は歴史博物館（Schlossmuseum Burgdorf）になっている。(11)

城は丘の上にあって周辺を隈なく見渡すことができる。下町から坂道を登り詰めると、城の入り口の右側に前庭があり、そこにペスタロッチーの記念碑が刻まれている。エメン川を見下ろす眺めのよい前庭である。ベルン州の紋章を大きく描いた広大な壁の右下の隅に記念碑がみつかる。記念碑には次のような言葉が刻んである。

> ハインリッヒ・ペスタロッチー（1799-1804）記念
> 一八八八年にブルグドルフ市が感謝をもって奉献。それはいままでも我々のなかに神の言葉として語りかけてくる。〝汝のみに生きるなかれ、兄弟として生きよ〟
> 『ゲルトルートはいかにその子を教えるか』より、一八〇一年

城の内部の博物館には、小さいがペスタロッチーの部屋もある。陳列してあるのは、授業中のペスタロッチーを描いた版画とその下のガラス箱の中には一八一九年に出版されたペスタロッチー全集、一八〇一年元旦の自筆の手紙、ノイホーフで子どもの使ったタオル等が収められている。

さて、人びとが注目したのは、この新しい学校がいったいどんな原理に則り、どんな教授法で子どもを教えるのであろうかということ、さらに学習効果をあげられるかということに向けられた。ペスタロッチーは、自らの教授法（メ

トーデ）の原理とその実際とを世界に向かって明らかにする必要があった。そこで、彼は一八〇二年の暮れ、パリに滞在していた折りに彼の教授法について一論文の起草を約束していた。ブルグドルフに帰って、この要請に応えて一八〇三年一月にパリーの友人に送った論文が「メトーデの本質と目的」（Wesen und Zweck der Methode）である。[12]

こうした時、親友のゲスナーから「いまこそ民衆教育についての君の考えを公表したまえ」と勧められた。

② ノイホーフの挫折の回顧〜民衆学校の失敗とその教訓〜

ペスタロッチーは、過ぎ去った苦難に充ちた日々を次のように回顧している。

「ああ、思えば長いことだった、青年時代からずっと私の心はあたかも激流のように、ただ一つの目的に向かって脈打ってきた。私のまわりの民衆が陥っていたあの不幸の源泉をせき止めたいという目標をめざして……。[13]」

ここで彼が言っているのは、ノイホーフにおける民衆学校のことである。一七七七〜七八年にかけて、彼の学校には三〇数名から多い時には八〇名にものぼる子どもたちが収容されていた。

基礎学習の指導にあたる教師、織り方・紡ぎ方の教師、実技の指導者、農民などの協力者と共に、ペスタロッチー夫妻は懸命に努力した。悪い馬鈴薯は自分が食べ、できるだけ良いものを子どもたちに食べさせた。「私は何年間も五〇人以上の乞食の子どもと一緒に暮らした。乏しいなかで私のパンを子どもたちとわかちあった。乞食に人間にふさわしい生き方をさせるにはどうしたらよいかを学ぶために、みずから乞食としての生活をしたのだった[14]」と、彼は当時を振り返って述べている。

彼のノイホーフの貧民学校の構想は、農業・工業・商業の三分野によって構成されていた。しかし、彼自身が反省しているように、これらの仕事について全くの素人であった。

破綻は、決して単に経済的側面においてだけみられたのではなかった。ペスタロッチーは、多くの子どもたちやその親たちからさえも手ひどい仕打ちを受けた。

乞食生活に慣れた子どもたちは、働くことを嫌い、学園の粗食を嫌がった。乞食をしていた時にはもっとうまいものにありつけたというのである。子どもたちの「物乞い」によって暮らしていた親たちもまた、子どもをペスタロッチーに奪われて不満であった。

親たちは、子どもたちに不満をあおり学園からの脱走を勧めた。親たちのたてる根拠なき悪評が学園の支援者たちにも及び、ペスタロッチーは、やがて物心ともに孤立することになった。こうして、一七八〇年希望に充ちて始まったノイホーフの学園の計画は、完全に挫折した。

しかし、彼はこの挫折から多くのことを学んだ。何よりも彼は民衆を知った。そして、民衆のあるがままの姿を知ることによって、ペスタロッチーは自分の試みの正しさを知りその必要性を深く確信したのであった。これが彼にとっては大きな収穫であった。

「私は失敗することによって、ますます私の目的の正しさを知った。……私はこの計画を進めるためのはかり知れない努力のなかで、底知れぬ真理を学んだのだ。この挫折によって、この計画は正しいのだという確信をますますもつに至ったのだ。……そして不幸な生活の真っただ中に身をおいて、私は民衆の不幸とその原因とを、いよいよ深く知ったのだ。[15]」

さらに、ペスタロッチーは、当時民衆のおかれている状況を次のように回顧している。

「私はまわりの民衆を誰ひとりとして知らなかったが、次第に民衆の真の姿を知ることができるようになった。彼らが木綿織物で多くの収益を得て挙げる喜びの声、だんだんと金持ちになり、新しい家を新築し、彼らの豪勢な収益などに私はだまされなかった。また、民衆学校の教師たちが、ソクラテスのやったような産婆術を試みているとか、村役人の子どもたちや、床屋仲間たちが読書会を開いているとかという話を聞かされても、そんなことには決してだまされはしなかった。[16]」

ペスタロッチーは、こうして当時の民衆生活の見せかけの繁栄や、民衆の暮らしのなかの見せかけの啓蒙の姿には、決してだまされなかった。そして、ペスタロッチーにとって明らかなことは、この見せかけの繁栄や軽薄な啓蒙のもとにおいて民衆は決して幸福になっていないという事実であった。こうした事実を気づけば気づくほど、彼は自身の無力さを感じずにいられなかった。

ところで、当時ヨーロッパ世界を激動させたフランス革命に対してペスタロッチーは、あくまで冷静に、しかし深い洞察心をこめて見守っていた。革命の動向は、彼自らの正義感や真理感には違和感を感じながらも、しかし自ら求める理想の幻滅に耐えかねて、旧体制の崩壊による新たな人権思想の台頭に期待を寄せるのであった。

③ シュタンツの孤児院の回想

シュタンツ孤児院へのペスタロッチーの赴任は、決して容易に決まったわけではない。孤児院の設置場所にしても地元との混乱があった。結局、最終的にペスタロッチーに決まったのは一七九八年一二月五日であった。ペスタロッチーは早くも一二月七日に着任した。約半年孤児たちと共に、苦闘に充ちた生活が始まったのである。

「私がシュタンツを去ったのは、私自身瀕死の状態であったにもかかわらず、決して私の勝手な決断によるものでもなく、むしろ軍の措置によるものだった。またその結果、私の試みの続行が一時全く不可能になってしまったという事情によるものだった。しかし、人びとは私がシュタンツを去るや、私には粘り強くことを運ぶ才覚や才能がないという昔ながらの評判をまたもやたて始めたのだった。……[17]」

ペスタロッチーはこのような辛い経験を経て、彼自身多くのことを学んだ。このことは、私たちにとっても重要な意味をもっている。

シュタンツでの彼の実践は、やがてブルグドルフでの教育事業に継承され発展するのである。ペスタロッチーが、シュタンツにおける孤児たちと共に生活した経験から学び取った確信は、要約すると次のようであった。

一、ペスタロッチーは一人で数十名の子どもたちを教えなければならなかったが、学級の秩序を保ち、学習効果を挙げるための工夫として、書いたり描いたりしながらの一斉復唱、石盤の利用、相互学習（教え合い学習）などが有効であるということ。

二、伝統的な学校教育は、言葉や文字を、理由なく不当に重視してきた。言葉（文字）本位の学習は、事物認識（直観）の能力にとって有害であり、子どもを消極的にする。それは真の民衆陶冶にとって無縁である。

三、単純化された教材に即して、基礎的な認識能力を育て、これを確りと身につけさせることが大切である。それが子どもに生きる力（自信）を与え、学習への興味・関心を喚起し積極的な意欲を育てた。

四、教え方の工夫（技術）によって、誰でも学ぶことができ、向上することができるのであって、誰でも人は、内面に無限の可能性を秘めているのであって、決して民衆に能力が欠けているのではない。(18)

ペスタロッチーは、シュタンツでの苦悩に充ちた経験によって、民衆の向上への無限の可能性を信ずることができた。これがシュタンツにおける最大の収穫であった。民衆を軽蔑しばかにし民衆の教化を嘲笑した人びとへの憤りを感じ得なかった。また、そのような主張を裏づけてきた古き伝統的学校教育への弾劾の叫びを、ペスタロッチーは挙げざるを得なかった。だがしかし、ペスタロッチーが民衆教化のための「術」（方法＝Kunst）の可能性を少なくともその脈絡をとらえたと自覚しはじめた時、彼はシュタンツを去らなければならなかった。

④ ブルグドルフでの教授法の原則の確立

ペスタロッチーの親友フィッシャー（J. R. Fischer 1772-1800）は、ペスタロッチーの方法の《基本原則》は、おおむね次の五点である、と指摘している。[19]

第一に、彼は精神の諸能力を内容的に高めようとしているのであって、単に外延的に表象を増やそうとしているのではない。ペスタロッチーは、これをさまざまな方法で達成しようと望んでいた。単語、説明、命題、やや長い文などを、大声で繰り返して子どもに言って聞かせ、それから子どもたちにそれを復唱させることによって、彼は子どもたちの器官を発達させ、子どもたちの注意力や記憶力を訓練しようとしていた。

第二に、彼はその教授を完全に言語に結び付けていた。ペスタロッチーは自然の実際の直観だけでなく、言語もまた私たち人類の基本的な認識手段であると考えていた。

第三に、ペスタロッチーは精神のあらゆる作用に基本事項か、分類項目か、それとも指導理念かを与えるように努力していた。

第四に、彼は教授（Lehren）と学習（Lernen）のメカニズムを単純化しようとしていた。

第五の原則は、この原則と関連している。つまりペスタロッチーは学問を民衆に広めようとしていた。つまり彼は、自立的で賢明な生活をするために、万人が必要とするところの洞察力と思考力の基本を全面的に追求しようと努力していた。学問をパンに飢えた貧しい人びとの見せかけばかりの《おもちゃ》とするのではなく、《学問》をパンに飢えた貧しい人びとに、真理と知恵の最初の基礎を与えることによって、学問が彼らの無知（Unwissenheit）および他人の悪知恵（狡猾さ）（Schlauheit）の不幸な《おもちゃ》になる危険を取り除くことをペスタロッチーは望んでいたのである。

この目的は、教科書を用意することによって、果たされるべきものであった。ペスタロッチーは彼の著述からの収入を、彼の計画の実現ために、立案中の研究所、学校、孤児院建設の具体化のために向けた。

以上、五点についてフィッシャーは、ペスタロッチーの教育事業について述べている。ペスタロッチーは、次のようにフィッシャーに感謝の念をあらわし、彼の死を悼みつつ新たに未来への出発の決意を示して、第一の書簡を終わっている。

「彼の手紙は、全体として、彼が真理を尊敬する、たとえそれが夜の衣をつけていようとも、またそれが実際に陰で包まれていようとも、真理を尊敬する立派な人物であることを示している。彼はシュタンツで私と子どもの姿を見て感動した。その光景が彼に与えた印象以来、彼は私の一挙手一投足に、真剣な注意を払ってきたのだった。しかし、フィッシャーは、私の試みが成果を挙げる前に他界してしまった。もしも、この成果を彼がみておれば、私のこの試みについて多くのことを認知したであろう。悲しみのなかで、彼の死が私に新しい時代を創出する勇気と希望を与えてくれたのだ。[20]」

フィッシャーの人柄を讃え、その死を惜しむ言葉でもって、ペスタロッチーは、親友フィッシャーの死によって、ブルグドルフにおける彼の仕事は新しい局面が拓かれるのである。ここで、第一の書簡は終わっている。

(2) 第二の書簡～回想 その二、協力者たち～

第二の書簡で、ペスタロッチーがまず紹介する協力者は、クリューズィ（Hermann Krüsi 1775-1844）である。このクリューズィを通して彼はトーブラー（Joh Georg Tobler 1769-1843）やブース（Joh Christoph Buss 1776-1855）とも知り合い、緊密な協力関係を結ぶことになる。

① クリューズィがペスタロッチーから学んだ教育原理について

とりわけ、クリューズィのペスタロッチーへの傾倒は深まっていった。ペスタロッチー自身は、次のように語っている。

（一）決して忘れられないほど印象づけられ、よく配列された語彙集をしっかり覚え込ませれば、あらゆる種類の知識に対しても、一般的な基礎となり、これによってあらゆる知的分野においても、明確な概念に達することができる。
（二）線（Linie）、角（Winkel）、弧（Bogen）を書く練習は、事物を正確に見たり、描いたりするのに役立つ。これを何度もやれば、子どもたちのすべての物に対する直観（Anschauung）は確かなものになる。
（三）子どもたちと共に初期の計算練習をする場合、実物ないし実物に代わる物を用いて練習をさせることは、計算の基礎を一般的に確実なものにし、それ以後の計算の進歩を過ちや混乱から守ることになる。
（四）歩く・立つ・横たわるなど具体的なことを暗誦させたり、記述させたりすることによって、あらゆる概念を次第に明瞭にして行くこと、クリューズィは悟った。経験に基づいて言い現す力、子どもたちが自分の直観的認識によって、統一的に、確実に、簡潔に総合的にとらえるための能力を獲得できるに違いないということに、彼は気づいた。
（五）直観から湧きでてくる真理は、偏見や誤謬が人間の魂に対して苦しい弁解や種々の雑多な策動を無用にする、というのは、そのような真理は、偏見や誤謬が人間の魂に侵入するのを、多くの面で自力によってくい止める力を人間に与えるからである。
（六）われわれの感覚を通して生まれる認識の全領域は、自然に対する注意深さと、我々が認識したものを熱意を持って採取し、保持しようとする熱意にかかっているものである[21]。

彼は、自分の教育方法が、《自然と調和していること》をはっきりと認識し、次のことを彼に完全に確信させるに至った。

「すべての知識の基礎は教師（Schulmeister）が、ただそれらの手段の使い方さえ、学ぶならばそれを手引きとして自分自身も、また子どもたちをも、教育指導（Unterricht）によって目標とされているあらゆる知識へ高めることができるように、それらの教育方法を結合することである。したがって、このやり方によれば、子どもたちにあらゆる知識の基礎を得させるためにも、また両親や教師を、彼らにこれらの教育方法を共に練習させることによって、彼らに十分な内心の独立を得させるためにも、学識は必要ではなく、ただ常識とこの方法に習熟することだけが求められるだけだ。[22]」

さらに、このことに関連して、クリューズィは、学識ではなくてむしろ《健全な思慮分別》をもつことと、さらに子どもをあらゆる知識に導き得るような教育方法に習熟することであるという確信をもつに至ったのである。

クリューズィは、ペスタロッチーに出会う前、六年間も村落学校の教師（sechs Jhre Dorfschulemeister）として、年齢も違う多くの子どもたちを指導してきたが、ペスタロッチーの学校のように、子どもたちが、その能力を確実で柔軟に発達させる事例を知らなかった。

そこでクリューズィが気づいたことは、次の二点であった。[23]

第一に、最も簡単なことから始めて、これをわかり易く子どもたちにマスターさせ、徐々に前進させながら付け加えていく、という原則は子どもたちに内面に、学びの喜びを目覚まさせ生き生きとさせるものなのだ。

第二に、読み方授業のさいにペスタロッチーが子どもたちに示す「ことば」や「絵」は、子どもたちにすぐ理解できる単純なものであるからこそ、将来の判断や推理の確かな手がかりとなるということ。

② トーブラーが、ペスタロッチーから学んだこと

トーブラーは、バーゼルにある名門の家庭で五年間も家庭教師をしていた。彼のこのような経歴と関連させて、ペスタロッチーの事業の状態に関して次のように語っている。

「私は六年間の努力にもかかわらず、私の教育の成果、自分の期待していたところまで達していないことに気づいた。子どもたちの内的な諸能力は、私の努力の割りには向上していなかった。……私はこの時代の最善の教科書を用いた。それにもかかわらず、子どもたちの理解を越える言葉や概念に埋められていて、とうてい子どもたちの力とはならなかった。……私は自分の幼い生徒には直観的表象（例えば絵や実物）を示すように、また年長の生徒には産婆術的方法（durch Sokratisiren）で彼らに明瞭な概念をつかませるという試みをしてみたが、言語認識を着実に育てる本がないため、結局、両方とも成功しなかった。そして彼は、この自分の悩みや困惑が、決して自分ひとりのものではないことを知り、特に熱心な下級学校の教師たちが、この点について感じている困難さは、二倍も十倍も重く彼らにのしかかってくるに違いない、と私は感じた。[24]」

トーブラーは、教育制度全体に及ぶこの欠陥を埋めるための方策を追求しようとするが、やがて彼が一生かかっても目標を達成することはできないと感じていた。そんな時、彼はフィッシャーとの文通によって、ペスタロッチーの方法を知るのである。

そしてトーブラーはペスタロッチーが、自分のような体系的で学問的な方法によることなしに、自分の求めている目標に到達するかもしれないと感じた。それはペスタロッチーが既成の方法や技術にはまったく拘束されていないように思われたからである。

とりわけ、トーブラーはペスタロッチーの方法における次の原理、すなわち「母親が、自然によって明確に定められているその使命を再び果たせるようにと、母親を教育するというペスタロッチーの方法上の原理が、彼を引き付けたのである。彼自身の仕事もまた、まったく同じ原理から始められたものであった[25]」。

バーゼル（Basel）に来たクリューズィの説明を聞き、またその実地の授業を見ることによって、それからまたクジユージが持参した若干の教材類に接することによって、トーブラーは、ペスタロッチーの方法が卓越しているという信念をいっそう強くしたので、ためらう事なくペスタロッチーの申し出に応じた。ブルグドルフに来て、トーブラーはやはり来てよかったと思ったと言っている。

「私はブルグドルフに来た。そして着いたとたんに、この始められたばかりの仕事が私の期待に添うものであることを知った。子どもたちの見るからにすばらしい、そして全面的に発達した能力、この能力を生み出した教育方法の素朴さと多様さ、それが私を驚かせました。これまでの伝統的な教授法、いっさいに対する彼のまったくの無関心さ、彼が子どもに示す絵の素朴さ、彼の教育方法の内容はいくつかの部分にはっきり分かれ、それが別々の機会に積極的な方法によって習得されて行くように仕組まれていた。彼の教育方法の内部分類の見事さ、複雑なもの、混乱したものすべてを避け、あらゆる力の強化をひたすらめざす彼の無言の働きかけ、……とりわけ彼の教育方法のいくつかが、あたかも新しい創造物のように、人為的技巧と人間の本性という源から自然と湧き出てくるように、私には思われたあの力強さ、これらすべてのものが、ひときわ強く私の注意をひきつけた。[26]」

ペスタロッチーが、このように多くの試みによって、子どもの内面に秘められている無限の可能性を開花させることや、これらの方法の実施を促したところの根拠や原理を解明することを、ひたすら求めているということを、とりわけ子どもの受容能力（感覚能力）一般の育成に関わっているのだということが、トーブラーには深く理解できたのである。

さらに、トーブラーは「彼（ペスタロッチー）の試みが、秀れているという私の確信は、日毎に強まってきた。……母親たちが自然によってはっきりと定められた使命を再び果たすことができるように教育することは、実際可能であるという確信をもつに至ったのだ。

要するに、私は、私が教職経験の初期に非常に熱意でもって私の内から培ったところの、経験を重ねるうちに、現代風の教育技術やら、教具、教材やらに圧倒されてほとんど失いかけていたところの信念を、つまり人類を高貴なものにすることは可能であるという信念を、ここでの全体の印象によって、一貫して変わらなかったここでの見解の結果によって、再び私の心の中に打ち立てるに至ったのである」[27]と述べ、このトーブラーの言葉でもって、第二の書簡は終わっている。

(3) 第三の書簡〜回想 その三〜

① 有能な協力者たち

第三の書簡では、親友ゲスナーに対して、主としてブースの紹介をしている。まず、ペスタロッチーは、冒頭次のように述べている。

「今度はブースの意見をお伝えしよう。ゲスナー君よ、下層階級の人びとのなかに潜んでいる諸能力について、私がどのように評価しているかは、あなたもご存じだ。ブースはまさに私のこうした意見を正当づけてくれる生き証人だ。[28]」

さらに続けて、ゲスナーに語りかけている。

「愛する友（ゲスナー）よ、世界は有能な人に満ちている。だが有能な人間を掘り出す人びとを欠いているのだ。人間の有能さについての考えを自分自身の心のうちに閉じ込めてしまっているのだ。[29]」

つまり、ペスタロッチーは、恵まれない家庭の子どもたちや、間違った教育のためにせっかくの素晴らしい才能を発揮することのできなかった多くの人びとに思いを馳せているのである。クルューズィやトーブラー、そしてブースの成長ぶりをみるにつけても、ペスタロッチーは古き教育の誤りを痛感しないわけにはいかなかったのである。この彼の気持ちが第四の書簡以下における激しい旧教育の批判につながってゆくのである。

トーブラーは、少年時代、家が貧しくて勉強する機会がなかったが、二二歳のとき、突然、神学を志し、熱心に書物に取り組んだ。生活の糧をうるために家庭教師をして学問を続けた。しかし、彼はやがて身につけた知識が、彼の人間としての発達にとっていかに無力であるかということを悟ったのであった。

そして、ペスタロッチーは、もしトーブラーが困難な初歩の基礎的学習さえやれば、彼が身につけている知識と相まって、上級学年の学習指導法の開拓に進む可能性があると、その才能の開花に期待しているのである。

さらに、クリューズィについては、ペスタロッチーは、その卓越した能力が「方法」を身につけることによって初めて発揮され、申し分のない教師になったことを認めたのである。

② ブースの紹介

ブースは、ドイツのチュービンゲン（Tübingen）に生まれ、父は神学校に勤め校内に住んでいた。既に、三歳のころからラテン語学校に通い、八歳の時にピアノを習い一二歳の時には教えられるくらいまで上達していた。一一歳の時には絵を習い始めている。こうして彼は一三歳になった時、進路を決めなくてはならない年齢になっていた。両親の希望は、シュツットガルト（Stüttgard）に新設された学芸アカデミーか、チュービンゲン大学に、入学をさせることであった。ブース自身も強く進学を希望していた。ブースは当時のことを次のように回顧している。

「このアカデミーは、あらゆる階層の出身者が、有料であるいは授業料免除で、入学を許可されていたのだ。しかし、私の両親の資力では、私の授業料を払うことはできなかった。そこでアカデミーに授業料免除で入学許可を求めたが、これは学長自身の署名入りの拒絶の通知と一緒に送り返されてきた。その拒絶の通知は、中、下層市民、農民層子弟をすべて大学進学から締め出す規定だった。それと共に、私は大学進学の意欲もすっかり消滅してしまった。そして私は自分のすべての力を絵画に注いだ。しかし、それも半年あまりでできなくなった。製本工場の徒弟として働かなければならなかった。一生懸命手仕事に打ち込んだ。私は少年時代の夢にまつわる思い出の一切を、私自身の心から消し去るために、夢中で働いた。それは、言いようもなく悔しく不満だった。[30]」

ブースは、下層階級の出身だからという理由だけで、教育を受ける道を閉ざされ、少年時代の大部分をその実現のために費やした希望や抱負を彼から奪い去った権力の横暴に対する激情が募ってくるのを、ブース自身どうしようもなかった。

彼は旅に出た。しかし、彼の心は少しも癒されなかった。転々と仕事を変えるなかで、音楽や絵をもっと練習したいと思った。そうした時、「私はトーブラーと知り合いになった。ペスタロッチーが新しく構想している教授方法には、図画と音楽のわかる人間が必要だと、クリューズィが言ったとき、トーブラーはすぐに私のことを思い出してくれたのだ」と、[31]ペスタロッチーとの出会いを述べている。

③ ペスタロッチーとの出会い

ブースは、ペスタロッチーがどんな人であるのか、自分で確かめようとして、ブルグドルフにやってきた。ペスタロッチーに初めて会った時の印象をこう語っている。

「初対面のペスタロッチーは、やはり私の想像したとおりだった。ズリ落ちた靴下……それは見るからに埃っぽく、ひどくほころびてた……、彼は二階の部屋から私の方に降りて来た。この瞬間に私の受けた感じは、それを表現する言葉を知らないほど、彼の姿はいたわしいという感じであった。……この人がペスタロッチーなんだ、目の前にいる人が！　その人の良さ、初対面を喜ぶ彼の様子、その偉ぶらない態度、その素朴さ、そして、私の前に立つそのボロ姿、これらすべてが、たちどころに私を魅了してしまった。今までこんな感動させられた人に会ったことがなかった。また、これほど私に信頼の気持ちを起こさせた人もなかった。[32]」

④ ブースの学んだこと

ブースは、ペスタロッチーとの出会いによって、多くのことを学んだ。

「ペスタロッチーの《直観のＡＢＣ》とは、《線（Linien）、角（Winkel）、弧（Bogen）こそ、図画の基本である》、と言ったとき、ペスタロッチーが何を言おうとしているのか、全く解らなかった。ペスタロッチーは、それを説明しようとして、私にこう言った《人間の精神は図画においても、曖昧な直観から明瞭な概念へと高められなければなりません》。[33]」

この原則こそが、ペスタロッチー教育方法の根本であった。ブースは、また次のように述べている。

「私は、自然の歩みと完全に一致しているということ、また、Kunst（方法・技術・テクニック）というものが、人間の素質の発展を本質的に促進する仕方で、人間の精神に対して働きかけるように、自然を仕向けるためのものであり、その限りにおいて方法（Kunst）は必要である、ということを理解しました。《直観のＡＢＣ》は、直観の対象あるいは教授術（Kunst）の対象について、正確な言語表現を子どもに与えるものであるということ、そしてこの言語表現の習得に比例して、子どもは対象を正確に認識したり、比較することが、だんだんと厳密にできるようになることを私は知ったのだった。さらに、この方法が他の教科においても、算数や言語についても全く同じように有効であることを知った。[34]」

ペスタロッチーの方法は、その効果を人間の精神に及ぼして、子どもに自助の能力、つまり自主的に学習していく能力を育むものであるという確信をブースはもつのである。

「ペスタロッチーの《方法（Die ganze Methode）》の一切は、初歩点という糸口を握ってしまいさえすれば、誰にとっても遊戯のようにやさしいもので、もう迷路に踏み込むことはありえないのだ。[35]」

さらに、ブースは、最後に言っている。

「私はこの方法を知ったお陰で、少年時代の明るさと力を、再び取り戻した。それに、私はずっと以前から、夢と思っていたところの希望（Hoffnungen）、この私や、人類にとっての希望が再びよみがえってきた。[36]」

ペスタロッチーは、彼の弟子ともいえるクリューズィ、トーブラー、ブースと共に伝統的学校教育における階級的特権を批判し打破して、教育の門戸を広く民衆一般に、解放し、下層階級の子どもでも学べる民衆教育の具体的実現に取り組んでいったのである。

⑤ 新たな教授法の開発

その成果は、一八〇〇年の夏、ステープラー大臣（P. A. Stapter　1766–1840）の肝入りでできた「教育の友の会」は、ペスタロッチーの民衆教育の「方法」について調査し、その報告書を提出している。

ペスタロッチーの愛弟子であったドゥ・ガン（Roger de guimps　1812–1894）は、『ペスタロッチ伝、その生涯と思想』のなかで述べている。[37]

「われわれが第一に気づいたことは、ペスタロッチーの学校の子どもたちが、驚くほど速やかに、また極めて完全に《綴ること》《読むこと》《書くこと》《計算すること》を学習することでありました。彼らはそれらの教科において、どこの村の学校教師でも三年かかって彼らを高めうる段階まで、わずか半年で達することができた。……しかし、われわれは、教師その人がこの驚くべき現象を引き起こしたとは思わなかった。われわれは教授法そのものに原因があると考えた。では、この教授法の本質は何か、それは自然にのみ援助を求め、自然を真の教師とするところにある。いくらか学問的に表現するならば、こんなふうに言ってもよいだろう。すなわち、この教授法の本質は、ただ直観のみから出発して、子どもを次第に、そして自ずから抽象概念に導いてゆくところにあると。この教授法には、もう一つの長所がある。どんな場合にも決して教師というものを優れたものとは認めさせないという点である。つまり、教師は、決してより高い種類の人間ではなく、愛すべき自然のごとく、子どもと共に存在し、生活すること、あたかも自己の同輩に対するが如くであって、子どもに何かを教えるというよりも、むしろ子どもから学ぶように見える、ということだ。」

さて、ペスタロッチーは、第三の書簡の終わりに次のように述べている。

「私はここに次の一言だけ言い添えておかなければならない。この方法を知って、私は青年期にもっていたあの快活さと力強さとを大部分再び取り戻すことができ、私が長い間かつ今日まで夢と考え、躍る胸を抑えながら棄てさろうとしてきた希望、あの私と人類との希望もふたたびよみがえってきたということだ。(38)」

4 『知識の陶冶』その一…（第四・五・六の書簡）

(1) 第四の書簡～本論　その一～

第四の書簡から第六の書簡まで、本書の総論であり最も重要な部分である。すなわち、ペスタロッチーはこの書において何よりもまず民衆教育の解放のために全力を尽くしている。

① 授業改革（教育改革）

ペスタロッチーの直接みた当時の学校は、子どもが入学すると同時に、彼らを文字の世界に引き入れ、それによって「直観なき概念」の世界に導き入れ、しかも学校生活が終わるまでそのなかに閉じ込めておくが、それがペスタロッチーには許すべからざる犯罪だと思われた。それは、教育は子どもたちにとっては苦心惨たんたるもので文字の学習から始められ、最後にはキリスト教問答書の機械的な読みと無理解な暗唱とが強制される。それはまさに、わが国の第二次世界大戦前の天皇制国家主義教育体制下における小学校で『教育勅語』を暗記したように、ペスタロッチーはこの非教育的な学校を激しく呪った。

ここでは、彼の仕事を歴史的に評価するため極めて重要な叙述が含まれているばかりでなく、特に第四の書簡には、この書で最も強く読者に感動をさそう部分がある。

彼は、まず自己自身の《授業改革》という仕事の歴史的意義を次のように説明している。

「シュタンツを去ってからというもの、あんなふうにして追い払われ、疲れきっていたものだから、私の昔ながらの民衆教育計画の理念（die Ideen meiner alten Volkserziehungspläne）さえ私自身のなかで萎縮しはじめていた。[39]」

一九世紀初頭のこの時代は、啓蒙思想の影響のもとに民衆の間に教育への期待が溢れていた。しかし、高等教育、中等教育そして、初等教育さえも、民衆はひじょうな熱意でもってこれを支持し、推進しようとしていた。

ルソー（Jean Jacques Rousseau　1712–1778）の『エミール』（*Emile*）やその強い影響の下にあった汎愛派のバセドウ（Johannes Bernhard Basedow　1724–1790）、ザルツマン（Christian Gotthilf Salzmann　1744–1811）の、啓蒙的教育書、特にザルツマンが民衆に読まれた時代であった。

ペスタロッチーの『リーンハルトとゲルトルート』（*Lienhard und Gertrud, Ein Buch für das Volk*）が多くの人に読まれたのもこのような時代思潮のなかのことであった。「世界の半分が、教育改革という目的のために立ち上がっていた時代でもあった[40]」。

啓蒙の世紀を経て、高等教育も中等段階の教育も、さらに初等段階の教育でさえも勤勉と誠実さをもって進められており、その功績や成果は実に素晴らしいものであった。

だが、「しかしながら教育制度全体として……現実の学校教育は、私がその実態を見る限りでは社会全体にとっても、最下層の民衆にとっても、全く何の役にも立っていないということを率直に認めざるをえなかった[41]」。

この時代の思潮を受けて、学問や教育のレベルは驚くほど高まってきているが、この学問や教育は、一人ひとりの民衆の生きる力を担っているのであろうか、本当に幸福にしているのであろうか、ペスタロッチーは、この大きな疑問に打ち当たる。彼は、次のようにその心情を語っている。

「学校はあたかも次のような一軒の大きな家のように私には見えた。つまり、この家の最上階では、確かに立派で申し分のない学術が栄えているが、そこに住んでいる人はほんの僅かだ。真ん中の階には、もう少したくさんの人が住んでいるが、この階の人には人間らしく階段を上がって行こうとしてもそのための階段がないのだ。かといって、もし彼らが無理やりによじ登ろうとする気配をみせると、人びとは、そんなことができないように、あらかじめ彼らの腕や脚を叩き折ってしまうのだ。しかも第三の階にはものすごくたくさんの人間がうじゃうじゃと住んでいる。この階に住んでいる人間だって上の階に住んでいる人間と全く同じように、太陽の光を仰ぎ、健康な空気を吸う権利をもっているのだ。ところが彼らは、窓もない穴蔵の薄気味悪い暗がりのなかに置かれているのだ。そればかりでなく、もし彼らが上の階の学術の輝きをのぞこうとして、ほんのちょっとでも思い切って頭を持ち上げたりすると、人びとはたちまち無理やりにその眼玉をくりぬいてしまうのだ。[42]」

そして、さらにペスタロッチーは当時の学校の在り方をこう激しく批判している。

「親愛なるゲスナー君よ、こうした事態を見て、私は否応なしに次のような確信をもつに至ったのだ。ヨーロッパの多くの人間を無気力にしている《学校悪（die Schulübel)》というものを、単に表面的に繕うのではなく、その根底から矯正することが肝心でもあり、緊急でもあるのだ。……つまり、人間の精神が感性的な直観から明晰な概念へと高まってゆくその過程を支配する普遍的な法則にしたがって、教育指導の機械的な形式を定めるところまでいかなければ、学校悪を抜本的に排除することは不可能であるという感情が日々に大きくなった。……教育指導の根本原則を全面的に自然の歩みと一致させるようにすることがどうしても必要だと解った。[43]」

ペスタロッチーは、身分差別的学校教育がヨーロッパの青少年たちから未来への明るい希望を奪い去り、彼らを無力にしてしまっている現実を呪った。既に述べたようにブースもその被害者の一人であり、クリューズィやトーブラーも例外ではなかった。

「友よ、人間は善であり、善を求めている。人間が善を行うときには、ひたすら幸福を求めているのだ。そして、もし彼が悪であるならば、それは人びとが善に志す彼の道を塞いでしまっているからだ。」(44)

② 教授法の五原則

ペスタロッチーは、授業の技術が、教材の選択や配列に関して、基本的原則を示しているのだと、確信していた。そして、教授法の五つの原則を次のような提案をしている。(45)

(一) ゲスナー君は、なにか複雑なものの認識に進む前に、まず君の直観を整理しなさい。そして単純なものの直観を仕上げよ。どんな領域の認識の《術(Kunst)》であれ、認識の段階を整えるように努力せよ。
(二) さらに、本質的に互いに関係しあっているすべての事物は、それが自然の秩序のなかで現実にもっている関係と全く同じ関係で君の精神のなかに持ち込むこと。……
(三) 他のものより重要な対象は、《術》によってもっと君に近づけ、いろいろの感性を通して君に作用させるという仕方で、その印象を強め、かつ明瞭にせよ。……君の直観において君の職業陶冶(Berufsbildung)において、そして君の徳性において、一切の確かさを決めるということを決して忘れてはならない。
(四) 物理的自然(physischen Natur)の一切の活動は、必然的なものと見なせ。……
(五) しかし、物理的必然性の成果が豊かで多面的な魅力や応用の可能性が在ると、その成果に自由と自律の印象を広く帯びさせるものだ……。(46) 人間の自然の本性の発達を支配するこの五つの法則はすべて、それがどこまで広がろうと、一つの中心点をめぐって広がっていくのだ。

われわれ一人ひとりを中心として自然は広がっていくのだ。ここにペスタロッチーの人間観・世界観が表現されている。第四信の終わりに、彼はこう付け加えているのである。

「友よ、私が現にそうであるところのすべて、私が意志するところのすべて、私が為すべきところのすべて、これらのすべては私自身がその出発点なのです。私の認識もまた私自身がその出発点であるべきではないだろうか。[47]」

私たちは、ペスタロッチーが一八〇〇年に著した『メトーデ（人間教育の序説）』の論述の中で、『ゲルトルートはいかにしてその子を教えるか』の内容を予見することができる。[48]

(2) 第五の書簡～本論　その二～

ペスタロッチーは、冒頭「私はあなたに、一般的心理学的教授法について命題を提言してきました。これらの命題では十分ではない。……[49]」と自ら反省している。彼は、人間の知識の自然的な源泉を探究しようとしている。そこで、自然の法則の本質について三通り源泉を提案している。

ペスタロッチーは、人間教育の根本思想を自然の法則の本質に基づいて、明らかにしようと努力している。自然の法則は、《三通りの源泉》をもつと考えている。彼は人間のあらゆる精神活動（認識）を可能にする最も中心的な力を《直観》と呼んでいる。[50]《直観》の三つの源泉について次のように説明している。

第一の源泉は、自然そのものであり、われわれの精神を漠然とした《直観から明瞭な概念》まで高めるところのものは、自然そのものである。自然という源泉から、次の根本命題が出てくる。

（一）われわれが自然の事象を正しく明確に認識するのは感覚によるのである。
（二）人間の精神に深く刻みこまれて、忘れ難くなった直観は、どんな直観であれ、その直観には、この直観と多かれ少なかれ関連している副次的な諸概念の全系列が、極めて自然に結び付けられているものである。

（三）ある事柄の本質的な属性が、その偶然的な属性よりもはるかに強力に君の精神に刻みこまれた時、おのずと君の精神の組織は、正確に見ることができるであろう。

（四）本質を同じくする諸対象を集めて整理することによって、君はこれらの諸対象を、より広い見地から、より厳密に、確実に考察することができ、その本質を正しく把握できる。人間がもし事物について、このように総合的、かつ一般的な見方を身につければ、個別的、非本質的な見たによって惑わされる恐れはなくなる。

（五）この上なく錯綜していると思われる《直観》でも、単純な基本要素から成っているのだからそれをとらえてはっきりさせれば、単純な直観になる。

（六）事物の本質あるいは現象を研究するにあたって、多くの感覚を働かせればするほど、その事物についての君の認識は、より正しいものになる[51]。

ペスタロッチーは、私たちの鋭敏な全感覚によって事物を認識するのだという。すべての《五官》による対象の認識であり、全人格による認識、つまり《全人教育》である。

第二の源泉は、直観能力と全面的に関わっているところの、人間の自然本性の感性である。この感性は、一つは探求心であって、対象のすべてを知ろうとする積極的な力である。他方は、探求心を静めて対象と一体化し、あるがままを受容しようとする傾向である。

前者は、人間の探求心の感性的基礎として、後者は判断における冷静な感性的な基礎として見た場合、人間の認識を正しく支えるものとしてとらえることができる。

第三の源泉は、「人間の外的境遇と、人間の認識能力との係わりのなかに求められる」。これは人間の真理認識の具体的条件を述べたものである。人間は、めいめいが生まれ育った家庭や地域のなかで生活する。これが人間の《生活圏》である。人間はこの生活圏のなかで暮らす。そこでの混沌とした《直観》のなかで、術（Kunst）による整理が必要となってくる。

ペスタロッチーは、外的事象を全人格的な感性によって認識したものを、いかに整理し「生きる力」とするか、さらに深く具体的な探究については、第六の書簡で述べている。

(3) 第六の書簡～本論 その三～

ペスタロッチーは、第六の書簡で本論の締めくくりをしている。

① 知識・技術の基本要素

彼は、第四・五の書簡で、人間の精神の自然のシステムの諸原理を明らかにしてきた。まず、冒頭親友のゲスナーに、今までの苦労を語りかけている。

「親愛なる友よ、私の仕事の理論を明らかにするために、私がどんなに苦労しているかということくらいあなたもわかってくれるだろう。私は、私の計画を実践していくに当たって、七面倒くさい哲学など、というものは一切必要としなかった。しかし、私は、私の活動する場において、全神経を最高度に一瞬一瞬を緊張させて生きてきた。私は自分が何を望んでいるかを知っていた。私は明日のことを思いわずらいはしなかったが、何時いかなる時も、今必要なものは何かということはわきまえていた。[52]」

ペスタロッチーは、ここまでに至るプロセスを振り返って、自分の陥った誤りを正直に告白し、自分の教育方法の原理を一層よく読者に理解させようと試みている。

「私の教育方法の原理・原則を、そのまま教科に、つまり人類が、人類の素質を発展させるため幾千年の経験から手に入れたところのもの、そして私があらゆる技術（Kunst）と、あらゆる知識の基本と見なしていたところのもの、つまり《書き方（Schreiben）》《読み方（Lesen）》《算術（Rechnen）》などに適用しさえすればよい、と考えた。(53)」

② 人間の精神発達の普遍的形式

ペスタロッチーは、教授の課題について次のように述べている。

「私は長い間、授業（Unterricht）のこのような技術手段（Kunstmittel）すべてについての普遍的な、心理学的な根拠を探し求めた。というのは、自然そのものの本質に即する人間形成の形式を見いだすためには、それ以外にさらに方法はないと確信していたからだ。(54)」

さらに、授業の心理学的根拠は、「すべて《悟性（Verstand）》の成果である。それは《成熟した直観》によってつくり出された成果である。」「したがって、授業の根本原理は、人間の精神的発達の不変の根本形式から導き出されなければならない。(55)」「授業の方法（Kunst）は、次のようにすすめるのだ。入り乱れて流れ込む《直観の対象》を、一つ一つわれわれの前に示し、そこからバラバラにされた直観の対象をさまざまに変化する状態において観察し、そして最後にそれを、われわれの既にもっている知識の総体に結び付けるのであると、このようにして、われわれの《認識》は、《錯綜》から《明確》へ、《明確》から《明瞭》へ、明瞭から《明晰》へと進んでいく(56)」と述べている。

つまり、ペスタロッチーの考える教授の課題は、まず漠然とした直観を整理し、分類して、明瞭、明晰な疑念とし、確かな系統的知識を増殖していくことと考えているのである。

私たちはここで、ヘルバルト（Herbart）の《明瞭・連合・系統・方法》という認識の四段階説が、不十分ながらも既に明らかに萌芽していることを知るのである。

③　認識の原則としての《全人教育》

ペスタロッチーは、認識の原則として五官による《全人教育》を提唱している。認識の明瞭さというものは、私たちの感覚に触れる対象物と私たちの間の距離の遠近によって決まる、これが自然の大原則である。「物理的に生きる存在（生物）としての人間は、五官以外の何者でもないのである」[57]。つまり総体としての人間、それは《全人》としての存在である。いっさいの外的対象物が、この人間の五官よって認識されるのである。

ペスタロッチーによれば、人間にとって最も明晰に直観しうるものは、自己自身の五官であり、《総体としての人間存在》であり、《全人》であり、自己自身であるということになる。

つまり「真理の認識は、人間の場合、かれ自身についての認識から出発する」ということが、最も自明の原理となる。

④　真理の認識へ…形、数、言語

真理の認識に至るためには、人間自身にとって、次のような能力が身についていることが必要であると、ペスタロッチーはいう。

① いろいろな対象を、《形・Form》の違いによって見分け、その内容を思い浮かべる能力
② これらの諸対象を《数・Zahl》によって区別し……明確に思い浮かべる能力
③ いくつあるのか、どんな形をしているのか、ということがわかっている対象をさらに《言語・Sprache》によって思い浮かべ、その記憶を確実にする能力

そこでペスタロッチーは、次のように判断した。《数》《形》および《言語》は、いずれも（Unterricht）の基礎手段

である。

授業（Unterricht）における認識のプロセスを、ペスタロッチーは次のようにとらえている。

「ある対象の外面的属性はすべて、その最も本質的な属性である輪郭の《形》において、および《数》の関係において統一され、さらに《言語》によって、《私の意識》に保存されることになるからである。[58]

「技術（Kunst）は、数・形・語というこの三つの基礎から出発して、次のような作用を行うことを、技術による陶冶（Bildung）の不動の原則にしなければならぬ。

（一）子どもたちの意識にのぼるどんな対象であれ、単一体として……把握するように、子どもたちに教えること

（二）どんな対象であれ、その形を、つまり大きさや割合を知るように、子どもたちに教えること

（三）できるだけ早く、子どもたちが見知っているすべての対象を示す《語》や《名前》を、あますところなく子どもたちに覚えさせること」

⑤ 教育方法の出発点

こうして、《子どもの教育方法》が、この三つの基礎から出発すべきことは明らかであり、また技術の最初の努力が、教育方法のこの三つの最初の点に、最大限可能な単純性・包括性および調和性を与えることに向けられねばならないということも明らかである。

最後に、ペスタロッチーは、人間の認識を成り立たせる三つの基本的能力を次のように指摘している。[59]

① 《言語》能力の源としての音声能力

②《形》の意識の源としての、不明確で、たんに感性的な表現能力
③《数》（単位）の意識および計算能力としての明確で感性的でない表現能力

この三つの基本能力が、最初に人間に与えるもの、それが音声・形・数なのである。だから、技術（Kunst）による《人類の教育》は、どうしてもこれらの能力を出発点とし、つねにこれと結び付いていなくてはならない。それは、人間の自然の本姓に、人間の精神の発達の自然のメカニズムが、合致するような教育の方法でなければならないのである。

こうして、ペスタロッチーは、次のような結論に到達したのである。

「技術（Kunst）による私たち人類の陶冶は、この三つの基本能力の、最初の最も単純な成果、つまり《音声》《形》《数》に結び付けられねばならない。……[60]」

⑥ 教育指導の基本原則

ペスタロッチーは、人間の三つの基本能力である《数》《形》《言語》を、全面的・調和的に発展させて教育指導を完成させようとしているのである。そして、到達した教育指導の結論として次のように述懐している。

「ついに、私は教育指導の技術（方法）を、自然とあるいは、むしろ自然が世界の事物を全面的に明瞭にする際の根本形式と、本質的に最も密接に結び付けることに成功した。同時に、教育指導のための一切の技術的手段の一般的根源と、人間の形成をわれわれの自然本性そのものの本質によって規定することができるような形式とを発見するという問題に、答えることもできた。こうして、私が人間にふさわしい教育指導の基礎とみなす機械的な法則を、幾千年もの人類の経験が、人類自身の発展のために、人類の手に与えたところの教育指導の形式

(Unterrichtsform =教授形式)に、つまり書き方(Schreiben)、算術(Rechnen)、読み方(Lesen)などに、適用するにあたっての困難は除去された。」(61)

こうして、ペスタロッチーは《教育指導の根本原則》を自然の発展に人間の本性の発展を託したのであった。ペスタロッチーは第四・第五の書簡の記述をとおして、教授(Unterricht)について検討し考察を加えてきたが、この書の総論部分を第六の書簡で締め括っている。

5 『知識の陶冶』その二…各論(第七・八の書簡)

ペスタロッチーは各論(第七・八の書簡)で言語・形・数の教授について述べている。彼の合自然的な諸原則を学校の授業(Schulunterricht)に適用しようとしたとき、彼は読み・書き・算という当時の教科が学習の出発点とは見なされ得ないことを発見した。彼によれば、教科のなかで使われている《線》《数》《語》のような教授手段は、本来教科が始まる前に、取り扱われなければならないと考えていた。彼は思考の原形としての究極の単位は《数》《形》《語》と考えていた。

(1) 第七の書簡~各論 その一、「語」「形」の教授~

第七書簡では、「語」と「形」の教育方法を扱っている。具体的に説明しておきたい。ペスタロッチーは以下に示すように提言している。(62)

① 「語（言語）」の教授

ペスタロッチーによれば、「語」の教授は次に示す三段階に分かれるという。授業の基本的手段の第一のものは、《音》であり、《音》から、次に示す授業の方法が導き出されるという。

ⅰ 音の指導（Tonlehre）…言語器官を育成する方法
ⅱ 単語の指導（Wortlehre）…個々の事物を認識することを教える方法
ⅲ 言語の指導（Sprachlehre）…既知の事物について、認識すべき事柄について、明確に表現できるように指導する方法

ⅰ 《音》の指導

これは《話し言葉》のための音声指導と、《唱歌のため》の音声指導とに分けられる。ペスタロッチーは、音の指導を聴覚の訓練と発音の訓練とに分けている。具体的な指導の順序は、（一）読んで聞かせる、（二）読んで聞かせて、口まねをさせる、（三）文字を読ませる、（四）文字を綴らせる。

ⅱ 音の能力、あるいは音の基本的手段から生まれてくる第二の特殊な授業手段は、《単語の指導》あるいは《名称の指導》である。

ⅲ 音の能力に由来する授業の第三の特殊な手段は、言葉の指導そのものである。

この三つの段階こそ、ペスタロッチーが最も言葉指導で重要だと考えている。彼の言葉指導の中心もここにあるといっても過言ではない。当時の教育制度の批判や授業の在り方をこうした視点から、彼自身の教育技術研究の歴史的意義を強調している。

第七の書簡の冒頭、ペスタロッチーは自信をもって次のように語っている。

「教育の技術が、われわれ人類がつくりあげた特性であるところの言葉を利用しつつ、人類の自然の発展の仕方と歩調を合わせることのできるような、本当の意味での授業形式が展開しはじめている。そういう時点に、今私は立っている。さらに、教育の技術とは、人間が自然存在で在りつつ、しかも自然のままでは在りえないものになりうることを、促進し、助ける技術である。(63)」

ペスタロッチーは漠然とした直観から、明確な概念へと進む自然の歩みのメカニズムを最高度に完成させるためには、これらのことが、すべて言語指導の完璧な技術と最高の心理学によって、達成されなければならないと考えていた。

ペスタロッチーにすれば、漠然とした直観を明瞭な概念に高める本質的な手段は、《言語》指導であるという強い信念を示している。

さらに、彼は「私は学校教育（Schulunterricht）を年老いて、口をもぐもぐさせているだけの奴隷的教師（Schulmeister-Knechte）の生気に乏しい授業からも、また普通民衆教育（gemeinen Volksunterricht）という観点からすれば、それと本質的に変わることのない新米教師たちの自信のない授業からも解放したい。そして学校教育を、自然そのものの確固たる力に、神が父や母たちの心の中に灯し給う、かつ永遠に見守り給う灯火に、そしてまた、子どもたちが神や人に愛されることを願う父母たちの切なる気持ちに結び付けたい(64)」と述べ、当時の伝統的学校教育の在り方に対して授業の改革を訴えている。

② 《形》の教授

ペスタロッチーは、「《形》の教授は、形のある事物の直観的認識が先行する(65)」という。

さらに、「形」の教授は、対象の形（輪郭）を正確にとらえること（測定）、その形を正しい名前で呼ぶことを含めて、それを正確に写すこと（図画）、話し言葉を文字で表すことも含めて、正しい文字を書くこと（書き方）を目標として行われる。それは、日常のさまざまな経験を通して子どもたちの能力として生きる力になるのである。

ペスタロッチーは、この「書くこと」の指導においても、「話すこと」の学習の一つの形態であると考えている。彼の指導方法によれば、未熟な教師や母親でも子どもたちを十分に、安心して指導できるということを強調している。民衆の子どもたちに、《確かな学力》を育むことの必要性を説いているのである。民衆の子どもたちに、学校を解放し確かな学力を身につけた青少年の育成こそ、民衆の幸福への途だと強い確信を抱いていた。

そして、言語は文化の基礎であり、自然的な経験の再現であり言語学習の重要性を説いている。さらに、民衆の文化的、道徳的向上の可能性を信じようとしなかった上流階級の人びと、そのような能力があるということを認めようともせず、また民衆の母親たちの内在的可能性を育てようともしなかった当時の教育指導者たちを、厳しく批判している。

ペスタロッチーは、この第七の書簡の最後に次のように述べている。

「書き方学習は、単に技術としてではなく、職業上の事柄として完成されるものであり、また子どもは、こうすることによって自分の考えを、言葉で表現するためのこの《書くという》人為的な方法を、《話すという》こと自体と同様にたやすく、また一般的に駆使することができるようになるものだ、というとき、その意味は、この指導の全体の歩みとの関連において理解されなければならない。[66]」

このようにして、ペスタロッチーは自分の《方法（Uterricht）》の効果に最大の期待をかけた。確かに、彼の知育の方法には、明らかに道徳的並びに政治的な意味があった。自主的に思考し、行動する《人格》へと子どもを教育することは、民衆に真の学力を身につけさせ近代社会を担う市民を育て人類の幸福を願っていたペスタロッチーの生涯をかけての目標であった。

（2）第八の書簡～各論　その二、「数」の教授～

ペスタロッチーは「われわれの認識の、第三番目の基本的手段は《数》である[67]」と明言している。さて、数の教授はどのようにして行うのか、彼の考えに基づいて考察してみよう。

「《数》は、あらゆる《直観》において、われわれが大小の関係を明瞭に意識し、この無限の大小関係を最も明確な規定にまで還元して表すことができるようにするのだ。……しかし、《音》と《形》とは、非常に、さまざまなかたちで誤謬と錯覚との萌芽を内在的にもっているが、数については決してそのようなことはありえない。数だけは誤りのない結果を導いてくれるのだ。[68]」

数の認識は、《確実な直観》をかいては無力である。そこで、ペスタロッチーは、数の初歩点の直観から着実に発展する算術の指導を考える。

ペスタロッチーは、「算術というのは、いくつかの単位を結合したり、分離したりすることから始まるものに外ならない。その基本形式は、本質的には一たす一は二、二引く一は一ということだ。あらゆる計算の基礎として、事物の実際の数関係の意識が、人間の精神の内部でしっかりととらえられていなければ、計算の技術は、単なる想像力や記憶力になり下がってしまう。そして、《明晰な概念》に到達するという教育の本質的な目的に対しては、無力なものになってしまう[69]」と述べ、さらに《数概念の形成》は、「ひとえに理性の訓練であり、決して単なる暗記仕事やおきまりの手仕事的な技巧ではなく、反対に最も明瞭で《明確な直観》の成果であり、純粋に明晰な概念へ、つまり真理へ、子どもたちを導くことができる[70]」と、《明確な直観》を強調して第八の書簡を終わっている。

6 『知識の陶冶』その三…総括（第九・一〇・一一および一二の書簡）

(1) 第九の書簡～総括　その一、歴史的課題～

① 成果の総括と新たな探究

ペスタロッチーは、第七・八の書簡で、《語》《形》《数》という、認識の基本となる三つの手段と、それらの指導法について説明した。

ここでは、自己の今日までの生涯とその仕事を歴史的に振り返って総括すると共に、《直観》をあらゆる認識の絶対的な基礎とみなすペスタロッチー独自な方法と関連させながら説明している。

彼は当時のヨーロッパの教育が、本質を一切無視して個々ばらばらの真理の断片の知識の注入に奔走している現状を「ひどく惨めで弱々しく、まるで価値のない、泥土にすぎない」と、きびしく批判している。

ペスタロッチーは、「親愛なる友よ！　私はいま、過去を振り返って、自分は、人間の教育指導の本質ということに対して、本当に、いったい何を実行したのであろうか」[71]と謙虚に自問し自省し、そして新たな未来への挑戦をしようとしている。

「まず、私は、《直観（Anschauung）》をあらゆる認識の絶対的な基礎として認めることによって、授業の最高の原理を確立した、ということ。さらに私は、あらゆる個々の教育理論はさておき、教育の理論そのものの本質、および自然そのものによって規定されなければならないところの、人類の形成の基本形式とを、発見しようと努力してきた、ということだ。……私は、いっさいの授業を、三つの（語、形、数）部門における授業の成果を、物理的な必要性にまで高めることができるような、特殊な手段を追求してきたということなのだ。[72]」

さらに、彼は続けて次のように指摘して、ここにヨーロッパ教育制度の大きな欠陥があるのだと鋭く指摘し批判している。

「私はこれら三つの基本的手段を、相互に調和させることによって、教育指導を多面的に、かつ三つの部門全体が調和するようにしたばかりでなく、それを人間の自然本性と一致させ、かつ、人類の発展における自然の歩みに近づけた、ということだ。そして、公的に、全般的に、民衆のために行われているヨーロッパの教育制度は、《直観》が授業の最高の原理であることを全然認めていないということだ。[73]」

② 印刷術と文字人間

ここでもペスタロッチーは、鋭く《直観の無視》を批判している。

「私は、現在のヨーロッパの教育制度が、人類の形成は、われわれの自然本性の本質によって規定される、という基本形式を承知していないことである。それどころか、一切の教育の本質を、個々バラバラの教授（Unterricht）（教育指導）の混乱の犠牲にしており、あらゆる種類の真理の断片を聞きかじらせることによって、真理の精神そのものを殺してしまい、この精神を基礎として成り立つ、自主独立のための能力を、人間の内面で絶滅させてしまっている、ということを知った。それはまさに、《直観の無視》である。ヨーロッパでは、こうした民衆教育が原因で民衆が精神錯乱に陥らざるを得ず、実際そうなってしまった。[74]」

ペスタロッチーは、階層格差が民衆の教育格差を生み出している原因の一つについて次のように述べている。

「ヨーロッパでは、一方個々の学術の面は、非常に高いレベルに達しながらも、他方では、全人類に対する自然の導きの一切の基礎を失ってしまっている。印刷術の発明が上流階級の優秀さと下層階級の惨めさとの間に人間の精神を頽廃させるような、この不均衡、あるいはヨーロッパの文化の、この驚くべき不均衡を生み出した端緒は、印刷術の発明にある、というのである。言語の認識を容易にするうえで印刷術が及ぼした、測り知れないほどの影響力に驚愕しているが、……印刷術がこれほど効果を上げ得たのは、封建制、イエズス会とか、副次的な影響力が必要であった。……印刷術が、ヨーロッパの人びとの《五官＝感性》を極度に狭めてしまい、とりわけ直観のための、普遍的な器官である《目》を、新しい認識の神聖な偶像たる《文字》と《書物》とにがっちり縛りつけてしまったこと、その結果、印刷術は我々の認識の、一層普遍的な器官である《目》を、単なる文字用の《目》にしてしまい、われわれ自身を単なる《文字人間》にしてしまった、と言いたくなるほどである。(75)」

このように指摘し印刷文化の急速な発達の状況下で、上流階級と下層階級との格差がそれぞれの人間の内面に秘められている《感性の豊かさ》さえも踏みにじっていることを指摘し、感性を通しての認識の大切さを強調している。

③ 直観の喪失

直観を喪失した教育方法は、単なる小手先の技巧となり、本来ならば自然に従う術（Kunst）によって子どもたちを《真理》と《知恵》を高めることができたはずの力やメカニズムが、逆に《偽り》と《愚かさ》に陥れる道具となり果ててしまう。こうして人間は「無力にして直観を喪失した、哀れな口先だけの輩」に堕落してしまったのだと、ペスタロッチーは嘆くのである。

「われわれは長い間、根深い人為の術と迷いを助長する根深い手段とによって、認識手段と教育手段とから《直観》を全面的に奪い去られ、さらにわれわれ自身からは、すべての直観能力を奪い取られるような、そんな体制に組み込まれていた。(76)」

第九の書簡を終えるのにあたって、ペスタロッチーはヨーロッパの教育の欠陥を次のように鋭く指摘している。

「愛する友よ！　私は次のような主張に立ち返ろう。

ヨーロッパの教育の欠陥、あるいはむしろ、教育についてのあらゆる自然的な見方の人為的な転倒が、それがヨーロッパを現在のような状況にまで導いたのだ。われわれが現にそうであるところの、また将来もそうであろうと予想されるところの、市民的、道徳的、宗教的な転倒に対しては、表面的で透き間が多く、かつ無計画なわれわれの民衆教育（Volksunterrichtes）の欠陥を抜本的に改め、《直観》がいっさいの認識の絶対的基礎であることを認めること。換言すれば、いかなる認識も直観から出発しなければならず、また直観に還元できなければならないということを認めること、これ以外にヨーロッパの破滅をくい止めるいかなるいかなる手段も存在しないのだ。[77]」

(2)　第一〇の書簡～総括　その二、直観の意義～

第一〇の書簡は、第七の書簡から第九の書簡までを総括し、《形》《数》《語》の三領域における単なる直観を、それぞれ、《言語の術》《直観（形）の術》《計算の術》にまで高めることの意義を、重ねて強調している。今日的にいえば、スリー・アールズ（3R's）であり、日常生活のためにも、また学問的活動をするためにも、この三つの能力は必要不可欠の能力である。[78]ペスタロッチーの教授理論の総括として、一四の書簡中最も重要な部分であるといってよい。

①　直観と直観の術の区別

ペスタロッチーは、まずあらゆる教授の出発点としての《直観》と、《形》の認識に際しての《直観の術》とは区別されるべきであるという指摘から出発して、《直観》をあらゆる教育指導の出発点におくことは《人間の教育》にとっての理論的な意義を強調している。この点について、第一〇の書簡の冒頭次のように述べている。

「友よ！《教授（Unterricht）＝授業》の出発点としての《直観（Anschauung）》とあらゆる《形（Formen）》の関係についての理論である《直観の術（Anschauungskunst）》とは区別されなくてはならない。教授の三つの基礎手段すべての全般的な基礎としての《直観》は、直観の術にも、また計算の術や言語の術にも先行するものである。もし、直観を、直観の術と区別して、それだけを見るならば、それは単なる外界の対象がわれわれの《感官（Sense Sinn）》（感覚器官とその知覚作用）の前に、ただ存在するということであり、その印象がわれわれの意識を単に刺激するというだけのことにすぎない。自然は、この意味での直観でもって一切の教授を始める。みどり児（Sügling）は、この自然の教授の恩恵に浴し、母親がそれを与える。しかし、教育の技術は、これまで、この母親の仕事が自然の行う教授と歩調を合わせられるようにするための何事をもしなかった。みずから、みどり児に外界のいろいろな事柄を指し示す母親の姿、この限りなく美しい光景（das schönste Schauspiel）を前にしながら、教育の技術は、なんらなすところがなかった。この美しい光景に、それは、民衆のためには何ものをも、結び付けはしなかったのだ。[79]」

しかし、ペスタロッチーは自然の名もなき草花に、また夕映えの美しさに幼きわが児と共に、感動する母心こそ、愛しきわが児の心の奥底に美しさへの知的な心を、芽生えさせずにはおかなかった。この母の無心な、自然なふるまいこそが、わが児の心を豊かにするのだ。母親のみどり児に対する最も大切な《教育力》なのだ。こうした、無意識のうちの母親の振る舞いこそが、最も大切な人間教育の原点なのだ。これこそが、母親のわがみどり児を抱き教える自然の姿なのである。単なる直観を《術》にまで高めるものなのである。「無力で無教養な母親たちが、その腕に抱きかかえたみどり児に対して、花を示し、鳥を示し、家具や道具を示し、さらにこれらのものを唱えたりするとき、たとえ母親自身は気づいていなくとも、自然は彼女を通して、実に多くのことを行っている。自然は子どもに対して、このような仕方で世界を開示する。子どもがその五官を働かせるのだ[80]」。この第一〇の書簡について、ペスタロッチーの愛弟子のドゥ・ガン（Roger de Guimps　1812–1894）は次のようにこの書簡の意図を述べ、子どもの認識における《直観》の重要性を指摘している。

「ペスタロッチーは、このようにして身体的領域や道徳的領域においても、直接的経験的な《知覚》を唱えるのである。直観的観念は、この知覚から直接結果する観念である。あらゆる記述・説明・定義は、児童に既に獲得されている直観的観念に基礎をもたなければ、児童の精神に対して影響を与えることはないのである。[81]」

この第一〇の書簡の冒頭、ペスタロッチーは、「友よ、教育指導（Unterricht）の出発点としての《直観（Anschauung）》と、あらゆる《形（Formen）》の関係についての理論である《直観の術（Anschauungskunst）》とは区別されなくてはなりません」と問題提起をしている。直観は教授の唯一の基礎であり、長い間教育の世界では完全に無視されたものであった。印刷術の発明後、人びとは書物の役割と力をおかしなほど誇張してきた。教授のためには、書物以外のものは何も見ず用いなかったのである。

さらに、ペスタロッチーは、親友ゲスナーに呼びかけている。

「母親は、子どもたちを膝に抱きあげる瞬間から、その子を教えるのだ。つまり母親は自然がばらばらに、遠く引き離して、混乱したままの状態で子どもに示している一切のものを、子どもの感覚に近寄せ、そして、直観の働きを、それに伴う認識そのものが、子どもにとって簡単で、楽しく、魅力的であるようにしてやるのである。無力で、無教養な（ungebildet）、なんら指導も援助も受けずに自然に従う母親は、無邪気そのものであって、自分でやっていることが何かということに気づいていないのだ。彼女は教えようなどと考えず、ただ子どもを安心させ、子どもの相手をしてやろうとしているだけなのだ。しかし、それにもかかわらず、母親はいたって純粋素朴な高尚な歩みを、自然が彼女を通じて何を為しているかを知らずに進んでいるのだ。そうして自然は母親を通じて本当に多くのことをなすのだ。自然は子どもに対して、このような仕方で世界を開示するのだ。子どもがその五官を働かせるように、子どもの注意力や直観能力を早くから発達させるように、自然は取り計らうのだ。[82]」

さらに続けて、ペスタロッチーはわれわれに無心な母親のわが子に対する秘められたる教育力を次のように語っている。

「いま、もし自然のこの崇高な歩みが利用できたら、……もし、母親たちの心が嬰児に対して盲目的な自然衝動に駆られていることを、自然の仕事を援助することの技術のおかげで、成長してゆく子どもに対し、衝動ではなく自由な理性にしたがって継続することができるようになったならば、……子どもたちがその本質的な仕事を立派に処理することによって生涯を通じて内心の満足に到達できるために必要とするであろうすべての能力を、それぞれの子どもたちの境遇や環境に結び付けて発達させることができるようになったら、われわれ人類を、どのような状況にあるにせよ人類の一人ひとりを、不幸な境遇の多くの困難のなかにあっても、不遇な時期のあらゆる災いの最中にあっても、静かな、落ち着いた満足な生活ができるようにするために大きな、実に大きな寄与をしてやることがいかに容易になるだろう！[83]。」

② 直観を《術》にまで高める

《直観》そのものを《術（kunst）》にまで高めるためには、認識の三つの基本的部門である形（Form）、数（Zahl）、語（Wort）のすべてにおいて、子どもの内面に深く認識させることである。教育の技術を評価する場合には、当然、その《術（Kunst）》の成果が問題にされなくてはならない。

「人類の発展における自然の歩みは、まったく普遍である。……優れた教育方法は二つとない。……正しい教育方法は一つ在るのみである。……私の考えによれば、どんな方法であれ、その方法の内面的な価値の尺度を示す唯一つの証拠は、《人間らしい能力（Menschenkraft）》と《母親のような心（Muttersinn）》が、人間らしい能力と母親のような知恵が育っていないことが、生徒の額から読み取れるようなら、そのような方法は、他にどんな良い点があろうとも、私はそれを非難しないわけにはいかない。……[84]」

このことは、既に『隠者の夕暮』において明確に述べていた普遍的な人間陶冶の理想が、ここでも強く主張されていることに注目したい。

③ 術（Kunst）と人間の能力の発達

教育の術が、理想とすることは言葉のすぐれた意味における人間を育成することであった。この理想を達成するためには、《術（Kunst）》は、自然の永遠の法則に基づくものでなければならなかった。術は、人間を対象として見つめ、単なる直観から明晰な概念に、至らせるものでなければならなかった。換言すれば、人間の感性的認識を理性的認識にまで高めようとするのがペスタロッチーの考える《術》の目的であり、《術》の本質であった。

彼は人間の諸能力を発展させることと、概念を明晰にすること、これがすべての《術（Kunst）》の目的であると考えていた。そして、明晰な概念が人間性の本質に及ぼす影響について、ペスタロッチーは、次のように考えていた。

「子どもにとっての明晰な概念というのは、子ども自身の経験によって十分に明らかであって、それ以上いくら経験に訴えても、もうそれ以上説明の仕様がないような、そんな概念に限られる。[85]」

要するに、子どもを《明晰な概念》にまで導くには、次の三点からの考察が必要だとペスタロッチーは述べている。

(一) どんな能力が、どんな順序で育てられなければならないか。
(二) その能力は、どんな順序で教材を選択し配列することによって得られるのか。
(三) 子どもの直観の成熟度はどうか。

つまり、第一は子どもの認識能力の発達に、第二は教材の選択および配列に、第三は子どものレディネスである。

ペスタロッチーはこのように問題をとらえたうえで、直観を欠く言語叙述の氾濫を現代の病癖であるとして、人間の復権のためには、直観が成熟しておのずから明晰な概念に結実するまでのプロセスを明確にすることが必要であると考えた。彼がいうところのプロセスは、(一)個々の対象の直観、(二)その対象への命名、(三)対象の諸属性を記述する能力、(四)対象の諸属性を明瞭にする能力、もしくはそれを定義する能力である。こうした、プロセスを確実に経ることによって、直観は子どもたちの心に深く認識されるのである。

ペスタロッチーは、さらに次のように述べている。

「人間の陶冶が混乱に墜ちいったり、飛躍したり、あるいは皮相のものになったりすることを防ぐことの優れた手段は、われわれの認識の本質的な対象の最初の印象というものを、子どもたちが始めて、それを直観するとき、子どもたちの感性に、できるだけ明確に、正確に、かつ包括的に与えようとする配慮に、主として基づくのだ。《みどり児》がまだ揺り籠にいるころから、われわれ人類の指導を、盲目的で気まぐれな自然の手から引き離し、われわれが幾千年の経験に基づいて、自然の法則の本質について描きだしたところの、より優れた力を手にしはじめなければならない。[86]」

(3) 第一一の書簡～知育論の総括 その三、反省と残された課題～

第九・一〇・一一の書簡では直観の意義を中心に知育論を総括している。

第一〇の書簡の最後において、ペスタロッチーは彼の《術(Kunst)》の探究が成功を収めたことを強調しながら、やがてそれが克服される運命にあることをも述べている。ここでは彼自身の仕事の限界を指摘し、この仕事についての彼自身の評価を下しておきたかったのかもしれない。内省力の強い人であったペスタロッチーの人柄を、あらわしている書簡である。第一一の書簡の冒頭で次のように述べている。

「愛する友よ！ 私がこの前の手紙の最後に述べた言葉は重要なもだ。だから私は今日さらに言わなくてはならない。……これまで述べてきた教授の目的のための人為的な指導（Kunst）は、感性的な自然の歩みを、私の教授の目的に合うように単純化したものにほかならない。しかし、私の目的に叶うもっと優れた手段がありえる。このように洗練された感性的な自然の歩みを高度に完成させること、純粋な悟性の歩み、この目的のための純粋な悟性の陶冶が可能なのだ。直観のなかにあらゆる不確かなものを、きわめて明確な真理にまで高めることが、私の本性（Natur）にとって可能なことだ。直観そのものを、直観における単に感性的なものの不確さから引き離して、私の本質の最高の力の作品に、すなわち悟性の作品に高めること、このことは私の本性（Natur）にとって可能なことだ。

自然の手にある高尚な術（Kunst）は、未開人たちの生き生きとした直観の力にただ感性のメカニズムを付加するだけでなくて、理性の力をも付加することができる。このように生き生きした直観の力をふたたび蘇らせて、しかもそれを人類の最も崇高な教え、まったく誤ることのない真理の教えに、結び付けることが可能なのだ。[87]」

ペスタロッチーは、まず、自分の方法は感性的な自然の歩みを、教授の目的に叶うように洗練したものであるという。そして、この感性的な自然の歩みの洗練化は、さらに洗練を重ねることによって、純粋な悟性の歩みとなり、人間を真理の認識に至らしめることが可能であると彼はいうのである。それは、彼の方法（術）が感性的認識から理性的認識への高まりを可能にする方法であるということを示唆している。

そのことの具体的な事例として、彼は、正方形を直観の理論の基礎として位置づけたことを指摘している。

「愛する友よ！ 私の生涯が価値あるものであるならば、それは次のようなことだ。つまり、私が正方形を直観の理論の基礎にまで高めた、ということだ。こういう直観の理論を、民衆はいまだかつてもったことがなかったのだ。私は、これによって、われわれの認識の基礎に一連の人為的手段を整えた。こうした人為的な手段の系列は、それまで、この認識の基礎に依存する教育方法の手段であるところの《言語》と《数》とだけがもっていたが、認識の基礎そのものには、このような人為的な手段の系列が欠けていた。私は、またこれによって直観と判断、感性のメカニズムと純粋な悟性の歩みとを互いに調和させることができた。そして私は、この方法で、種々雑多な個別の真理の錯綜を整理して、教授（教育方法）を真理に基づくものへと立ち返らせた。[88]」

ペスタロッチーは、自分の方法が少なくともその根拠において絶対無謬であるということを確信していた。それは理論や判断以前の、いわば公理のごときものであった。しかし、彼は自然の必然のメカニズムや物理的な認識の機構の法則に教育の術（Kunst）を基づかせようという彼の考え方自体に誤りのないことを主張しているだけであって、彼が自然の機構の法則など、すべてを知り尽くしたなどといっているのではない。この点について彼は驚くほど謙虚であり、彼の真摯な人柄が次の「友よ！」の言葉のなかに読み取れる。また、自己の生涯を振り返って述べている。

「次のように言ってもそれは私の魂の潜越ではない。私は生涯を通じて、私の愛する民衆また私ほど民衆とその悲惨を共にしたものは少ないがゆえに、私ほどその悲惨を実感している者は少ない。民衆、この民衆を救うこと以外には何も望まなかったし、今も望まないのだ。……私は私自身に腹を立てながら、また民衆（Volks）と私の家族（Meinigen）との惨めさに絶望しながら、墓に沈んでいったに違いない。[89]」

ペスタロッチーは、自己の生涯を深く自己反省をしつつ、自己の Unterricht（方法）が、少なくともその根本において絶対に無謬のものであるということを確信していた。

ペスタロッチーは、民衆の不幸を救おうという大きな願望をもちながら、そのためにぜひとも必要な才能の多くを欠いていた自己自身の無能さを正直に告白し、もし、ブースや、クリューズィや、トーブラーの協力を得ることがなかったなら、自分の理論がこのように結実することはなかったにちがいないとして、その幸運を次のように、神に感謝している。

「友よ！　今しばらく、自分の行いと目的とを忘れ、私が、自分はまだ生きているのだ、しかも生きているのはもはや私ではないのだ、と私に迫ってくる憂愁の情に身を任せることを許してほしい。私は一切を失った。私は自分自身をも失った。にもかかわらず、主よ（o Herr!）、あなたは私の生涯の願望を私の心に保持させてくださった。そして、自らに定められた道を踏みはずした幾千もの人びとの目的は、彼らと私の目の前で打ち砕いたのに、私の苦悩に充ちた目的は、私の目の前で打ち砕き給わなかった。

主よ！　あなたは私の生涯の事業を、私の破滅の最中（mitten）ですら、保たしめ、絶望のなかで消え果てようとしている私の老いの日々に、なお夕映えの光を投じ、その美しい輝きで私の生涯の悲しみを癒してくださった。

主よ！　あなたが、私に示された《慈愛（der Barmherzigkeit）》にも《誠実（der Treue）》にも値するものではない。

主は、あなただけは踏みにじられたこの虫けらをも、なお哀れまれた。あなただけが踏み付けられた葦をも折らなかった。

主よ、あなただけが、消えかけた灯心を消してしまわれなかった。そして、あなたは私が死に至るまで、私が幼少のころから、世の中から見捨てられた人びとのために献げようとしながらも、ついに献げることができなかった犠牲から、眼差しをそらさなかった。(90)

ペスタロッチーは、このように自分が歩まなければならなかった苦難に充ちた生涯を顧みて、彼はただ自己のいたらなさ、罪の深さを反省し、神の救いの偉大さに頭を垂れるのだった。

以上で、本書の主要部分は終わるが、しかし、彼は《知育論》のみでもって本書を終わることはしなかった。《知ることの指導》（知識の陶冶）について考えたが、次には、《為すことの指導》（技術の陶冶）について考えなければならなかった。《為すこと》とは、具体的には、《働くこと》（仕事をすること）と《徳の実践》である。第一二の書簡では、技術の教育を扱い、第一三・一四の書簡では、道徳・宗教の教育について論究している。

(4) 第一二の書簡〜補講〜

① 知識と技能の問題

ペスタロッチーは、彼の論究の原点に立ち戻って、次のような設問を設定している。

「私は、私の問題の経験的な探究において、何ら既成の学説からは出発しなかった。私はそのようなものは何も知らなかった。私はただ単純に自問した。一人ひとりの子どもたちが、それぞれの最も大切な事柄を立派に果すことによって、内心の満足を味わうことができるようになるために、どうしても必要な《知識（Kenntnisse）と技能（Fertigkeiten）》とを、余すことなく身につけさせるためには、どんなことをすればよいか。[91]」

これが彼の設問であった。ペスタロッチーは、これまで子どもに対する知識の陶冶にふれただけで、技能の陶冶については、十分にふれていなかった。こうしてみると知識の陶冶について答えただけでは十分でないことが明らかであった。感性的な存在としての人間は、さまざまな必要や欲求をもっており、これを充足しなければ内心の満足に到達できない。だから人間は自己の自然本性の必要や欲求を知るだけでなく、これを充たす実践行為に習熟しなくてはならないのである。そして、ペスタロッチーによれば、このような《技能の陶冶》もまた、知識の陶冶と同じく人間の自然のメカニズムの法則にしたがって進められなければならない。こうしてこの重要な技能の陶冶が、やはり民衆には与えられていない。

しかし、人間が内心の満足に達するために身につけなければならない技能は、何か。《技能を欠く知識》こそ単なる知識の注入であり、《知は生きる力》になりえない。

ペスタロッチーは、当時のヨーロッパ社会における教育制度（Unterrichtswesen）の大きな欠陥について、「《技能を欠いた知識》こそ、おそらく悪魔がこの時代に贈った最も恐るべき贈り物だ」と指摘している。

そして、ペスタロッチー、「感性的な人間よ（Sinnenmensch）！　あなたは多くのものを必要とし、あらゆるものを欲求する存在だ。これを充たさなくてはならない。それゆえ、感性的人間は、何を、いかにして求めるべきかを知らなければならない、また考えなければならない。それればかりではなく、その欲求や必要を充たすための実行行為ができなくてはならない。思考（Denken）・知識と行動（Handeln）・技能は、ちょうど小川（Bach）と泉（Quelle）のように、また、車の両輪のようなものである」[92]と、理論と実践の統一の必要性を述べている。

② 技能陶冶の欠如…生きる力の教育の欠如

ペスタロッチーは「民衆にとっては、この内心の満足に達する為に必要な技能の教育が与えられていない。人殺し（戦争）の為の技能は別として、この彼らにとって必要な技能のための公的陶冶をまったく受けていない」[93]と指摘し、公的陶冶が実施されていたならば、民衆の幸福にとってどんなに役立ったことであろうかと、彼は嘆いている。しかし、政治にこれを期待することはできない。

「寡婦や孤児からパンを奪いさるように、閨閥主義の為に、民衆に宗教上の賦課を課し、民権否定のためには世俗的賦課を課し、両者ともに公共の幸福、つまり、一方は魂の救済（Seelenheil）、他方は現世の幸福（zeitliches Glück）のために、公共の幸福（öffentliche Wohl）ということを看板にしたのだ。実際には、両者は民衆の魂の救済にも、現世の幸福にも、本質的に反対の結果を生んだのだ。[94]」

「民衆をすくうべき立場にある政治家たちは、民衆の幸福について考えるどころか、全く正反対のことをやっている。厩にいるとき、犬や猫のそばにいるとき、彼らの多くは人間らしくふるまっているが、しかし、民衆に対して、彼らは人間的に接していない。民衆に対して彼らの多くは、人間では在りえない。彼らは、民衆に対する温かい心というものを全くもち合わせていないのだ。[95]」

ペスタロッチーは、こんなにまで親心を失っている当時の政治家を厳しく批判している。彼は、民衆の生活権を保障する《技能の陶冶》について全く考慮しないまま、民衆からの収奪のみを考えている政治的権力の反人間性に我慢ができなかったのである。

私たちは、ここにペスタロッチーの当時の政治的状況に対する洞察の鋭さ、問題把握の的確さをみることができる。

③ 技能のＡＢＣ…基礎陶冶の指摘

技能を熟達させるための陶冶は、技能のＡＢＣに基づかせなくてはならない。単純な技能から、最も複雑な技能へと、しかも確実に、進歩を遂げさせるような訓練の方法が工夫されなければならない。ところが、これまで、この技能のＡＢＣは求められもしなかったし、発見されてもいなかった。この点について、ペスタロッチーは次のように述べている。

「技能のＡＢＣが、最も複雑な人間の技能の根本までも含む身体能力の最も単純な表現から出発しなければならない、ということは極めて明らかなことである。

打つ、担う、投げる、突く、引く、回す、ねじる、振る、というようなことは、われわれの身体能力の最も良く眼につく単純な表現です。これらの動作は、本質的に違っていても、しかし、どれも共通に、それぞれが独自に、人間の職業の基礎となると考えられるすべての技能の基本を含みこんでいる。だから、技能のＡＢＣが、技能一般についての、早期からの心理学的に整えられた訓練から出発しなければならないということは明らかだ。[96]」

しかし、現実にはこのような技能の訓練を当時の学校教育に期待することは、期待できないということを、ペスタロッチーは認めないわけにはゆかなかった。

当時の学校は、すべて「綴り字学校」「書方学校」「書物学校」「教義問答学校」で、それも上流階級のための学校であって、庶民のための《人間教育のための学校》ではなかった。

しかし、それにしても技能のＡＢＣは求められなければならない。そこで、ペスタロッチーはその在り方を模索するのである。

「技能のメカニズム（Der Mechanismus der Fertigkeiten）と認識のメカニズム（mit dem Mechanism）と完全に同じ歩みをすると考えていた。[97]」

しかも技能の学習は、認識の学習に比較して、その性質上、より積極的、自己活動的であるから、それぞれの子どもの性格やおかれている社会的状況（家庭）によって、その子どもの身につける技能の特性やその用い方を決めることになるのである。

④ 徳の感性的基礎としての技能…ペスタロッチーの基本的考え方

ペスタロッチーは、ここで技能の陶冶について次のような重要な指摘を行っている。

「認識能力の育成は、直観のＡＢＣから出発して、子どもを明晰な概念へ、さらにそれの言語的表現である定義へと子どもを導くという仕方で行われた。《技能の陶冶》もこれと同様に、指導のＡＢＣから出発して『われわれ人類の生活上の諸義務（知と徳）が要求している諸能力や諸技能の感性的な完成、不動の習熟へ、つまり《徳》にまで』子どもを導かねばならぬ。[98]」

要するに、ここが重要であるが、ペスタロッチーは技能のＡＢＣは、技能の完成へ、基準の体得へ、つまり《徳の習熟》へと子どもたちを導くことの大切さを主張している。

ペスタロッチーは、道徳教育の基本的考え方を、「《知的陶冶》において、定義を《直観》に先行させてはいけなかったのと同様に、《道徳的陶冶》においても、《徳の説明》を《徳の習熟》に先行させてはならないのだ。《技能》は徳の感性的基礎である」と述べている。この考え方は道徳教育において道徳的知識を先に教えるのではなく、具体的な事例を通して子どもたちの心情に訴えることの必要性を説いているのである。

こうして彼は、「子どもが彼の使命の本質という不動の見地に立っても、また彼の境遇や関係という可動の見地に立っても、彼の人生の経路において、必然や義務が彼に課することを、苦もなくやり遂げるような能力を身につけるように、できればそれを第二の天性とするように導くことは、いかにして可能であるか？[99]」という問題である。もっと具体的にいうならば、子どもを未来の有徳な父・母に育て上げるにはどうしたらよいかという問題に答えるための糸口を示したのである。それが新しい産業社会の求める多様な技能や技術を下層階級の貧しい子どもたちに身につけさせ、その生活を安定させてやるための配慮から生まれたものであることはいうまでもない。ペスタロッチーは安定した《所有》こそが「人間の道徳の本来の源泉」であると考えていた。

しかし、「愛する友よ！　この解決の詳細に今ここで立ち入ることはできない。別な機会にそれを残しておこう」と述べ[100]、第一二の書簡を終わっている。この別の機会とは、ペスタロッチーの技能陶冶論の部分的展開として、一八〇七年の『体育論』で結実している。

7 『道徳性・宗教性の陶冶』

第一三・一四の二つの書簡は、最も重要な部分である。この二つの書簡は人間における道徳性と宗教性の発達とその育成を取り扱っている。まず第一三の書簡からみていくことにする。

(1) 第一三の書簡～道徳と宗教の教育～

子どもの道徳および宗教の教育を論じ、ペスタロッチー自身《彼の全教育体系の要石》と呼んでいる部分である。

ここでペスタロッチーは、「友よ！　私は人生の最も本質的な諸技能を得させるための陶冶が依拠する原理や法則の詳細な点に、このところやや深く入り込みすぎたかもしれない。それに引き換え、私は私の思想の全体系における《要石》にふれずに、この書簡を終わるつもりはない」と述べ[101]、この書簡を重要性を強調している。

ペスタロッチーは、この書簡では《知育》についての時間をとりすぎたが、彼にとって最も重要なのは、「子どもたちに道徳および宗教の教育をどうするかが最も大切な課題」であった。まずペスタロッチーは、神とは、神の概念、神への帰依の心が、どのようにして私たち人間の心に生起するのかを考えた。そして、神への愛、信頼、感謝の心、神に対する心より、まず、人間への愛、信頼、感謝の心、および人間に対する従順の心が育っていかなければならないのだという。それらは、どのようにして人間の本性の中に育つのであろうか。これが、彼の最大の課題であった。

① ペスタロッチーの課題…道徳および宗教の教育

ペスタロッチーは、「人類の発展に関して、私が一般に真実だと認めた諸原理と、《敬神》の本質とは、どのように関連しているのであろうか」と自問している。さらに、「私は唯一の神を信じるということ、また私が《神を愛し》《神を信頼し》《神に感謝し》《神に従う》とき、自らを神の腕に委ねて、自分が幸せだと感じるということ、このようなことはどうしておこるのだろうか」[102]と自問している。

また、ペスタロッチーは宗教観を次のようにとらえている。

「愛と信頼と感謝との感情、ならびに従順の能力は、私が神に対して、それらを捧げることができる以前に、《私自身のなかに》発達していなければならない、ということに私は気づくのだ。[103]」

そして、彼は道徳および宗教の教育の本質的基礎が、乳・幼児期における《母とその子》と相互関係に見いだされると述べ、この時期における母の愛情の深さによって、幼な児の心の奥底に愛と信頼と感謝との感情が、さらに従順の心が自然に芽生え育まれていくのである。ペスタロッチーは、さらに次のように自問自答している。

「私はどのようにして人間を愛し、人間を信頼し、人間に感謝し、人間に従順になるなるのであろうか？……人間に対する愛、人間に対する感謝、そして人間に対する信頼が本質的に基礎をおいている《感情》、ならびに人間に対する従順が形成されるきっかけとなる《技能》とは、どのようにして私の本性のなかに（in meine Natur）生じてくるのか？、と。……そして、私はそれらが主として、《幼な児と母》との関係から生じてくることを知った。[104]」

「母はわが子を養育し、守り、喜ばせずにはおられない。母親は、全く感性的な本能の力に駆り立てられてそうするのだ。……こうして、子どもの心のなかに《愛の萌芽（der Keim der Liebe）》が成長してくる。……今まで見たこともない対象物が目の前に現れると、子どもはびっくりし、怖がって泣き出す。母親は子どもを胸にしっかりと抱きしめ、あやしてやり、気をまぎらしてやって、泣き止ませる。……子どもは母親のほほ笑みに、明るい澄み切った目で応える。……こうして《信頼の萌芽（der Keim des Vertrauens）》が、子どもの心のなかに発育してくるのだ。[105]」

「（こうして、）愛と信頼と感謝との萌芽は、間もなく膨らんでくる。子どもは母親の足音を聞き分けるようになり、母親の後ろ姿にもほほ笑むようになる。……母親にとって愛らしい者は、子どもにとっても愛らしいものとなり、母親が胸に抱くものを子どももまた抱き締める。母親が接吻する者に、子どもも接吻する。こうして《人間愛の萌芽》が、自然に子どもの心の内に発育する。[106]」

ペスタロッチーは、人間の信仰心・宗教心は幼な児と母親との間の関係から生まれるものであると説く。母親は、その本能によって幼な児の自然本性の欲求を充たしてやり、幼な児を胸に抱いてその恐怖を静めてやることのできる存在なのである。こうして幼な児は母親を愛し、信頼することを通して、母親の愛するものを愛し、母親が信頼するものを信頼するようになるのである。このプロセスはいわば感性的な自然の本性の傾向そのものであるといってよい。

「母親に対する《従順》の能力は、『感性的自然の最初の傾向とは相反するもの』であり、したがって《術》による教育が必要とされる。自然は、暴れる子どもに対して、いくら暴れても無駄だということを悟らせる。子どもは、木や石を叩く。自然はびくともしない。そこで子どもは、木や石を叩くのをやめる。次に、母親が子どもの欲しいままともしない。子どもは泣き叫ぶのを止める。子どもは、だんだんに母親の意志に自分の意志を従わせることができるようになる。こうして、《忍耐の最初の芽》が、《従順の最初の芽》が、こうして育っていくのだ。従順と愛、感謝と信頼とが結合されると、《良心の最初の芽》が、成長してくる。すなわち、愛する母に逆らって荒れ狂うことは正しくないことだという感情の薄い影が……また、母は自分のためにのみ存在するのではないのだという感情の薄い影が、また万物は自分のためにのみこの世に存在するのではないのだという感情の最初の影が育ってくるのだ。そして、これと共に、彼自身もまた、自分のためだけにこの世があるのではないという第二の感情が芽生えてくる。……これこそ《義務》と《権利》についての最初の影の発芽なのだ。」(107)

以上が、ペスタロッチーいわく、幼な児と母親との間の自然の関係から生まれるところの《自我の発達》(=道徳的自我の発達)の最初の根本特徴であるという。さらに、信仰によって神に帰依する一切の感情の芽というものは、その本質において、母親に対する幼な児の帰依を生み出すところの芽と全く同じものなのだというのである。

こうして、聡明な母親の本能の力によって、幼な児の内面に神に対する信仰心や畏敬の念が芽生え、愛と信頼の心が育まれるのである。

②《術》（教育）の課題

この《信頼》と《従順》の芽は、幼な児が成長・発達して子ども自身に生きる力がついてくると、たちまち萎縮してしまうおそれがある。子どもが自分自身の力で自分の欲求を充たすだけの力をもつようになると、子どもの心のなかに母親の存在が薄れていき、母親がいなくともやっていけるという密かな自信が生じてくるのである。子ども自身の生きる力の目覚めを神への信仰につなぎとめることに失敗したら、せっかく芽生えてきた《愛と信頼》の心情も信仰心も、いっさい失われ、子どもはただ欲望を充たすため感覚的な快楽や、力だけにあこがれる放蕩者になってしまう危険性がある。

そこで、成長してきた子どもにとっては、母親は以前の母親ではなくなり、子どもが外界の新しい刺激に魅力を感じ始めるとき、人びとは《術》（教育）の力によって、子どもに芽生えている《感謝》と《愛と信頼》と《従順》の心情を純粋に保つように心がけなければならない。この心情のなかにこそ神は宿り、この心情こそ私たちの道徳生活を支えるのである。

「人類よ！　これらの感情が子どもの心のなかに芽生えさせた自然の根源が、枯渇しようとする時（その働きをとめようとする時）、あなたの《術》はあらゆる手段を尽くして、その根源を新たに生き返らせる手段を講ずるために全力をつくさなければならないのだ。……あなたは、こうした時になったらもう子どもを自然に任せず、むしろ子どもの指導を盲目の自然から引き離して、幾千年の経験が人類に与えてくれたいろいろの原理や力の手にそれを委ねるように、あらゆる努力を尽くさなければならないのだ。(108)」

つまり、子どもの目にうつる世界、子どもを刺激する外界はそれはそのままでは神の創り給うた美しい世界を子どもに感得させることのできるようなものではない。父母ともに仕事の追われ忙しく、子どもの生活に目がやれない。仮に恵まれた生活が許されたとしても、そこには常に悪徳への誘いがあるのだ。哀れな子どもたちは、この外界の強力な印象にとらえられて、せっかくの道徳性や宗教心への芽を失い、自滅の道をたどることになりかねないのだ。

人類のこうした堕落を防ぐための《術》の課題は、「神がわれわれの自然本性のうちに授けた、われわれの知的、精神的向上と道徳的向上との統一手段」を念入りに育てることであり、さらにいえば、「教授と教育とを、一方では自然的メカニズムの法則と調和させ、他方ではわれわれの内的自然の感情と調和させるような、そんな根本原則に、われわれ人類の教育を従わせること」であるといえる(109)。

この目的のために、私たちは、私たちの精神と感情の発達について、その連続的な漸進的な過程を見いだす必要がある。この連続的過程について、ペスタロッチーは次のように考えている。

連続性の第一の法則は、感性的な諸力の発達である。つまり、子どもの最初の教育は、頭脳の仕事でもなく、理性の仕事でもない。それは全く感性の仕事であり、心情の仕事であり、母の仕事であるということだ。

第二の法則は、感性的な諸力の道徳性への従属である。人間の教育（Unterricht）は、感性の訓練から判断の訓練へと、進んでいくものであり、それは、理性の仕事になり始める以前に長い間、心情の仕事であり続けるものだということだ。

ペスタロッチーは、連続性のための原則として、先に述べているように、二つの条件を挙げている。

（一）子どもにとって最初の教育（Unterricht）は、けっして頭や理性の仕事ではなく、常に感覚の仕事であり、心情の仕事である。つまり、母の仕事である。
（二）人間の教育（Unterricht）は、感覚の訓練から判断の訓練へと進む。それは理性の仕事となる以前に、長い間心情の仕事であり続ける。男性の仕事となり始める以前に、長い間女性の仕事であり続けるのである(110)。

既にみてきたところからも明らかなように、ペスタロッチーにとって道徳性や宗教性への陶冶は、人間の心情に関わるものである。しかし、それは感性的な基礎を欠いては成立することができない。そして、さらに人間の《知性の陶冶》が、《心情の陶冶》から遊離してはならない。この両者の《統合》のうちに、真の《人間の教育》は行われなくてはならない。

この課題の重要性と、困難さのゆえに、ペスタロッチーはさらに、第一四の書簡において追求している。

(2) 第一四の書簡～道徳と宗教の教育の問題～

ペスタロッチーは、前の書簡をうけてこれを補足しつつ、彼の信仰観、道徳と宗教教育の問題について述べ一四通の書簡を締め括っている。『ゲルトルート』の最後の第一四の書簡は、この書の最も重要な部分である。ここで彼は、人間における神への愛、信仰、感謝、従順などの心が、もっぱら自然の本性にしたがって幼子と母親との関係から生ずることを指摘する。こうして、母の存在と、家庭と、そこで自然的に育つ感性的な諸力と心情、および、それらがやがて真の理性と道徳性との基礎となるということを強調するのである。

この第一四の書簡では、道徳・宗教教育の本質的在り方をこの書の総括として述べている。

「友よ、私はさらに進んで自問する。《私の生涯を通じて、私が打ち当たった悪に対抗するために、宗教的な立場から果たして私は何をしてきたか》と。……友よ！　もし私の方法がこの点で、人類の要求を満足させるものであるならば、この方法の価値は、私が、この方法に抱いていた希望をさえも凌ぐほどのものなのだ。そして、事実私の方法はその要求を満たすものだった。(11)」

ペスタロッチーは、人間教育を《信仰と愛》によって、《知的陶冶と心情陶冶》さらに《精神と心情》との調和を同時代の人びとの心に育むことによって、実現しようと考えていた。彼は、さらに次のように論究している。

「《信仰心》と《道徳心》との本質をなすところの感情があらわれてくる《芽》というものは、私の教授法の本質が、湧き出てくる芽と、まったく同じものだ。それは、ひとえに幼な子と母親との間に生じる自然の関係から発芽し、乳幼児期から教授をこの自然の関係に結び付け、教授を永遠的な技術によって、私たち人類の創造主に対する帰依が依拠している情緒と同じ情緒の上に打ち立てようとする《術（Kunst）》に、本質的に基礎をおいている。この《術》は、母と子の間の自然的関係が消滅しはじめる時に、この母親と子どもとの関係から生じてきた高尚な感情の芽がだめになってしまわないようにと全力を注ぐのである。[112]」

さらに、ペスタロッチーはいう。

「信仰心と道徳心の本質をなす感情が現れてくる《芽》は、私の教授法の本質が発展してくる《芽》と、全く同一のものだ。その《芽》はひとえに、幼な子と母親との間に生まれる自然の関係から発芽し、子どもの時から教授をこの自然の関係に結び付け、私たち人類の創造主に対する帰依が依拠している情緒のうえにうち立てようとする《術》に、根本的には基礎を置いている。私の方法の本質は、母親と子どもとの関係の自然的絆が消滅していく際に、子どもにその母親を返してやるばかりではなく、母の手に一連の知恵を与えてやることである。……私の方法は、心から子どもを愛しているどんな母親に対しても、子どもが愛や神から引き離され、子どもの心の奥底で、子ども自身の最も恐ろしい荒廃と、避け難いわがままとに子どもが身を委ねてしまうような危険のある最も危機的な時期に、子どもを守ってやるばかりではなく、子どもの心が、この世界のあらゆる虚偽と欺瞞とによって、無邪気さや真理や愛の印象に対して全くそこなわれてしまう前に、母親の愛の手と純粋に維持された高尚な感情とをもって、子どもを神のよりよき創造のなかに導き入れてやることが容易にできるようにしたいのだ。

私の方法を会得した母親にとっては、彼女の才能や環境の惨めな状況は、もはや彼女の子どもの能力がしばらる状況ではなくなるのである。……子どもが母親を通して眺めるすべてのものについて、彼女が最も純粋な愛をもって話してあげられるようにする。母親は胸に抱いたわが子に、神の名を回らぬ舌で言えるようにしてやったが、今度は昇る太陽に、ささやく小川に、木々の木の葉のなかに、花の輝きに、朝露のしたたりに、無限の慈悲者である神のおられることを子どもに示してやる。母親は子ども自身のなかに、その目の輝きに、子どもの言葉の音色のなかに、神がいたまうことを子どもに示してやるのだ。一切のもののうちに、母親は子どもに神を示すのだ。そして、神を見いだすところで、子どもの心は高まり、子どもが世界のなかで神を見るところでは、子どもはその世界を愛するようになる。神の世界に対する喜びが、子どもの心のなかで、神に対する喜びと結び合わされ、子どもは神と世界と母とを同一の感情をもって抱き締めるのだ。こうして引き裂かれた《絆》は再び結び付けられるのだ。子どもは今や、母親の胸に抱かれていた頃にもまして、母親を愛するようになる。子どもは今や一段と高い段階に立っているのだ。(113)」

「子どもは、誕生の日から母親のやさしい愛情のなかに抱かれて育っていれば、自然と子どもの胸中には、新しい感情が芽生えてくる。ここに子どもの知的発達と道徳的発育を結合する第一歩が開かれるのだ。この第一歩は母親の手によって開始される。子どもは学び、子どもは、さらにいっそう知ろうとする。子どもは母親をせきたてて、一緒に学ぼうとするのだ。母親は子どもと共に学び二人とも日ごとに知識においても、力においても、そして愛においても向上していくのだ。(114)」

さらに、ペスタロッチーは続ける。

「友よ! 私はこの《方法》によって、子どもをその母に結び付け、子どもが母親の心情の影響を永続的に受けられるようにした。この《方法》によって私は、神への帰依を人間の自然本性と結合させ、またわれわれの心に信仰心を芽生えさせる感情を活性化することによって、神への帰依を確実に支えてきた。母親と創造主、母親と支え主とは、方法によって子どもにとっては、まったく同じ一つの感情となるのだ。私の方法によって、子どもは末永く母の子どもであり、子どもは末永く神の子どもでもあるのだ。子どもの精神（Geiste）と心情（Herzen）の統一的な発展の段階は、それが最初に芽生えてきた純粋な最初の点（母との出会い）に末永く立脚し続けるのだ。子どもの人間愛と知恵との道は、のびのびと気高く拓かれるのだ。私は、方法によって、貧しいものたちの父となり、悩めるものたちの支えとなるのだ。私の母は健康な子どもはほうっておいて、もっぱら病気の子どもにかかりきりになり、惨めな子どもには二倍も心を配ってやっていたのだった。母親は母親であるがゆえに、また子どもたちにとっては、神の代理者であるがゆえに、そのようにせざるを得なかた。これと同じように、私（ペスタロッチー）もそうしなければならないのだ。私にとって母が神の代理者であり、母の感情と同じような感情が私に迫ってくるのだ。人類は私の兄弟であり、私の愛は全人類を抱くのだ。私は悲惨な人びとに寄り添い、そういう人びとに対して二倍も父となってやるのだ。神のように行為することが、私の天性（meine Natur）になるのだ。……私は神の子であり（ich bin ein Kind Gottes）、私は私の母を信じている。母の心情（Herz）が、私に神を示してくれたのだ。神は私の母の神であり（Gott ist der Gott meiner Mutter）、神は私の心情の神であり、母の心情の神なのだ。私は他のいかなる神をも知らない（ich kenne keinen Gott）。……私は私の心情以外にいかなる神も知らないのだ（ich kenne keinen Gott, als den Gott meines Herzens）。私は、ただ私の心情の神を信ずる時のみ、自分がひとりの人間であることを感じるのだ。……私の心情の神は、私の神であり、私はこの神の愛のうちで自らを醇化するのだ。[115]」

「母よ！　母よ！　あなたは私に命令するとき、神を私に示してくれた。……私が神を忘れているときには、私はあなたを忘れている。そして、私が神を愛するとき、私はあなたの幼な子に対してあなたの身代わりになるのだ。私はあなたのかわいそうな子どもに寄り添い、あなたの泣き悲しむ子どもは、母親の腕に抱かれているように、私の腕に抱かれて安らうのだ。……母よ！　母よ！　私があなたを愛するとき、私は神を愛する。そして、私の果たすべき義務が私にとって最高の善となるのだ。……私があなたを忘れるとき、私は神を忘れ、獅子のようにただ自分のためにのみ生き、自分の楽しみとして、自分のためにのみ、人類に逆らって自分のもてるすべての力をもちいるのだ。その時には、私の魂はもはや父親らしい心はまるでなくなり、私の従順を神聖にするところの神的な感覚もなくなって、私のみかけばかりの義務感は、人をあざむく仮像となるのだ。母よ！　母よ！　私があなたを愛するとき、私は神を愛する。そして、母と従順、神と義務とは、私にとってまったく同一のものになるのだ。……私はもはや自分のために生きるのではなく、私の同胞、私の神の子どもたちの群れの中に、自己を埋没させて生きるのだ。」

ペスタロッチーの宗教教育の方法は、母と子の自然の結び付きが失われようとする時に、この自然の結び付きから生まれた、母に対する信頼の感情を持続させ、現実の世界が子どもに与える感覚的印象を、つねにこの感情と結び付けることによって《純化》し、《母への信頼感を神への信仰にまで高める》ための方法であった。子どもへの指導が、この目的のために行われる時、子どもは確実に信仰心も道徳心も深まり向上するのである。

彼は、母親と子どもとの信頼の絆こそ、人間形成の根本だと考えているが、母親と子の間の自然的関係を持続させる《術》の発展に力を注いでいるのである。

「友よ！　心からほとばしり出る確信を表現しようとする時、言葉はいったい何だろう?……《神は単なる知識によっては認識されえない。真実の神は唯信仰に対して、子どもらしい無邪気な信仰に対してのみ生きている。

《聡明な人の知力さえ、理解することのできないものを、子どもらしい心情は、無邪気に感得する》

このようにして、ただ心情（das Herz）のみが神を知る。自己を超越した心情みが、……人類を抱擁する。この純粋な人間的心情は、みずからの愛、服従、信頼、祈りの対象として、人格化された最高の原像を、すなわち、全精神界の魂（die Seele der ganzen Geistergemeine）であるところの最初の聖なる意志を要求し、創造する。……善良な人びとは、やがて、彼の母の胸に還っていくようにして、憧憬と愛とを抱いて神に還っていく。[116]」

最後の言葉のなかに、ペスタロッチーが生涯をかけて言わんとすることが、明瞭に明らかにされているのである。《自我の為ではなく……、人類のために……》、彼の墓碑銘にあるように《すべてを、他者のために為し、己がためには、なにものも……、Alles für andere, für sich Nichts!》である。それを、第一四の書簡の最後に次のように述べている。ここに人類の教育者といわれる最大の理由があることを、私たちは深く心に刻む必要がある。

「それでは善人（Guten）が、神について抱く確信は、何処からくるのか？……それは、理性からではなく、いかなる言葉によっても、いや、いかなる概念によっても把握することはできない。あの説明しがたい衝動、すなわち彼の存在を、より高潔な不滅の全存在のなかで美化し（verklaren）、永遠化しようとする（zu verewigen）、あの衝動からくるのである。……（つまり）私のためではなく、同時代を生きる人びと（Brüdern）のために、……私の自我のためではなく（Nicht der eigenen Ichheit）、人類のために……これが人間の心の奥底における神的な声の無制約的な宣言であり、これを聞き分け、これに従うところに《人間本性の唯一の尊厳があるのであるのだ（der einzige Adel der menschlichen Natur）[117]》。

ペスタロッチーは、以上のように述べて第一四の書簡を閉じている。

ペスタロッチーの教育方法の特色は、個々の能力の完成を連続的に積み重ねて個人の完成に至らしめるところにあった。だからペスタロッチーは、この方法が宗教教育という点においても優れたものであることを確信している。そして、さらに彼は、彼の方法が単に個人を完成に至らしめるだけではなくて、人間は彼一人のためにだけこの世にあるのではない。人間は、同時代に生きる人びとと共に人間的完成を目指して生きるのだと主張するのである。

さらに、「私の方法によって、幼な児は末永く母の子どもであり、神の子どもでもあるのだ」と、自信に充ちた彼の言葉であり、それは同時に、ペスタロッチー自身の《術（教育指導・メトーデ）》にかける必死の願いでもあり、祈りでもあった。こうして幼な児は、母を通して神を知り、神を知ることによって同胞を知り、同胞を知ることによって、同胞のために生きること、同胞の純化（die Verdlung）を助けることによって、とりわけ恵まれぬ人びとのために生きる己の義務を知るのである。理性においてではなく、心情において神を見、神の声を聞くのである。ペスタロッチーがいうように、そこに《崇高に生きること（"göttlich zu leben"）》が、子どもたちの本性となるのである。母は子どもに神を示し、子どもは素直に神を見いだす。このようにして愛と義務は人間にとって同一のものとなる。神を愛すれば愛するほど、ひとはますます自分自身のことを忘れ、人間の本性はいよいよ《崇高な存在（"ein göttliches Wesen"）》となるのだというのである。[118]」

ケーテ・ジルバーは、この点について「ペスタロッチーは彼のメトーデ（方法）の中で《敬神と人間の本性を結び付けた》と、宗教は『ゲルトルート』においても人間的人道主義的な宗教（eine menschliche humanistische Religion）である[119]」と指摘しているように、ペスタロッチーは「神は私自身の心情の神であり、私の頭脳の神は幻想である。超越的な神や歴史上の啓示（Offenbarung）は論外である[120]」と述べている。こうして人間性の尊厳の根拠を信仰と道徳の統一に求めたのである。彼の探求した方法は、この意味において人間の尊厳を確立する《術＝方法》でなければならなかった。そして、苦闘の思考の結果として、《道徳＝宗教教育は人間の醇化であり、自己自身のうちにある永遠なものの実現である》に至ったのである。

8 『ゲルトルート』の意図するもの

最後に、この書においてペスタロッチーは何を意図したのか、『ゲルトルート』の目的について、あらためて確認しておきたい。彼は、既に第七の書簡のなかではっきりとその意図を語っている。

「私が目指したものは、世の人びとに技術とか学問とかを教えようとしたのでもなければ、教えようとしたのでもなかった。《私はそのようなものは知らないのだ》。ただ私は、あらゆる技術やあらゆる学問の初歩の学習を民衆一般にとって、もっと容易なものにすること、また国内の貧しい人びとや無力な人びとの、顧みられず、育てられもせずに打ち棄てられてきた能力に、教育の技術を適用すること、つまり、彼らが人間らしい人間になるための途を拓くことを強く望んできたのだった。そして、できることなら、ヨーロッパの下層市民を、およそ有意義な技術の基礎である自律的な能力では南方や北方の野蛮人よりもずっと立ち遅れさせている逆茂木に火をつけたいのだ。というのは、この逆茂木こそ今大好評のすべての人を啓蒙するという大ぼらが吹き立てられているさなかで、一人の人間の利益のために一〇名の人間を社会的人間の権利から、教育を受ける権利から、あるいは少なくともこの権利を行使する可能性から締め出しているからだ。願わくは、この逆茂木が私の死後、炎炎たる炎に包まれて燃え上がりますように！　今の私の仕事は、ただ弱い炭火に湿った、濡れた藁の上に置いた程度にすぎないということを私はよく承知している。しかし私には風が見える。それに風は、もうそんなに遠くない。風は炭火を吹き起こし、私のまわりの濡れた藁は、だんだんに乾き、熱くなり、やがて火がつき、そして燃え上がるのだ。ゲスナーよ！　私のまわりが、いまどんなに湿っていようとも、燃え上がるのだ。きっと、燃えるのだ。[121]」

このように、一般民衆教育の改革に対するペスタロッチーの情熱は、彼自身のうちで燃え上がったのである。

ドゥ・ガンによれば、この書について、最も秀れたペスタロッチーの伝記の作者、彼の事業と理念とを最もよく研究し理解した人の一人、モルフが加えた批評をここに掲げよう。

「それは総ての彼の教育学的著書のなかで最も深遠なものである。当時において限りなく重要であっただけでなく、将来においても永久に重要である。彼の天才はそのなかに、純粋にかつ彼自らの流儀で現れている。彼はまだ誰の影響の下にも立っていない。それはその気高い人の姿を最も忠実に映している。それは彼の言葉によって語られた彼の思想である。……この書物は国民教育の偶石であり、永久に偶石である。ただし秘めてある宝はまだ久しくすべてが実際的に利用されているわけではない。そして私たちは教育と教授とに関係しなくてはならない者に対して、いくらその書物に注意を促してもなお足りないくらいである。[122]」

ジルバーは、ペスタロッチーの社会改革・政治改革について、次のように重要な指摘をしている。

「ペスタロッチーは、自分の《メトーデ》の効果に最大の期待をかけた。たしかに知育のメトーデには、明らかに道徳的ならびに政治的な意味がある。自主的に思考し、行動する人格へと子どもを教育することは、しばしば混乱したかに思われる基礎練習の根底に横たわる目標である。ペスタロッチーは人間を自立させ、人間の幸・不幸を、人間自身の手中に委ねる。なぜなら、文化はたしかに個々の人格の陶冶からのみ生まれるからである。あるいは、逆に理解されない知識を多くの人びとに注入することは、すべての野蛮行為の原因だからである。ペスタロッチーが、ヨーロッパの文化の堕落と退廃はこれまでの伝統的学校教育に《直観》が欠如していたことに帰因するという。彼はこう主張する。《私たちの今日と将来の市民的・道徳的ならびに宗教的な退廃をくい止めることのできる唯一つの手段は、私たちの民衆教育が皮相と欠陥と欺瞞から離れて、《直観》がすべての認識の絶対的な基礎であることを承認することである》と強調している。[123]」

ペスタロッチーは、人間のあらゆる精神活動を可能にする中心的な力を、《直観》と呼ぶが、彼の直観は、感覚的な直観ではなく、身体全体（全人的）によって認識する直観をを意味している。全人格を通して《何が真実か、真実でないか》を確かめ、明晰な直観によって、社会的・政治的真実を認識しようとした。

その結果として、ペスタロッチーは、この一四の書簡で何よりもまず、貧しい下層階級の子どもたちでも人間として生きるための基礎教育を受けられる庶民教育の解放のために戦ったのである。

前述したように、ペスタロッチーのみた当時の学校は、子どもが入学すると同時に、彼らを文字の世界に引き込み、それによって《直観なき概念》の世界に導き入れ、学校が終わるまでそのなかに閉じ込めておくが、それがペスタロッチーには許すべからざる犯罪だと思われた。そこでの教育は子どもたちにとっては苦心惨憺たる文字の学習から始められ、最後にキリスト教問答書のあの機械的な読み方と無理解な暗唱とが強いられる。それはまさに、わが国の戦前の天皇制国家主義教育体制下における小学校で『教育勅語』を教えたように、ペスタロッチーは、こうした非教育的な学校を呪い批判した。

既に、考察してきた幾つかの例でもわかるように、西洋教育史上の階級的特権を打破して、教育的格差・貧困・偏見に挑み教育の門戸を広く民衆一般に、無産階級に解放しようとするまったく近代的なかつまた民主的な精神の逞しい息吹を感ずることができる。

第5章 『ランゲンタールの講演』
―祖国存亡の危機と教育による再建―

この講演は、一八二六年四月二六日ヘルヴェーツィア協会（Helvetische Gesellschaft）[1] 主催の会合がランゲンタール（Langenthaler）で開催された。その折の講演であり、ペスタロッチーにとっては最後の講演となった。講演の序文で次のように述べている。

「私が四月二六日にヘルヴェーツィア協会の本年度の議長としてランゲンタールで行った講演は、ヨーロッパがこの場合多かれ少なかれ一般に悩んでおり、次第々々に打ち負かされる危険にある不幸を緩和しなければならないとすれば、特に基礎づけの薄弱な産業の結果として倫理的・精神的・身体的・経済的等の点で危険な状態におかれているわが祖国において《教育によって何がなされ得るか》また《何をなさねばならないか》という観点からお話ししたい。[2]」

彼がここで特に主張したかったのは、当時のスイス社会の混乱・社会悪・人間のモラルの低下であり、彼はその原因を純農村への紡績業の侵入による労働と家庭生活の様態の変化にあると認識していた。しかも紡績業は既にマニュファクチュア（工場制手工業）の段階に入っており、まだ機械化はなされてはいないが、数十名の労働者をかかえ、分業化された作業によって大量生産を企てるという経営が行われていた。のちの産業革命期ほど激しく、大規模でないにしても、既にこのマニュファクチュアの下での年少労働者・農民層たちの賃労働、しかも単調で心身をむしばむ長時間労働が、スイス各地で始まっていた。したがって、前期資本主義の素朴な農村地域への侵入は合自然の人間の知恵と道徳の教育のための自然の場である農耕的生産を主とする家庭生活（居間の教育）の場を、親にも子どもにも失わせてしまったのである。変化に富み、創意を働かせて、親子相互に励まし合いながら営まれる親子共同の農耕的生産生活こそ、合自然的な教育の場であるが、それがマニュファクチュア生産の侵入によって崩れ去りつつあった。やがて純朴な中間層としての自営農民たちは貨幣経済の侵入によって賃労働者となり下がり無産化の方向をたどらざるを得なくなった。

ペスタロッチーは、高齢にもかかわらずこのようなヨーロッパ社会の、とりわけ自国スイスの社会的変化を実に的確にとらえ判断し、やがて起こりうる時代状況に対して警鐘を鳴らしているのである。彼は、この講演で宗教改革の古きよき時代を社会学的に回想しながら、プロテスタンティズムと経済的な成功との関連を述べている。

そしてこの講演は、ペスタロッチーが革命期の本質と考え、また彼がスイスの再建にとって不可欠なものと考えたところの、社会政策的および教育的な展開をもって終わっている。

また、彼は、祖国スイスの民衆の自由と幸福としての根源的な秩序が破壊され、急速に衰退していく危機に対して、共同体に向かって往時の憲法の精神を再建するという強い使命感に駆られていた。いかにしてよきスイスの伝統的精神を継承し再建して行くか感動的に語りかけている。しかし、講演はスイス精神の伝統と精神的風土についてあまりにも詳しく語り過ぎたため、最も肝心な教育についての見解を述べる時間がなかった。そのため、のちに教育についての見解を素描した文章を協会の会議録に付け加えたのである。

1　講演の趣意

この講演はペスタロッチーが、言語に絶するほどの不幸に苦悶していた八一歳の老人としては驚くべき力の籠もったものであった。この講演で彼は何を語りたかったのか。

ペスタロッチー研究者として高名なハンス・バルト（Hans Barth）[3]は、次のように語っている。

「おそらく、この講演が最後であろうと感じたペスタロッチーは、自分の考えにしたがって、祖国のために必然であり、また価値があると見たところのものすべてについて、この機会に洗いざらい吐露しようと意図した。まさにランゲンタールの講演は、ペスタロッチーの祖国スイスに対する遺言状（Vermächtnis）である。この講演は始めから終わりまで、祖国再建の理念によって貫かれている。[4]」

それはヘルヴェーツィア協会が、スイスの連邦諸州を結合させ、国民の自由と幸福の源泉ともいうべき美徳を奨励し、進んで古代からの朴実な国風を継承しようという三つの目的から生まれたものであった。

ペスタロッチーは自分の仕事のために長いこと、この協会の会合に出席していなかったが、しかしこの協会は彼が学生時代に加入した歴史・政治結社であり、若き日のペスタロッチーの発展にとって、ここでの活動は大学の授業よりもいっそう重要であった。ここでの思索と活動は、のちの彼の思想形成に多くの影響を与えている。

若き日のペスタロッチーを振り返ってみると、学生時代の孤立した態度とは対照的に、彼は生き生きと同志たちと共に行動した。彼が参加していた「愛国者団」（Patrioten）[5]と呼ばれる優れた青年たちの一団は、一七六〇年代にヘルヴェーツィア協会を設けた。この協会は、世の中を改革しようとする一種の青年運動であった。

毎週の集会では愛国的な課題が提案され、討議された。道徳観念の普及と公私にわたる風紀の純化とが、この協会の主要目的として宣言された。特に、ルソー（Jean-Jacques Rousseau 1712-1778）の『エミール』（*Emile*）[(6)]などの著書は敏感な青年たちをとりこにした。彼らはスパルタ的な禁欲とストアー的な倫理を再興しようとする熱狂的な意志を、啓蒙主義の志向と結び付けた。彼らは「完全性」と「徳」を求めて努力した。すなわち最も厳正な義務の遂行と節制と克己心を訓練し、自分たちの個人的な要求を祖国の要求に従属させ、また偉大な事業のための使命感に貫かれていた。

まさに、ペスタロッチーの生涯を貫く根本思想がヘルヴェーツィア協会の活動を通して形成されたといっても過言ではない。

さて本題に戻ろう。思えば若い日ペスタロッチーが団員の一人であった「愛国者団」の同志が、最も実践的な識見と、さらに人間に対するより深い認識をもっていたら、おそらくフランス革命よりも遥か以前にチューリッヒで価値ある革命を成し遂げたであろう同志の中で、ペスタロッチーは生きながらえた最後の一人であった。

しかも、彼が青年時代に同志と共に活動した目的と現在のヘルヴェーツィア協会の活動目的とが一致していたことが、いまや、ランゲンタールにおける彼の講演となった。

この講演は当時信頼する人に裏切られ、苦悩のどん底にあった八一歳のペスタロッチーとしては、彼の愛する祖国と教育について驚くべき力の籠もったものであった。

彼はこの講演で、まず愛する祖国スイスが独立戦争以来享受していた幸福について述べている。彼にいわせると、当時国内は平和を楽しみ、近隣の諸外国からは尊敬されていた。

もちろん、誰の心にも敬虔な信仰と愛国心と親切心と中庸の徳が備わっていた。まだ古き時代の封建制度からくる不平等はあるにはあったが、しかし民衆の生活条件・生活様式ないし風俗習慣には事実微笑ましい平等があった。当時は貧民も富豪も共に極めて少数で、住民の大多数は土地所有の自作農民であった。

ところがこうした健全な国情は外国からの悪影響を受けた。彼は、とりわけマニュファクチュア工業による前期資本主義の農村への侵入がもたらす悪影響を憂えている。

ペスタロッチーにいわせると、大企業が栄えると必ず富と享楽とが増加するが、それにも増して憂うべきことは、富の分配がはなはだしく不平等になることだった。というのは、一方には巨万の富が少数者のところに集中し、それに伴って大都会に住む富豪は贅沢な生活を民衆に見せつけ、他方においては無知で、貧困で、自分の手しかもたないような無産者が激増する。こうした状況にあって、かつては数多かった自作農たちはいずれもマニュファクチュアの金権主義に誘惑され農地を棄て、今や無一文になってしまっている。

ペスタロッチーは、彼の生きてきた時代と今との比較に力を入れたこの講演のなかで、民衆教育の重要性を強く指摘している。

「私の時代には商人は一生かかって五万ないし一〇万グルデンを儲けたら、かなり儲けたのだと信じた。今日の金権主義の時代では人びとは一年間にそれだけ儲けようとしている。この社会悪と戦ってこれを克服する唯一の手段は基礎陶冶（初等教育）でなくてはならない。初等教育のみが未来を担う子どもたちの生きる力、とりわけ実生活に役立つ道徳心を自然に発達させるのだ。だから初等教育こそすべての人の手に届くところにおかれなくてはならない。(7)」

これがペスタロッチーの教育立国論であり、民衆教育であり彼の畢生の仕事であった。

この講演は、深い倫理的なキリスト教的精神によって貫かれている。

彼は初期資本主義（工場制手工業）がスイスに入り込む以前の素朴で質素で堅実なスイスの民衆の生活を多少理想化しすぎているかもしれないが、しかしそのなかに深く時代を洞察する社会的真実が含まれている。それゆえに、この講演は満座の聴衆に感動を与えざるを得なかった。

2 祖国スイス市民のよき伝統と衰退

講演の内容を考察してみよう。

ペスタロッチーは若き日に彼自身も加入して活躍していたヘルヴェーツィア協会が一八二六年度の議長に選出してくれたことに感謝しつつ、次のように語り始めた。

「忠実で親愛なる盟友各位よ！　崇高な祖国の兄弟および友人諸君よ！

私は皆さんと面識がありません。私は若い諸君を誰一人として知りません。私も皆さんに知られていないと思いました。それだけに皆さんが選んでくださったことをいっそうびっくりしました。私は老人です。私の血潮はまだ温かくても、神経は弱っています。神さまのお召しでもう一年生かしてもらえば、私が生涯を捧げた祖国と教育について私の心に思うことを皆さんにお話し申したい。(8)」

(1) 崇高な祖国について～古きよき祖国の時代～

ペスタロッチーは、まず祖国スイスが享受していたかつての幸福な時代を振り返りつつ語りだす。祖国スイスは、一三世紀以来ハプスブルグ家の支配下にあったが、一部の山岳農民と都市住民が協力して自由と権利を獲得するために独立運動を展開し、一四九九年に共和政国家を形成し事実上独立した。

「私たちの祖国スイスは、その大部分が自然によって少しも恵まれない山国でありますが、その本来の関係において国会議員の権利（Recht）と自由（Freiheit）とが多面的に付与され、そのためにここの都市と地方と王の領地と町村と、さらに個人にさえも家庭的および市民的な自由が自己配慮と、そこから発する自主性の広い活動の余地とが認められておりました。住民（der Einwohner）は彼らの享有する自由と権利とを、独立を承認されるずっと前から、既に多大な叡知と節制とをもって享有し、利用していましたが、独立の承認後も同じ叡知と節制とをもって幸福な環境の下に、私たちの時代まで保持し高めてきました。[9]」

さらに続けて、ペスタロッチーは語り続けた。

「民衆が独立のために戦った当時でも、卓抜な意気および勇敢と結合した共同体精神（der Gemeingeist）を、彼らの境遇の祝福に満ちた権利と享楽との防衛に発揮しました。民衆は戦いの際ですら節制と謙虚さと実直さとを示したので、そのため同胞からも、また彼らと公然と戦っている王侯たちからさえ広く尊敬を受けたのでした。……また私たちの愛する旧スイス連邦が二つの互いに異なってみえる要因から出発しているのです。すなわち一方においては、高山に住み権利の平等や慣例・慣習の多い生活をしている牧畜民の精神から出発しており、他方におきましては、私たちの谷間や平原に住む都市や伯爵領や王領地や町村の精神から出発しております。……しかし、世間には今までほとんど知られていなかったウーリ（Uri）やシュヴィーツ（Schwyz）やウンターヴァルデン（Unterwalden）の山岳地方も貧乏で苦しい生活をしながらも、私たちの国の都市や伯爵領や王領地や町村の祖国愛と共同の精神と正当な自由との徳や見識や努力を共有しました。こうして自由と権利を共有する共同体精神に充ちたスイス連邦が成立したのです。[10]」

こうして、当時のスイスは、国内においては平和であり、外国からは尊敬されていた。宗教、祖国愛、叡知、節制、親切が住民の日々の暮らしを支配しており、生活上の要求は、財力と比例していた。封建制に伴っていた権利の不平等にもかかわらず、地位や風俗や日常の生活様式には、実質的な平等が行きわたっていた。大金持ちも極貧の人もごく少数であり、民衆の大多数は自営農民（小地主）という中産階層で構成されていた。

(2) 祖国の古きよき伝統精神の衰退

ところが、こうした愛国心に充ちた健全な国情は、外国から種々の悪影響を受けた。

「外国との交際から発して私たちの祖国スイスの本来的の伝統的精神に反抗した諸原因は深く食い込み、数世紀以来ますます強力に作用して、非スイス化とまでは申したくありませんが、しかし祖国の住民は旧スイス的の考え方や行動や生活様式の減退をきしたと申さねばなりません。[11]」

このように、ペスタロッチーは近隣諸国との交流、宗教改革などを経て、次第に変化を重ねていったというのである。

宗教改革について次のように語っている。

「宗教改革（die Refomation）という偉大な世界的事業はつくり出された経済力から生ずる幸福を、家庭的にまた市民的に享受するスイスの諸都市に対してとりわけ顕著に祝福的な影響を及ぼしました。これらの諸都市の伝統的な勤勉は、寡欲なスイス市民の共同体精神を高揚しつつ、自己の文化を経済的にも技術的にも当時の文明としては卓越した内容にまで高めたのでした。[12]」

ペスタロッチーは、宗教改革の影響下でのプロテスタント（新教）と経済的生活の繁栄と市民的自由の関係について詳細に語っている。[13]

3 前期資本主義の侵入～よき市民的精神の衰退～

前期資本主義の農村への侵入は、自由で善良なスイス市民社会に決定的な変化をもたらした。そのことを、少し長文になるが、ペスタロッチーは次のように指摘している。

「この状態は、前世紀の初めあたかも雲間から落下したような、祖国の数多くの重要地点で私たちの従来の幸福の均等性の本質的基礎を、いわば蝶番をはずしたように台なしにするまで続きました。この時期になって初めて私たちの生活様式である旧スイスの根深い共同精神の残余が、存続している一切の配慮と節制とにかかわらず、私たちの旧市民的共同生活の多面的弱体化の潮流に対して、もはや有効に抵抗することは一般にできなくなったのです。あらゆる方面から不自然に、私たちの従来の状態と対照的な莫大な量の金銭が私たちに流れ込みました。以前裕福だった私たちの市民たちは、法外に急速に富んだ製造業者やその他の幸福と権力との寵児たちとならんで、一種の屈従的な自己疎外を始めました。

この疎外の傾向は私たちの昔の市民の共存生活の精神に対して、また手工業や普通の仕事を営む古い同業組合（ギルド）の市民たちに対して、あちこちで悪影響を及ぼしました。……製造工場の新しい金儲けに少しもかかわらない中産階層（Mitbürger）に属する市民たちは、彼らが適度の収入によって何世紀もの間、首都においてのみならず普通の都市においても、極めて顕著に祝福に満ちて享受した名誉ある地位と、それ相当の公共的影響力とを喪失しました。[14]」

こうした状況のなかで、前期資本主義のスイス農村社会への侵入は、昔から農民生活に根差していた相互に助け合いながら生きる共同生活の古きよき伝統的精神が衰退していった。

マニュファクチュア工業の農村への侵入は、民衆の知恵と道徳の教育のための自然の場である農耕的生産を主とする家庭生活を、親にも子どもたちにも、さらに村落社会にも失わせてしまった。

自然のなかで変化に富み、創意を働かせ互いに励まし合いながら営まれる家族・村落共同の農耕的生産活動こそ、真の自然的な教育の場であるが、それはマニュファクチュア生産の侵入によって崩れさりりつつあった。この状態をペスタロッチーは激しい憤りを心に秘めて語っている。

「私たち国民の大部分は祖国の多くの地域で貧乏が間断なく募って、不如意にも我慢する私たちの生活の要求を支える資源さえ減少して行きます。これと反対に増大する貧民階層の手から土地所有が、少数の資産家たちの手へますます移って行きます。

そのために私たちの仲間の素朴な勤勉努力によって自主的な家庭・共同体生活に向上する道は、はなはだ多数の民衆にとってはますます狭められ失われたのです。このようにして私たちの境遇は、祖国の多くの地域における同胞市民の多数の人々にとっては日々の暮らしがすこぶる困難となったことを、私は隠すことができません。私たちの旧スイスの家庭的にも市民的にも基礎づけられた幸福の衰退を著しく増大する大きな源泉……新しい製造工場が儲ける金銭の流れ込み……が、この時期に全く異常な事情によって促進されたのです。[15]」

前期資本主義の侵入によって大工業が栄えるにつれて、資産が増加し、同時に消費が増大し、次第に富の分配に異常な不公平が生ずるようになったのである。

古き祖国スイスの祖先たちの崇高な伝統である「謙虚と節制そして勤労を愛し利益を得る」という精神が、「贅沢と浪費精神」の支配に屈するようになった。浪費とさらに増大する欲望の悪循環が生じて、勤労意欲や精緻な技術が衰えていった。

こうして、巨大な富が一部の人に集中し、多くの民衆に大都会の贅沢が提供され、同時に、自分の肉体的労働力しかもたず、知識も、思慮も、財産ももたない、多数の無産階級が出現した。つまり、スイス社会が工場主あるいは「資本家」と、工場労働者もしくは「無産者」との二つの階級に分裂した。スイス社会の特色であったかつての中産階級であった自営農民（小地主）たちは、勤労に厭きて、新しい繁栄からも斥けられ、全くの無一文となって、無産者たちの群れに転落していったのである。こうして、経済的な利益と市民的な幸福とが、勤勉な労働や謙虚さと節制を生活信条とするものではなくなり、日々の暮らしの安らぎや思いやりの感情さえも、民衆の間で失われていくという結果になっていったのである。

ペスタロッチーは、この状態を祖国スイスの危機としてとらえ、工場収益の増加によって、古きよき「営業精神」が「消費精神」へ、さらに「浪費精神」へと変容したことにあると考えた。

言い換えれば、高まった欲求を満足させるべき営業能力と営業技術との後退を伴う軽率と浪費のうちにある。こうした危険の兆候が、近代的な経済発展にかりたてられた社会階層、すなわち「工場主」たちと「工場労働者」たちのうちに一様に見られるとはいえ、生じてくる「膨大な富」をもつ者と増加する多数の無産者との間の隔たりは、ますます開いてゆく。なぜなら、かつて均衡をつくり上げていた「中間階層」は、その膨大な新しい収益には何一つあずからず、もはや何の役割も演じていないからである。それゆえに、収益や繁栄は伝統ある市民的努力や堅実さのうえには築かれず、安全や秩序のための感情さえも広範にわたって消え失せたのである。

4 市民的精神の再建への努力

ペスタロッチーのいう問題は、こうした現実にもかかわらず産業の伸展や繁栄を批判し阻止することではない。産業の普及はこれまで、貧しい民衆の生活条件の改善、精神的な向上ならびに技術的な熟練に寄与するところが多かった。しかし、民衆の道徳的堕落をくい止めるための対策が講じられ、産業の「本質的な繁栄の基礎」である質実や剛健や勤労の習慣を取り戻すことが更新されるように計られねばならない。このことは、堕落の原因の糾明と正しい救済手段の適用との二つの方法によってなされなければならない。

ペスタロッチーは、こうした状態のなかで、次のように述べる。

「古いスイスの祖国的共同体精神を私たち一同のうちに再建させるように努めなければなりません。(16)」

「友人および同志の皆さん！……私たちは現在生き生きと力強く私たちの注意を次のような点に向けるべきであります。すなわち私たち自身の現在はどうであるか、未来はどうなるか、私たちが私たち同胞市民の圏内に、また私たち国民の間に、私たちの崇高な祖先たちの精神を懐いて、影響力を与え、祝福に満ちて行動し、祖国への真の奉仕のために時代の事情がいやしくも私たちに要求するならどんなことでも立派にやれるようになり、現在の緊迫した必要に応えるのはもちろん、近き将来私たち自身を威嚇する危険を真の旧祖国的の心と真の連邦的の力とをもって予防し、それに対抗するためには、私たちは私たち自身を真面目にどういうものへ陶冶し、どういうものへ高めるべきかという点に大いに注意を向けるべきであります。(17)」

さらに続けて、ペスタロッチーは語る。

「崇高なる方々！　友人および同志の皆さん！　私たちの力の真相も、私たちの弱点の真相も、ことごとく長く、もっと多く学びましょう。……私たちは一見すると静かで落ち着いていますが、しかしもし私たちが、私たちの生活状態の本質を根本的に深く認識しようと努めないなら、私たちの祖先たちが幾世紀もの間、彼らの幸福の享受を内的努力によって維持して来た糸を断ち切る惧れのある事件の前夜に立っていることを隠すことができないでしょう。私たちが多くの現象において目立つようにさせた奢侈や浮薄さの蔓延る流行化した浪費は、公共的ならびに私的の現象における私たちの謙虚と節制とを妨害しています。私たちはいっそう広範な、私たちの時代に生起した世界的浮薄さに翻弄されてはなりません。……私たちは私たちの祖先の険約と節制との精神、とりわけ彼らの工場や機構をあらゆる方面から崇高ならしめ、彼らの祝福を永続ならしめるために資質の精神を再建し活気づけることが必要です。(18)」

このようにペスタロッチーは語り、ではその産業の「本質的な繁栄の基礎」の更新を計るためにはどういう方法をとるべきか述べている。その彼の考えを要約すると、次のとおりである。

第一には、現在の堕落の原因を糾明することである。残念なことに、現実には、先に述べたように時代精神の軽薄さゆえに、民衆の大多数が自分たちの境遇の真相について無思慮であり、ほとんどが盲目であり、自分自身が陥っている危険に気づきもしないで過ごしている。それゆえに、高貴な人びとや思慮ある人びとは、時代の要求をなおさらはっきり認識しなければならない。なぜなら私たちは、「見かけの平穏と安らぎのただ中で、おそらく……私たちの内なる自力救済の糸を……断ち切ること必至の事件の前夜に(19)」いるからである。

この思いがけない、しかもこれまでの境遇にとって不相応な金銭の流入を経験したヨーロッパ諸国は、急速に発展する産業のもたらす同じような害悪に悩んでいる。少数の人びとの糸を断ち切る惧れのある巨大な富が他の大多数の人びとの不利益にならないように、また測り知れない数にのぼってゆく無産階層の人びとの増加が、「社会の脅威」とならないように、対策を講じなければならない。

そして、第二には無産階層の人びとの増加が「社会の脅威」にならないように正しい救済策を講ずることが必要である。

時代精神の有害な影響を食い止めるための手段は、険約・節約というささいな方策にあるのではなく、「最も根本的にあるのは祖国スイスの祖先の無欲な精神や謙虚で誠実な生き方の再興と、あらゆる階層における家庭の生活様式のいっそう熱心な倹約・節制とからでなければなりません(20)」。端的にいえば、民衆はいっそう家庭的また職業的に勤勉になるように教育されねばならない。

前期資本主義社会が何よりも必要としたのは、マックス・ヴェーバー（Max Weber）が『プロテスタンティズムの倫理と資本主義の精神』のなかで指摘しているように個々の人間の内的な質実さや剛健さや勤労を尊ぶ精神である。それによって人びとは、産業社会の要求によって、よろこんで働くのであり、働くことによって自己向上ができるのであると、ペスタロッチーは考えていたのである。

5 祖国の再建への途〜教育立国論〜

時代精神の有害な影響を食い止めるための具体的な方策は、国民全体に対する基礎陶冶の実現である。基礎教育の振興なしに祖国スイスの再生はありえないのだとペスタロッチーは熱心に語りかけるのである。

「友人および同志の皆さん！　私たちの祖国スイスは現在市民こぞって職業力の団結を通して一段高い家庭的自主性に向上することによってのみ、現在の境遇を克服して、私たちの祖先の精神と品格と力ともって満足させることができるということは全く確かです。……そのためには、民衆はもっと強力に教育されなければなりません。[21]」

つまりペスタロッチーは、祖先の無欲な精神やいっそう真面目でより簡素な生き方の再興にあると考えている。私たち祖国は、すべての暮らし向きにおいて堅実さと真の力を必要とする。それゆえ、不必要な欲望を制限するためには、営業能力の伸長が計られねばならない。端的にいえば、民衆はいっそう家庭的にまた職業的にも勤勉となるよう教育されねばならない。

民衆はしばしば、利益追求の時代精神の軽薄さのために、ただ外面的な欲望を充たす知識と技術の追求に奔走したり、個々の階層の人びとに役立つだけの功利的な陶冶と教育に心を奪われて、あらゆる階層の民衆にとって、その家庭的および市民的自立のために必要な陶冶と教育問題を考えようとしなかったのだ。だが、いまやそれが祖国スイスの再生のためには欠くことができないのである。

「今や確かに、いっそう科学的陶冶の急速な促進が問題ではなく、それどころか私たちが多面的に、不適切に、あまりにも過度に、すべての国民に与えようと努めている科学的陶冶の浅薄な知識を普及することが問題ではないのです。むしろ逆に、もっぱら普遍的な職業能力や技術をよりよく教え込むことによって、家庭的・市民的の幸福を普遍的に基礎づけることが肝要なのです。[22]」

さらに、祖国スイスの人びとの誠実さとスイス人のしなやかさが極度に欠けていることが問題であるという。

「居間の陶冶の古い祝福力は私たち国民の大多数の家庭においても消滅しています。国民学校（Volksschule）はほとんど、すべての真の人間陶冶の、特にあらゆる階層の人びとの家庭的ならびに市民の幸福の確固たる基礎づけが要求する、あらゆる独自なものの本質的基礎を全く喪失しているといっても過言ではありません。[23]」

それゆえ、すべての階層への教育によってスイス国民の精神的基礎を回復・再生させることが、今求められているのである。さらに、ペスタロッチーは付け加えている。

「私は、今日祖国に最も欠けているものは、これらの手段ではなくて、むしろこれらの手段が必要であるという《思い（fühlen）を十分に活気づけること》、これらの手段を知って吟味し利用しようとする熱意を十分に《目覚めさせること》が欠けているということを痛感している一人です。

こういう人たちの精神と本質とは、私たちの祖国のよりよき家風（Haushaltung）のうちに広くゆき渡って、いろいろな形式や形態で、都市にも田舎にも山にも谷にも城にも藁葺き小屋にも、現実に実行されて現存しており、その精神と本質とは同じように私たちの多くの公共の制度や施設に生かされいきいきと息吹を立てています。これによって、すべての階層の母親たちは、本能的に活気づけられているのです。しかし、これらの母親たちは従来の教育では、母親たちを合自然に教育し指導する援助の手を全く見つけることができません。むしろ現代の時代精神は、私たちのなかになおも存在している善良なものの公共的な影響に対して、抵抗しているのです。[24]」

ペスタロッチーは、こうした時代精神の悪影響に対して、祖国は直ちに、人間性（Menschennatur）に深く立ち入り、貧しい人びとの現在の境遇や事情を改善するための真の陶冶と教育との配慮と方策を求めることができるはずであると考えている。

最下層の民衆の自己解放のための教育は、たとえそのために支払う費用や労力がどれほど大きくても、よきスイスの伝統的精神の再生のためには喜んで推進されなければならない。スイスの国は、ヨーロッパの諸国に比較すれば著しく外面的な力では劣っているにしても教育によって子どもたちの内面に秘められている本質的諸能力を合自然の力に添って開発しようとする力において、どのヨーロッパ諸国にも決して劣っていないはずなのである。

ペスタロッチーは、よきスイス精神の再建のための教育立国を「忠実で親愛なる盟友たちに、また崇高で祖国愛に満ちた友人たちに」感動的に語りかけたのであった。

こうして、講演が済んで昼食のとき、ペスタロッチーは前年の会長の記念のために乾杯しようと盃をとったが、二言三言発し、その尊敬を表すべき方の名前を呼んでから、ひどく感動して、彼はもう続けて語ることができず、ぐったりとしてとうとう椅子に腰をおろしてしまった。ペスタロッチーはこの最後の講演に全精力を使い果たしたのであった。


ペスタロッチーは、この講演の最後に自己の八〇余年にわたる生涯を返り見つつ、熱意をもって生涯最後の長時間におよぶ講演を終わっている。

「崇高な親愛なるスイス連邦共和国の同志のみなさん、私は八〇歳の高齢で皆さんの仲間入りをして、この会に出席するのは、おそらく今回が最後であるという気持ちで参加したのであります。だから私はこの講演の持ち時間のなかで許されうる限り、私が祖国のために希望する見解をすべて一言ものがさずお話しする積もりでした。私は何者にもとらわれることなく私の心を自由に披瀝しお話ししました。……私は崇高な祖国愛の心情に充ちた人たちに語ったのであり、それらの人たちはたとえ私の見解に賛成しない反対の意見をおもちの方でも、私のこの講演が純粋に祖国愛の心情から流れ出ており、私が祖国スイスの教育と教育制度との合自然的な基礎づけに献げた私の生涯の努力（Lebensbestrebungen）と一致しているということを、厳密にお認めくださるものと確信いたしております。[25]」

ペスタロッチーが高齢にもかかわらず、祖国スイス社会の急激な変化を正しく判断し把握しその再建に全精力を傾注したことは驚嘆に値する。彼は初期のマニュファクチュア工業の農村への侵入が人間の知恵と道徳のための自然の場である農耕的生産を中心とする家庭生活を、親にも子どもにも失わせてしまった。こうして彼は初期資本主義と民衆の無産化との危機を予見し、民衆の仕事の機械化と道徳の低下とを阻止するために、民衆の教育の必要性を痛感した。彼は近代的な社会理論を先取りしつつ、民衆の富が彼らの生産力にあることを認識したのであった。ペスタロッチー研究者のケーテ・ジルバー（Käte Silber）は、こうしたペスタロッチーを端的にこう表現している。

「ペスタロッチーは宗教改革（Reformation）の古きよき時代を社会学的に回想しながら、プロテスタンティズムと経済的な成功との関連をとらえる彼の洞察もまた注目に値する。ペスタロッチーが彼の時代を最も大きくリードしたのは、まさしくこうした《政治＝経済》の領域においてであった。[26]」

さらに、彼が祖国スイスの共同体的精神の《再建》にとって不可欠なものと考えた社会政策的および教育政策の展開を提言して終わっている。

◎補遺

この講演は、余りにも『祖国について』について詳細にわたりすぎたため『教育について』見解を述べることができなかったので、のちにその草稿が協会の議事録に掲載された。

タイトルは、「基礎陶冶の理念の本質および高き理念を解釈して、その応用の可能性を明らかにしようとする私の生涯についての素描の試み[27]」である。

内容は、直観学習・言語学習・思考学習・技術力について述べている。

そして、ペスタロッチーは、この草稿の終わりに自己の生涯を振り返って次のように回顧している。

「私の生涯の功績は、実に私の目標への実際の接近にあるよりも、むしろ基礎陶冶の実現を通して祖国の再建に向かって耐えざる苦闘を重ねてきた歳月にあります。

だから私が達成しようと企てた事柄の促進によって、多くの点で私よりも有能で、しかも私と共に——基礎陶冶の理念の有益な実施は、祖国の再建のためにすべての崇高な人びとの共同の力が緊密に生き生きと結合される事によって根源的秩序が破壊された祖国の共同体の再建が達成できるという確信を——懐かれる人びとから、私の足りないところに対する力添えを求めざるを得ない状態にあります。[28]」

この「私の足りないところに対する力添えを求めざるを得ないのです」という言葉は、『白鳥の歌』の冒頭と最後に記されている。晩年のペスタロッチーにとっては、合自然の基礎陶冶の理論は完成されたものではなく、まして祖国の再建は未来に生きる崇高な人びとの勇気と叡知による力添えなしには実現できないと考えたのである。

ペスタロッチーにとっては、若き日から祖国再建が彼の生涯の仕事であり永遠の課題であった。ペスタロッチーは、若き日の論文「アーギス」(Agis)[29]とランゲンタールの講演との間にはは六〇年の歳月が流れている。ペスタロッチーは古代ギリシャに託して「自由と平等の喪失」「都市共和政体の退廃」ならびに市当局の暴力を糾弾する精神は老いたといえども変わっていなかった。ペスタロッチーは「教育の始めも終わりも政治なのである」との信念のもとに、彼の生涯をかけた最後の祖国再建のための草稿『基礎陶冶の理念……』をヘルヴェーツィア協会の議事録に遺した。

第6章

『白鳥の歌』の考察
―八一年の生涯の回顧―

ペスタロッチーは、一八二五年春なお浅き三月の初めイヴェルドン（Yverdon）の学園を解散し、数人の教え子と共に、悄然として思い出多きノイホーフ（Neuhof）に帰ってきた。イヴェルドンの城は一二六〇年にサヴイアのピエール二世が築城したもので、一五三六年からはベルンの代官の居城となったが、一八〇四年にイヴェルドン市のものとなって以来、一八〇五～一八二五年の間はペスタロッチー学園に無償貸与された。振り返れば二〇年という長い間イヴェルドンの学園は、堂々たる古城を活気づけ、その名声はヨーロッパ世界のみならず海を越えてアメリカにも伝わった。ところが、今やペスタロッチーその人の不徳からではなくて、ただ彼を誤解し、かつ彼に反抗さえした人たちの間に起こった不幸極まりない争いのうちに学園は幕を降ろさざるを得なかった。呆然自失したペスタロッチーは、ノイホーフに引き上げてきて二年間生き長らえた。その間に公にした重要な著作に『白鳥の歌（*Schwanengesang*）』（一八二六年）(1)と『わが生涯の運命（*Meine Lebensschicksale als Vorsteher meiner Erziehungsinstitute in Burgdorf und Iferten*）』（一八二六年）(2)とがある。

『白鳥の歌』は二つの主要部分からなっている。すなわち、一八一二年当時の教育の合自然性に関する記録から出てきたと思われる基礎陶冶の理念の叙述と、ペスタロッチーの事業の発展や衰微に対する心理的な弁明としての彼の伝説との二つの部分に分かれている。

彼の生涯の事業の吟味と継続とを求める呼びかけは、この著作の骨子をなし、かつこれら二つの部分を多少とも有機的に結びつけて一つの作品にまとめている。『白鳥の歌』の生まれた経緯がどのようなものであれ、とにかくこの書が、現在のかたちでペスタロッチー自身によって公にされたという事実は、動かしがたい。したがってそれは、一つの全体としてまた彼の教育学的な遺産として評価されなければならない。

本章は、ペスタロッチーが最晩年自己の全生涯の事業を総括し自己弁明している『白鳥の歌』について考察するものである。

1 『白鳥の歌』執筆の趣意

晩年のペスタロッチーが一八一二年の頃から計画したこの『白鳥の歌』は、一八二七年の彼の死の前年に世に出た。ヨーロッパの伝説によると、白鳥という鳥は死が近づいたことを知る時、美しく歌うといわれている。ペスタロッチーも、今や、自分の生涯が終わりに近づいたことを考えないではおれなかったのであろう。過ぎ去った八十余年の歳月の歩みを振り返って、この書を書いたのである。その意味で、この書は、彼の思想的発展の総括ともいうべきものであり、私たちにとって興味深いのは、苦難に充ちた彼の思想的歩みを振り返って、ペスタロッチー自身が、それを新たにどう意味づけようとしているかということである。

彼の生涯は、人類救済のための愛と真理の探究のあくなき未来への挑戦への追想と、やがて神の国へと旅立つ心づもりが、この『白鳥の歌』だと一般に解されているが、しかし、全編を通して根底に力強く流れている思想は、未来に対する希望であり彼の最後の遺言であるともいえる。まず彼が、この書で何を後世の人びとに伝えたかったのか、この書の序言の一部を紹介することによってペスタロッチー自身に語らせ、のちに人類の教育者と称される彼の崇高な思想の一端を伝えておきたい。

　彼は、この書の「まえがき」で自己の苦悩に充ちた生涯を振り返って、次のように内面の世界を披瀝している。

「私はこの五〇年この方、民衆教育の手段を特にその出発点をできるだけ単純化して、これを人間の本性そのものの諸力が発展し形成される場合に自然が経過する過程にいっそう近づけようとして、微力を尽くしてきた。半世紀にわたって民衆の初等教育を単純化しようと努めてきた、自然が人間のさまざまな力を発達させ完成させるために取るような道を見つけようとしてきた。こうした全期間を通じて、数多くの弱点が私にあったにもかかわらず、私はこの一つの目的のために燃ゆるがごとき熱意を抱いて努力してきたのであるが、私の不手際だったことがしばしば私の企図の考えと実行とに現れ、それが限りなき哀愁を私にもたらした。

　けれども、今日まで私は不屈の忍耐力をもって耐え忍び、私の目的への真摯な努力を交って中断したことはない。私の生涯のこうした行路において、一面では私の努力の対象について重要な経験を積み、多面では人類(Menschheit)の友と教育の友にとって飽くまでも無関心にしてはおかない若干の成果に到達することができたのである。(3)」

「私は今や八十歳である。人間は誰でも、この年齢になれば、その日その日自らを死の床に横たえているようなものだ、と考えなかったら間違いである。私は最近、それをかつてないほどしみじみと感じている。このようにして私は、私のこうした経験、ならびに成功と失敗の結果について、できるだけ明確な報告を、自分の死に先立って公にしようと思う。それゆえに私は、この書物に『白鳥の歌』という標題をつけたのだ。(4)」

さらに続けて、自己の生涯を回顧して次のように述べている。

「私は一生涯、何一つ完きもの、完全のものを生み出さなかった。私の著作もまた全きもの完全なものにはなり得ないであろう。それゆえ、この書のあるがままの姿を、諸君がよく検討し、この書のなかに少しでも人類に幸福（浄福）をもたらす点があると認めたらすべてそれらの点に関して、読者の皆さんの人類愛的な協力と同情をこの書に与えられたい。[5]」

このようにペスタロッチーは、自己の生涯の仕事の未完成なることを自覚しつつ、人類愛的なる立場から、「私の考えが否定され、それによって、私がなし得た以上に、人類が救われることを見るならばこれに過ぎたるはない[6]」と、後世の読者に不十分なる点の完成をたくしている。そして、シュプランガー（Eduard Sprauger　1882–1963）[7]、やシュプランガー門下の偉才、ケーテ・ジルバー（Käte Silber　1902–1979）[8]などが、指摘しているように、この書が難解で繁雑で繰り返しが多いことを指摘しているが、さらにペスタロッチー自身、この書の序文の中で「私の年齢になると、人は誰でもよく好んで同じことを繰り返すものであり、また、人間というものは、自分が死に近づいているような気がするとき、あるいは自分が全く死の床にあるように感ずる時は、今もなお気掛かりなことを、いくら繰り返し語っても満足できず、また最後の息を引き取るまで語り尽くしても満足することはできないものだ[9]」と付言している。そして、「私の教育的実験と学校についてもっとよく知りたいと思われる方々は、この書と共に世に出るはずの私の活動の歴史を読まれることをお願いする[10]」と述べている。それではペスタロッチーの生涯の事業と心の遍歴を考察してみよう。

2　『白鳥の歌』の考察の視点

ペスタロッチーの最晩年の著作である『白鳥の歌』は、彼の民衆教育と国民文化についての彼の思想の最終的な表明であるといえる。

この書の考察の視点についてペスタロッチー研究の代表者であるザイファルト（L. W. Seyhorth）、シュプランガー、ジルバーらの『白鳥の歌』の考察の視点を、はじめに紹介しておきたい。

(1) ザイファルトの考察

ザイファルトは、ザイファルト版『ペスタロッチー全集』の『白鳥の歌』の序文のなかで、ペスタロッチーは教育の領域におけるその生涯と努力を回顧している。われわれは、『白鳥の歌』を三つの部分に区別することができると述べ、次のように区別している。

① 基礎陶冶の理念の本質と目的についての考察（第一～三二節）
② ペスタロッチーが、いかにしてこの理念を実現しようと試みたのか、彼の生涯による解明（第三三～一五三節）
③ なぜに彼がこの目的に達することが少なかったのかの自己弁明（第一五四～第一八九節）

ザイファルトは続けて「教育の領域を明白な光の中に照らし出す崇高な見地の外に、この書はまた、人間性の最も神秘的な本質に深い洞察を与え、神に根源を有する人間性のあらゆる力を、調和的に完成することに関し、驚嘆に値する美しい思想を含んでいる」と述べ、さらに「基礎陶冶の理念を他方面から考察し、ペスタロッチーのような天才のみが為し得る教育的生命の一つの豊かな姿を展開している」[11]と述べ、この書を高く評価している。

(2) シュプランガーの考察の三つの観点

シュプランガーは、『ペスタロッチーの思考形式（*Pestalozzis DENKFORMEN* 1959）』[12]の最終章で「生活が陶冶する――『白鳥の歌』の分析」のなかで、次のように考察している。

①　ペスタロッチーが高齢になってから彼自身の合自然の教育に関する彼の思想をこのように最後に決定的な判断を与えている優れた総合的な叙述はない。さらに、《生活が陶冶する（Das Leben bildet）》という合自然の教育の本質のすべてを支配している根本原則を、もっぱら内容に則して解釈していることである。

②　ペスタロッチーは、彼の思想内容が全く熟し切った完全なものではなかった。それゆえに、本文の終わりと冒頭において、「すべての点を検討し、よい点はこれを保存し、またもし諸君自身のうちに何かいっそうよい考えが熟してきたら、それを私がこの書において真実と愛とをもって諸君に与えようと試みたものに、《真実》と《愛》とをもって付け加えよ」と二度も述べていることからも、明らかである。未完の自覚が意識されている。

③　この論文は、いろいろな時期にできた論文を、おそらく、互いに挿入したと考えられるから、全くの寄せ集めであると考えることは正鵠を得ていない。やはり全体は明らかに、一つの総合的構成をもっている。それを読み取り、そして読み抜く努力がひたすらなされなければならない。それゆえ、難解だといわれる由縁である。

(3)　ジルバーの考察

ジルバーは、主著『ペスタロッチー〜人間と事業〜』(*Pestalozzi* ～ *Der Mensch und sein Werk* 1957) のなかで、『白鳥の歌』（一八二六年刊行）は二つの主要部分からなっていると述べている。

第一部は理論的部分であり、①基礎陶冶の本質と目的について、②なぜ、それが実現できなかったか原因の追求のさらに二つの部分から成っている。第二部は自伝的部分である。

「第一部は一八一二年当時の合自然性に関する記録から出てきたと思われる基礎陶冶の理念の叙述、第二部はペスタロッチーの事業の発展や衰微に対する心理的な弁明としての彼の伝記との二つの部分に分かれている。この二つの部分が有機的に結合して、一つの全体として、また彼の教育学的な遺言として評価されねばならない。」(13)

このように『白鳥の歌』は、二つの主要な部分から成っている。一つは、彼が全生涯を通じて探究した教育の原理を、「合自然の教育」あるいは「基礎陶冶の理念」（基礎教育）として説明する部分であり、もう一つは、自分の生涯の事業の発展と衰亡とについての反省と弁明を含む、自伝的回顧の部分である。

先に述べたように、この二つの部分を併せて、ペスタロッチーは、多くの人びとに、彼の志と事業との理解を求め、さらに未来に向かって、自分よりもふさわしいであろう人びとのすべてに、彼の生涯の仕事の継続を訴えているのである。

3 『白鳥の歌』の考察～『白鳥の歌』の概観…序文から～

ペスタロッチーの最晩年の著作である本書は、民衆教育と国民文化についての彼の思想をその最終的な形態で表している。

本書は大別すると二つの部分からなっている。第一部[14]は、主として一八一二年当時の「教育の合自然性」に関する記録から出てきたと思われる「基礎陶冶の理念（本質と目的）」の叙述の部分と、第二部[15]は、彼の畢生の事業の発展と衰微に対する真理的な弁明としての自分史的部分から成っている。

現在のかたちでペスタロッチー自身によって公にされたという事実は、動かしがたい。

したがって、「本書は、一つの全体として彼の未来に対する教育学的遺言として評価されねばならないであろう[16]」とジルバーは述べている。

「人類の友よ（Freunde der Menschheit）！　この著作がこのようなものであることを認め、文章の点で私にできないことを私に期待しないでほしい。私の一生涯は何らまとまったものも、完成したものも生み出すことができなかった。だが願わくばこの著作を注意して検討し、もし人類に有効な真理があったならば、そのために骨を折ってほしい。これは私のためではなく、これは私が考えている目的のためなのだ。他人が私よりもいっそうよく理解している問題については、すべて私ではなくて、彼らが私に代わって私がなしたより以上に人類のために奉仕することをこの上もなく私は願う。……[17]」

ペスタロッチーはこの書の始めのところで、彼の生涯の中心問題が何であったかを述べている。そして、さらに「なお、私の教育上の試みの過程について、もっと詳細に知りたいと思う人があれば、この書と共に世に出るはずの私の活動の歴史を読んでいただくようにお願いしたい[18]」と付け加えている。

ペスタロッチーは、人びとに彼の生涯の「こころざし」と「事業」とに深い理解を求め、自分よりも優れたよりふさわしいであろう人びとに、その継承を冒頭次のように訴えている。

「すべての点を検討し、よい点はこれを保存し、またもし諸君自身のうちに何かいっそうよい考えが熟してきたら、それを、私がこの書において真実と愛とをもって諸君に与えようと試みたものに、真実と愛とをもって付け加えられよ。[19]」

ここでみられるように、彼は、近代社会を支える民衆の意識の向上こそが全生涯をかけて民衆の基礎陶冶（基礎教育）の実現のために努力してきたが、しかし、彼は何ら体系的なもの、完全なものを生み出さなかった。「未完の自覚」を心に抱きつつ、残り少ない八〇余年の生涯を顧みて、自己の生涯の仕事であった民衆教育の総括をしている。

ペスタロッチーは、その全生涯を尽くして「基礎陶冶」の実現に向かって、《真実と愛の精神》をもって努力してきたが、しかし、決してこれでよいとは思えない。のちに続く後世の人たちが、この「基礎陶冶の理念」を継承し、改善し未来に生きる子どもたちにとっていっそう善きものにするために全力を尽くしてほしいと、冒頭心から願っているのである。

4 第一部　基礎陶冶の理念（本質と目的）

（1）基礎陶冶の理念とは何か

ペスタロッチー自身が「基礎陶冶の理念は、これを理論的に実際的に解明するため、私は自分の生涯の大部分を費やしたが、この基礎陶冶の理念というのは、人類の素質と能力を発展し完成する事において、《自然に従う》という考えにほかならない[20]」と語っている。彼は、人間の内面に秘められている無限の可能性ともいうべきもろもろの素質と能力を「自然の摂理」に沿って発展させ形成させることが必要不可欠であるという。つまり「自然に従う」ということである。彼は、「合自然性」の理念として説明している。そこで問題になるのは、人間における「自然性」とは何かである。

（2）「自然性」とは何か

ペスタロッチーは、合自然性は人間的な心情、人間的な精神、人間的な技術力等を一人ひとりの人間が「生まれつきもっている素質」だという。つまり、基礎陶冶というのは、人間について、その人間的でない素質、つまり動物的な本性の要求を、人間的な素質、心情、精神、技術力の素質からの要求に従属させることにほかならないのである。

しかし、さらにこのことが人間にとってどうして可能であるか。そのためには、人間の最内奥に秘められている「人間的な素質」（無限の可能性）を発展させようとする消しがたい衝動が生まれなければならない。その衝動が「一般力（Gemeinkuraft）」であるという。

(3) 「一般力」とは

「一般力」は人間に備わる人間的素質（人間性）であり、人間、誰にもに備わっている「善くありたい」と願う「善さへの意欲、知力、能力の素質」と考えてよい。ペスタロッチーは、「われわれの能力の一つを一面的に発展させることは、なんら真実の合自然的陶冶ではない。それは偽りの教育である。それはかけ声ばかりの、口先ばかりの人間教育であって、真の人間教育とはいえない」[21]と述べている。

こうした諸力が一面的に発展させられることは、人間に意欲の過大、知力の偏重、能力の過激等を引き起こし、人間の苦悩、傷心、凶暴化等の源泉となると考えるのである。

そこでこれらの諸力である「一般力」[22]が強調されることになるのである。それは人間の「諸力の調和」であり、要するに、意欲・知力・能力の調和的統一を意味している「全人教育」である。

人は誰もこの世に生まれてきた以上、本質的に「善くありたい」という願いやプラトンのいうエロス的な「善さへの憧れ」とも呼ぶべきものを、心の奥底に本質的にもっているものであると、ペスタロッチーは考えている。

「真の自然的陶冶は、その本質のゆえに、完全なものになろうとする努力、人間の諸能力を完成しようとする努力へと導いてゆくのだ。」[23]

これが自然の摂理だと彼は考えている。今日の教育課題から考えれば、各自の内面に秘められている無限の可能性を開花させようと努力する意志であるといえる。

ペスタロッチーは《一般力》の根源にある「秘められたる無限の可能性」を覚醒させる力が、「愛」と「信仰」であるというのである。

(4)「愛」と「信仰」

人間のこの「一般力」は何によって生ずるか。ペスタロッチーはそこに、「愛」と「信仰」ということを考えている。「愛」がすべての人間の活動力の根源なのである。そして、それを神が与えると見るかぎり、愛はまた「信仰」と共になければならないわけである。

ペスタロッチーは、このように人は誰でも内面に無限の可能性を秘めている存在であり、いつか必ず自己自身を高めようとする衝動に駆り立てられているのである。そして、内に秘められている可能性の開花をいまだおそしと待ち構えているのである。

私たち人類の発展の基礎を成すこの自然の進行は、神聖なものであるが、これをそのまま放任しておくと、ただ動物的に鼓舞されるだけである。この進行を人間的に生かすというのが、それこそ私たち人類の苦心するところであり、「基礎陶冶の理念が目的とするところであり、敬虔（die Frömmigkeit）と知恵（die Weisheit）とが目標である」[24]。

以上のような見解を、道徳的、精神的、家庭的そして市民的な観点から詳細に考察してみると、次のようなことが問題になる。

(5) 道徳生活における「愛と信仰」の発達

ペスタロッチーは問う。

「いかにして、私たちの道徳生活の基礎である信仰（der Glaube）と愛（die Liebe）とは私たち人類において実際に真に合自然的に発達するであろうか?

私たちの道徳的ならびに宗教的素質の最初の萌芽は、人間的な心づかい（menschlicher Sorgfalt）と人間的技術との影響を通じて、生まれ落ちた時から子どものなかで合自然的に生かされ、育まれ、その成長が強められ、道徳心・宗教心の最終的な高次の結果とその祝福が、この配慮と技術によって、人間的に、しかしまた真実に、合自然的に基礎づけられ、準備されたものと見なすべきであろうか？[25]」

このことを問題にすると、「嬰児（die Säugling）の道徳心の最初の芽生えが、生まれた時から合自然的に鼓舞され発展させられるのは嬰児の肉体的要求が確実に容易に満足させられる[26]」からだということがわかる。

ペスタロッチーは、あらゆる要求を満たしてくれるものに対する「感性的な信頼の芽生え」と共に、愛の最初の芽生えが発展する状態を、嬰児に初めて、本質的に準備し切り拓くものとして、……それは神聖な母の《心づかい（die Sorgfalt）》であり、母のうちに本能的に生き生きとしている。その要求が満たされないと、嬰児は感性的に不安になり落ち着かなくなる。こうして、「嬰児の心のなかに道徳心や宗教心の最初の感性的芽生えが発生し発展するのもまた、この『信頼』と『愛』とのこの最初の感性的芽生えが鼓舞されるからである[27]」という。

(6)「母の教育力」……心のやすらぎ

ペスタロッチーは、乳児期におけるこのような母の対応が、私たち人類の教育において、人間性を陶冶するために極めて重要なことであることを、次のように強く指摘している。

「幼児の生活の最も早い時期に、この『安心』を保つための最初の、最も生き生きした心遣いは、本来の母の心のなかに宿っているものである。この心づかいは、私たち人類にあっては一般に、母性の内に宿っている《母性の力（Mutterkraft）》と《母性の誠実さ（Muttertreue）》とを通じて現れてくるのだ。[28]」

母のこのような力、このような誠実さが失われているのは、母として不自然であり、それは自然に反する母の心の堕落の結果である。

「母の心がこのように堕落しておれば、父の効果的な力の存在も、兄弟姉妹の教育的な心の在り方も、また家庭生活の教育的な浄福（der Sogen）の最初の最も純粋な活性化の手段も放棄され、破壊されてしまうのだ。[29]」
ペスタロッチーは母の教育力の影響力の強さをこのように語っている。またペスタロッチーは、次のように母の教育力の大切さを説いている

「母の力と母の誠実さとの影響によって、その乳児に《愛と信仰》との最初の徴候が合自然的に発展し、そして同時に父の力、兄弟姉妹の心の至福にみちた印象が用意され、確立し、こうして次第に愛と信頼の精神が家庭生活のすべてにわたって浸透するのは、こうした道においてである。母に対する感性的な愛と感性的な信頼は、このような方法によって、次第に人間的な愛および人間的な信頼へと高まってゆくのである。こうして母に対する愛に始まって、乳児は、父への愛、兄弟姉妹への愛、そして子ども仲間の人間的な愛、人間的な信頼へと広がっていくのだ[30]」と述べ、さらに、それが人類愛へと発展することを期待している。

「子どもは母の手に助けられて、合自然的に感性的な信頼および感性的な愛から人間的な愛および人間的な信頼へ、そしてさらにそこから真のキリスト教的な信仰およびキリスト教的な愛の純粋の心へと自己を高めるのである。[31]」

そして、このような道程こそが、基礎陶冶の理念が子どもの道徳的および宗教的生活を幼き日から人間的に築くことを目的としているのである。

(7)『白鳥の歌』前半のペスタロッチーの教育観

ペスタロッチーはこの書の前半で、彼の生涯の仕事の中心問題は何であったかを述べている。彼にいわせると、彼が生涯をかけた「基礎陶冶の理念」（初等教育の原理）は、自然の発展を再構築し、それによって人間の内面に秘められている《資質》、端的にいえば《無限の可能性》を目覚まし、諸能力を発達ないし改良を意図しようとしたもので

あった。初等教育の理想は、それぞれの子どもの内面に秘められたる諸力（無限の可能性）を目覚まし、開花させ立派に完成させようとすることである。この初期の教育のための自然の手順は、父母の愛と、信仰と、そして優しい心情とにまたなくてはならない。

ペスタロッチーは人間教育の本質観をこのように述べ、次いで人間の発達の自然的ならびに基礎的手段を道徳的生活・知的生活ならびに職業的生活の三方面から探究し、再び彼の得意とする初等教育の問題に立ち帰って「自然的法則にしたがって子どもの道徳的・知的ならびに身体的諸力を完全に均衡を保って発達させることにある」と述べ、さらに進んで「生活が陶冶する」（Das Leben bildet）という原理が初等教育における根本原理であるとした。そして、「生活」（Das Leben）という教育の根本原理がいかに重要なものであるかを述べている。わが国の戦後の新教育の基礎原理である「コア・カリキュラム（core-curriculum）」の名称で生活中心の教育は、ペスタロッチーの「生活が陶冶する」という教育理念に基づいている。

(8) 第一部《基礎陶冶の理念》の要約

『白鳥の歌』における「基礎陶冶の理念（本質と目的）」についての説明の要点である。できる限りペスタロッチーの表現を用いながら紹介したが、その要点を整理すると次のようになる。

① 子ども、特に幼児は、その健やかな発達の基礎として、まず「安らぎ」と「愛」とを経験しなければならない。
② この「安らぎ」の経験は、まず「母」によって、母の膝下において、居間において与えられること。
③ 教師は、子どもたちの諸能力の発達に最もよく適した環境を整え提供してやらなければならないこと。
④ 「生活が陶冶する」ということ、つまり子どもの内面的な発達に関しても、子どもの身近な境遇や環境に、子ど

ものための貴重な陶冶手段があること。「生活（Das Leben）」は、いかに教育の根本概念であるかを述べている。

⑤ この陶冶手段は子どもの個々の力に一面的ではなく、子どもの全存在に影響するようにされなければならない。「善さを意志する能力」と「知る能力」と、「実現する能力」とを総合する「一般力」が発達させられなければならないこと。つまり、「全人教育」を目指しているということ。

⑥ 子どもにとって「一般力＝人間力」を形成する最初の場が「家庭」であり、「家庭の健全さ」が、子どもの人間性を決定する場であること。家庭の健全さは、社会階層によって異なるが、そこで最も大切なものは、「母親の一般力（人間力）」であること。

⑦ 基礎教育で最も大切なことは、「自然にしたがって＝自然の摂理にしたがって」子どもの内面に秘められている自然（無限の可能性）」を覚醒させ、教育の力によって開花させることであること。

⑧ 子どもの内面に秘められている「無限の可能性を開花させる教育の力」の根源にあるものは人間における「愛」と「信仰」という神の恵みによる、神の摂理への人間の側からの永久の奉仕（参加）であり、「祈り」であるという。

5 第二部　自己弁明

(1) 理念の実現の不成功の自己反省

ペスタロッチーは、『白鳥の歌』における基礎陶冶の理念の叙述を締めくくるにあたって、その理念を現実に遂行するための必要な諸条件が整っていれば、基礎陶冶の成功は「まちがいない」という確信を表している。しかし、実際には、不成功に終わった。

彼は、読者がこの著作の確信に充ちた調子と彼の学園の事実上の崩壊との間にある矛盾を不審に思うだろうと予測し、次のように語っている。

「しかし、ペスタロッチー君よ。君が発表した見解は全面的に、また事実そのとおりだとして、君のこの二〇年にわたる生涯の努力が、君と共にわれわれが、われわれと共に君が、現に目の前に見るような結果以外には何の成果ももたらすことができなかったのは、一体どうしたわけか[32]」

それゆえ彼は、彼の事業の外面的な失敗の結果が、彼の見解の真価を曖昧にしないように、この矛盾を解き明かす義務があると思ったのである。そこでペスタロッチーは次のように弁明している。

「私はこの問いにはっきり答える。私は『白鳥の歌』のなかで、読者に対して基礎陶冶の理念の内面的な価値について、私の見解と確信とを述べたが、私はまた私の努力そのものの無価値と弱点と誤謬、ならびにその避け難い失敗の外部的理由の全部ではないにしても、その本来の原因を隠す事なく読者の前にさらけ出そうと固く決心している。……

私がある点で臨終の人のような感情をもって、人類の友や教育の友の心情に訴えようとしているこの私の白鳥の歌を、深い悩みと悲しみの物語～この物語の深い悩みと悲しみとは、私がこの書において私自身の心のなかに純粋に保持していたいと思っていた感情と、十分私に満足がいくほど一致するものではないが～から引き離してしまったということは、現在の私にとって不快なことではない[33]。」

ペスタロッチーの生涯の事業の最大の障害は、以下の三つといえるであろう。

第一に「人類の感性的な本性そのもの」に由来する時代の「高度な技巧的堕落のうちに」あった。人びとの世俗的態度が真の教育技術の理解を妨げている。このため彼の思想は、それが成長し発展できる基盤を見いだすことができなかった。

第二に、彼自身の内にあった。ペスタロッチーはこの点について自己の生涯を振り返って懺悔している。彼の夢想癖や、実生活への能力のなさを自省的に指摘している。

第三の原因は、ブルグドルフならびにイヴェルドンの学園での特殊な事情の内にあった。つまり、事前の十分な準備なしに大事業を強行しようとしたことである。

このように、彼の事業を彼自身の生涯の心理的な脈絡から弁明するのが『白鳥の歌』の第二部である。

(2) 生い立ちの回顧

今、問題なのは、彼の仕事がどの程度まで彼の人格の所産であったのか、またその失敗がどの程度まで、彼の考えるように、その失敗に対して責任があったかである。

ペスタロッチーは自分自身の生涯の「境遇や環境」について厳しく自己批判している。

「私自身のうちに存していた障害については、それが一方においては私の性格の個人的な特質のうちにあったということ、また他方においては私の青年時代ならびに私の教育の事情および境遇のうちにあったということ、このことをこの書物のなかで明確に説明しないでおく理由はない。私は躊躇することなくこのことから始めたい。[34]」

「私は子どもの時代から弱々しかったが、私の能力や性格はひどく早くから生き生きと著しく発達していた。……しかし、またひどくしばしば、散漫であり、無思慮であった。私の無思慮や熟慮や慎重心や注意力を発展させたかもしれないようなものは、すべて私は欠いていたので、このことが当然またひどく早くから、私の生涯の運命の上に影響を及ぼした。過ぎ去ってしまったことは、私自身に関するかぎり、たとえ以前私がどんなに願ったり、恐れたりしたことでも、二～三日眠ってしまえば、何にも起こらなかったかのような気がした。私自身には幸運も不運も、ほとんど何らの印象も残さなかった。このような私の基本的な性格から生じてきた傾向は成長し強まってゆき、私自身が実際に活動的な生活へ形成されていくという点では、年々私に対してひどく不利益な有害な結果をもたらした。というのは、私の教育はそもそもこの私の傾向を、全く異常に培養し強化するために行われたかのようなものだったからだ。[35]」

ペスタロッチーはこのように自分の育った個人的な環境や自己の性格を回想しながら、彼の弱点や欠陥を隠すことなく強調しているのである。

さらに続けて語られる次のような述懐である。

「私の父は早く世を去った。私は五歳の時から私の周囲には、この年頃の男性的な力を陶冶するためにぜひとも必要なものすべて欠いていた。私はこの点で最もよき母の手によって、女育ち、母育ちの子として育てられた。しかし、これでは人はどの点から考えてみても、容易に偉大な人間になることはできない。要するに私は私の個性が弱々しかったので、男性的な力や男性的な経験や男性的な思考や男性的な習慣を発達させるあらゆる本質的な手段と刺激とをとりわけ必要としていたが、私にはそれがひどく欠けていた。[36]」

(3) 母とバーベリからの影響

しかし、それは欠点ばかりではないことを、ペスタロッチーは語っている。

「私の母は全く一身を犠牲にし、彼女の年頃や彼女の境遇としては心を引かれたかもしれないようなすべてのものに目をつぶって、彼女の三人の子ども[37]（兄バピティスト（Johann Baptist）と妹バーバラ（Anna Barbara））の教育に身を捧げた。そして彼女の尊い献身は一人の女性によって援助された。この一女性の追憶は私にとって生涯忘れることができないであろう。この女性の愛称は『バーベリ』で本名はバーバラ＝シュミットである。

私の父は、この女性がわが家に奉公するようになってから、二～三カ月と立たないうちに、彼女の世にもまれなる力と誠実さに心を打たれた。死が近づいていることを知った父は、自分がいなくなったら、父なき後の貧しい家庭がどうなるのか、その結果に心を痛め、臨終の床に彼女を呼びよせていった。《バーベリよ。お願いだから、私の妻を見捨てないでおくれ、私が死んだら、妻は途方に暮れ、子どもたちは冷たい人手に渡るだろう。妻はあなたの助けなしには、子どもたちを育ててゆくことはできないのだよ。》

この言葉に感激して気高い無邪気さと素朴さの点では、崇高なまでに高潔な心の持ち主であった彼女は、死にゆく私の父に約束した。

《私は旦那様がお亡くなりになっても奥様を見捨てるようなことは致しません。奥様が私を必要だとお考えでしたら、私は死ぬまで奥様にお使えします。》

彼女の言葉は臨終の父に安心を与えた。父の眼は輝き、この慰めを心に抱きながら、死んでいった。彼女は、その約束を守って死ぬまで母のもとに留まった。彼女は最も困難な境遇におけるあらゆる艱難とあらゆる窮迫とを切り抜けて、当時哀れな孤児だった三人の子どもを育てていくのを助けた。……彼女の行動と彼女の誠実さに備わる気品は、彼女の気高い単純な敬虔な信仰心から生まれたものであった。(38)」

このバーベリの献身的な努力によって、父なきあとの家計が支えられると共に、三人の子どもたちは、清貧の暮らしのなかで気高い心と信仰心がこの無学な彼女によって育まれたのであった。父なきペスタロッチーに影響を与えたのは祖父であった。

「私の祖父は村の牧師であったが……彼の学校は技術の点では非常に劣っていたが、民衆の道徳的・家庭的陶冶といきいきとした関連をもっていて、注意力や従順や勤勉や努力などの訓練、したがって教育の本質的な基礎に対して力強い真の効果をもたらした。……(39)」

「私は青年時代に、田舎の教育の改善のために微力をつくすことができたらという強い考えが湧き上がったのです。この田舎の教育の改善は、読み・書き・算の民衆の学校教育の方法をできるだけ単純化することによって道を拓かなければならないということが既に私には青年時代からはっきりしてきたのです。(40)」

若い日からペスタロッチーは、民衆教育とりわけ下層農民の子どもたちの教育に強い関心をもっていたのである。ノイホーフはこうした彼の思想の実践の最初の試みの場であった。民衆の子どもたちの基礎陶冶（基礎教育）の単純化はこうして始まったのであった。

彼は自己の少年時代を回想して次のように述べている。

「私は家庭での生活において、少年時代の男性的な力の陶冶を全く欠いていたから、私は子ども同志の遊びにおいても、学校の友だちのうちで一番不器用で下手だった。そんなわけで、仲間たちは私に《ばか村の変わり者ハリ公》というあだ名をつけた。……私の生涯のなかで窮迫した時や失敗のなかにあっても、私の気軽さは、他人なら死んでしまうほど悩んだであろうことに出会っても、私は笑ってすませるようにした。……[41]」

この言葉のなかに、ペスタロッチーの人間性がよくあらわれている。

(4) ルソーの『エミール』との出会い

若き日のペスタロッチーに最も影響を与えた思想家は、ルソー（J. J. Rousseau 1712–1778）[42]であった。彼にとってはルソーの『エミール』（*Emile*）との出会いが若き日の自己形成の原点であった。

ペスタロッチーの高尚で空想的な精神の勃興は、古きよき時代のスイス魂とその素朴さ、品格、誠実さを弱めようとする考え方が、彼の生きた時代におけるすべての市民的制度のなかに現れ、驚くほど深い根を張り、祖国の失われつつあるよき精神を再興し、多くの上流階級のスイスの人の心のなかに食い入っている堕落の精神を、誠実さと熱意をもって根本的に一掃しようとする希望が、各方面において、祖国愛に充ちた人びとの心から沸き起ってきただけに、ルソーの思想は当時の社会に一層広まってきた。

「ルソーの書物の出現はこの時代状況に対して秀れた活性剤であった。誠実な愛国心の気高い高揚は、この時代のわが優秀な青年をこの混乱へと導き、その後間もなく起こった大きく激しい世界的事件（フランス革命）を通じて、各方面に於いてますます偏狭な無思慮な状態に陥っていった。……ルソーの『エミール』が出るや否や、私のひどく非現実的な空想的精神は、同じようにこのひどく非現実的な空想の書物からひどく感動を受けた。このルソーによって新たに鼓吹された理想主義に基づく自由思想もまた、国民に一層大きい浄福にみちた活動を与えようとする私の空想的な努力を高めた。(43)」

このようにルソーにて「夢想家的」性格は、ペスタロッチーの思想形成に大きな影響を与えたのであった。

(5) アンナへの感謝

ペスタロッチーは二三歳の時、アンナ・シュルテス（Anna Schultheß）(44)三一歳と結婚した。

ペスタロッチーは、今は亡きアンナへの思いを「私の心は、私がかつてこの世で見た最も純粋な、最も高貴な一女性の運命を、私の力で一生涯不幸にしたため、今日に至るまで深い悲しみの念に心がとざされているのである(45)」と、深く反省している。そして、アンナとの出会いを次のように回想している。

「私はチューリッヒの青年の間に多くの友だちをもっていた。この友だちの一人を通じて、その友人の姉にあたる女性と知り合いになった。彼女は私の計画に対して暖かい同情を寄せてくれた。私は彼女を愛した。しかし、私の願いは困難に出くわした。私は貧乏だったが、彼女の両親は裕福な金持ちだった。思慮なく、分別もなく、盲目的に私は自己の願いを追い求め、この目的を達し、結婚することによって地上の天国を夢見たのです。私の人道主義的な教育の目的が確実に立派に果たされるだろうという私の信仰は、一見確信にまで高まったのです。(46)」

ノイホーフにおける貧民学校の失敗の経緯について自己弁明的に語っている。

ペスタロッチー自身の農場経営の知識のなさと経営能力のなさが、ノイホーフでの生活が困窮していくなかで、彼は次のように妻への感謝の言葉を語っている。

「妻はこの困窮状態のなかで深く苦しんでいた。けれども、私たちの時間、気力、財力も乏しくなっていくなかで、民衆教育と家庭教育との単純化に捧げんとする私と妻の決心は、このような状態にあっても決して弱められることはなかった。……」(47)

さらに、ペスタロッチーはノイホーフにおける農場経営の挫折のなかで、妻アンナに感謝の言葉を述べている。

「私の試みは見るも痛々しい姿で破れた。私の妻は、その貴い義侠心から、私のために自らの財産をつぎ込んでしまった。……私はただ妻のことを悲しむ。私は私のために一身を犠牲にして、彼女の高潔な心を幸福にしたであろうもの、彼女が私と結婚して、私のために役立たせ楽しもうと思っていたものその一切を失ってしまった。『あゝ、何と有り難いことだろうか！』神は、私が自分の失敗によって彼女から奪い去ったものを、ある仕方で、友人たちを通して彼女に与えてくださった。彼女の友人たちは、彼女の死に至るまで、彼女が私のために失った多くのものを彼女に償ってくれ、彼女が私のことで苦しんだ数々の事柄について彼女を慰めてくれた。彼女は長い苦悩の歳月の間、数人の気高い女友だちから同情ある注意と心尽くしとを受けていた。女友だちは彼女の生涯の苦悩を優しい心で和らげてくれた。私は、彼女たちと、その純情、その高貴な心づくしに対して、聖なる力をもって摂理したもうた神の配慮に対して、どんなに感謝してもなお足りないのである。……」(48)

(6) シュタンツの回想

ペスタロッチーは、次のように失敗の自己反省をしている。

「多くの人びとは、私がシュタンツへ招聘されたこと、そこで送った短い、苦しかったが、しかし私自身にとっては幸福だった日々の記録を知っている。民衆教育をその初歩において単純化し、それによってこの教育の本質的な手段を、家庭そのものに近づけよう、という私の努力の本質は、シュタンツにおける私を恍惚にさせるほど生活に没頭させた。私は貧しい子どもたちの父として子どもたちのなかに立った。

私は、本来の学問や芸術についての教養は少しももっていなかった。私は彼らのために、ただ単に私の心にある《父としての力》をもっていただけだった。……家庭生活の、精神、このあらゆる真の人間陶冶、あらゆる真の教育の基礎は、私の愛、私の献身、私の犠牲を通じて、単純に、真に合自然的に、浄福の力を発展していった。その成果は決して少なくなかった。家庭生活の精神が私自身に明らかにしてくれたことはただ単に、この精神の生活の存する時にはいつでも、家庭生活の祝福の最も優れた基礎愛や思考、および労働の形成に対して合自然的な影響を及ぼすものだということだけではなかった。その生活はさらにまた、民衆の教育手段を全般的にわたって単純化し、それによってこの手段を民衆の居間の内部にもち込むようにしようとする私の努力の特別な見解の最初の出発点を、真に明確にしてくれた。[49]」

「シュタンツを去ってから二〇年の歳月が去った。この歳月の間に私は、ブルグドルフにおいて、基礎陶冶の理念に一層深い深みと、一層広い範囲とがあることに気づき始めた。私は準備もなく、未熟のままで、直ちにその実際的完成のために微力を捧げようとした。[50]」

しかしこれらの努力は失敗に終わった。ペスタロッチーはその原因を、彼自身のなかにも、彼の周囲と時代の高度な技巧的堕落に存在したと回顧している。

ペスタロッチーの生涯の目標は民衆への愛であり、基礎教育の単純化である。すなわち、下層民の子どもにもわかるような教育方法の改革》であった。教育の機会均等である。

「私の努力の本質と私の能力の中心は、最初から民衆教育の本質的部分、特にその出発点を単純化しようとする、世にもまれな仕方で私のうちに躍動していた本能にあった。

この私自身に独特な傾向は、決してブルグドルフにおける私の生活に始まったわけではなく、若き日の青年時代における私の民衆への愛、子どもたちへの愛が発展してきたことに始まる。この愛は、生活のあらゆる実践的行動における私の空想癖と不器用さとあいまって、私の特有な性格を形成したものであり、これはまた私の一生涯を通じて私に独特な運命をもたらし、またもたらさざるを得なかった。[51]」

(7) 基礎陶冶の理念との出会い

ペスタロッチは、「基礎陶冶の理念」との出会いを次のように述べている。

「基礎陶冶の理念の崇高な偉大な考えないしはこの崇高な理念は、私が『リーンハルトとゲルトルート』(*Lienhard und Gertrud, ein Buch für das Volk*) を書いた時、既に私の心の底に芽生え発展していたのである。もちろん私はこの時代にはまだ《基礎陶冶の理念》というような言葉は使ったことはなく、またこうした言葉を耳にしたこともなかったように思う。しかし、この理念が最も貧しき人びとの心のうちにさえ生ぜしめることができる最も崇高な結果は、当時既に私の心のうちにいきいきと芽生え自覚されていた。

ゲルトルートは、ご覧のとおり《自然の子》であって、彼女を通じて自然はまったく基礎陶冶の技術的手段を用いることなしに、基礎陶冶の本質的な成果を真に高度に示しており、しかもその成果はまったく、貧しい民衆においてのみつくり上げることのできる特別のかたちをとって現れている。すなわち、私が彼女の人物像を描いたとき、基礎陶冶の成果の内面的な本質からいえば、私の試みについてどんなに考えても経験して見たりしても、この考え以上に出ることはできないくらい完全な姿となって私の心のうちに横たわっていた。[52]」

(8) 民衆の覚醒を～今後の研究のへの期待～

ペスタロッチーは、基礎陶冶の理念について次のように述べている。

「私の生涯の努力の成果が、今でも確固として動かすことのできないものとして生命をもち、今後いっそう改善してゆくようにすべきものであるかどうかは、すべての人に真面目に検討していただきたい。……われわれの学校と事業とのかなり大きな成果は、現代の技巧的な手段によって、萎縮状態に陥っている人間の本性の諸力に対してひどく力強い力で真に合自然的に働きかけて、それを目覚まし、人間的に再生させ、新しい生命を与えることができるといいたい。というのは、これらの成果はわれわれのあらゆる確実な初歩の知識技能のいわば源泉を、われわれの本性に宿っている外的ならびに内的な直観力のうちに合自然的に認め、利用し、そしてそれをしっかりとらえて離さないようにすることをわれわれに教えたからである。現代の常套的な教育・教授の方法は、このわれわれに宿っている外的ならびに内的な直観力から、われわれの注意をいろいろの面でそらさせるようにし、遠ざからせるようにしている。[53]」

「基礎陶冶の理念は、それがわれわれの手中にある限りは、空中の楼閣ではない。この理念は人間の本性そのものの内に存在していて、この理念の成果はそのあらゆる点・あらゆる面が技術の力を借りることなしにすべての身分の人びとの実際の生活のなかにひとりでに個々ばらばらに現れてくる。このようにして自然から生じてくるよき教育の手段、愛や信頼や信仰の純なる行為、真理や正義の認識、真の技術の熟練、これらのものはいかなる形や姿をとっても現れてこようとも、ことごとくその本質においてこの高尚な理念から生じてきたものである。[54]」

(9)『白鳥の歌』最後の言葉

ペスタロッチーは『白鳥の歌』を終わるにあたって、最終章で自己の生涯を振り返ってのペスタロッチーの自省に充ちた感慨を述べている。

「私は私の生涯の終わりに臨んでこういうことができる……。《すなわち教育および教授を一般に基礎的に基礎づけようとする試みを堅実に続けていくための若干の重要な、否、むしろ極めて本質的な手段が、一部分は既に完成されて、一部分は今後ますます完成されていくようにしっかり準備が整えられて、われわれの手中におさめられている》、と。そして現在既に実際完成されているこの高尚な理念の手段だけでも、男女の青年が確実にこれをわがものにしておれば、彼はこれを家庭生活において、揺籠の時代から六～七歳までの子どもに得させることによって、私たち人類の道徳的・精神的・技術的の初歩の陶冶に対して大いに寄与することができるのだ。[55]」

ペスタロッチーは『白鳥の歌』の最後に至って友人のシュミット（Joseph Schmid 1787-1850）に感謝の言葉を述べている。

「私は欠点だらけの人間であるが、シュミットの助けなしには、私は永久にどうすることもできなかったであろう。この人との絆なしには、私は疑いもなく、この『白鳥の歌』をこんなに高らかに謳うようにはならなかったろう。この白鳥の歌は実際に高い調子で謳われているが、それでも私の心のうちに少しの危惧も起こさせない。むしろ私はまったく安心して、危惧も感じないで次のように語る。《生涯のいかなる不運も、私のうちに存するこの渇望を消し去れることができなかったとは、ああ、何というありがたいことだろう！》と。……私が私の生涯を通じて、全生涯の努力においていつも変わることなく、合自然的な教育および合自然的な教授の本質的な手段を《民衆の居間》のなかにもち込もうとする本来の目的に忠実であったということは、決して些細なことではない。……私の残り少ない生涯において、今こんなに深く根をおろし、私の周囲に一般に流布している偏見を真に打破するために、私の最善を尽くすことなしには、一瞬たりとも過ごさないように努力しなければならない。……[56]」

ペスタロッチーは彼の生涯の終焉に臨んで、最も落ち着いた冷静なまじめな気持ちで、次のように語っている。

「私は、基礎陶冶の高尚な理念の若干の極めて重要な本質的な部分に対して、私ほど深い考えをもっている者はおそらく少ないだろう。また、私の生涯の不運と不幸がなかったならば、私の考えもここまで熟するには至らなかったであろうと。[57]」

ペスタロッチーは、逆境のなかで彼の基礎陶冶の理念が育まれたことを回顧的に語っている。

「私は、この私の生涯の活動の成果が、僅かな個々の成果であるに過ぎないにしても、私の生命の木に成熟した果実としてしっかりと付いているのをみる。……私はもう一度いおう。《この私の生涯の努力の果実は、もとより少数の果実がバラバラに付いているのではあるが、私の内面の感情からすれば、僅かなものであるがある程度成熟に近づいているのであって、その保存のために生き、戦い、そして死ぬことが私の聖なる義務である》と確信している。[58]」

「私が、この理念のために安息を求めることが許され、まだ、安息を求めようとする時の鐘はまだ鳴らない。いや、それとは違った鐘が私のために鳴っている。これらの理念をまじめに検討しなければならない時の鐘が、私のために今高らかに鳴っている。

そして、私は哀愁の心をもっていう。この鐘の音は私に助力を求めて、いな、むしろ基礎陶冶の理念の開拓と促進とに対して、なお貢献することができる私の寄与を求めて鳴っているのだ。しかし、もし私がこの理念を維持することができさえすれば、しかもこの理念を維持して、この理念自身が検討されることができさえすれば、もうこれ以上私は、何も望むことはない。私は冒頭に掲げた言葉をもってこの『白鳥の歌』を終わることにしよう。[59]」

ペスタロッチーは、『白鳥の歌』の冒頭に述べた言葉を再度、最後に次のように語っている。

「すべての点を検討されよ。よき点はこれを保存し、またもし皆さん自身のうちに何かよき考えが熟してきたら、私がこの『白鳥の歌』において真実と愛とをもって皆さんに与えようと試みたものに、真実と愛とをもって付け加えてください。そして少なくとも私が生涯努力してきた全体を、既に解決されて何らの検討も必要としないものとして破棄するようなことがあってはならない。私が述べてきたことは、決して解決されているのではなく、常に検討が必要なのである。しかもその検討は決して私のために必要なものでも、私が願うから必要なものでもないのです[60]。」

彼が生涯をかけて探究した『基礎陶冶の理念』は、永遠に未完成であるが、未来を生きる子どもたちへの「教育学的」に貴重な贈り物であったといえる。

⑽　未来への挑戦——永遠の課題として

ペスタロッチーは、この生涯の最後の教育学的著作である『白鳥の歌』において述べている教育思想の根本的なものを明らかにしてきた。この書のなかで彼が述べているところには、しばしば理解の困難な箇所もあるし、重複する箇所もあった。こうした若干の欠点にもかかわらず、この著作は最初より最後まで一貫して、真実で、独創的で、かつ内容豊かな思想に満ちていた。

ペスタロッチーはこの書を著すにあたって、彼が終始訴えてきた民衆教育の改革の根本原理が、とかく不幸に終わった彼自身の身の上と同じ運命に陥ることに心を砕いた。言い換えると、彼が生涯にわたって企てたノイホーフから始まった下層民衆の子どもたちのための諸学園が必ずしも成功しなかったのは、彼自身弁明しているように、自らの弱点や欠陥であったことを率直に指摘し反省している。

ペスタロッチーの生涯の仕事であった「基礎陶冶の理念」に対する彼の個人的な寄与と諸学園の没落を招いた彼の過失とについて、彼自身の判断が、どのように評価されるべきかという問題に対して、ペスタロッチー研究の俊才であるケーテ・ジルバーは「『白鳥の歌』における彼の自己評価は、全体的にみて「公正」だといえるであろう[61]」と指摘している。『白鳥の歌』は人生の試練に打ち克った一人の人間の真摯な自己認識の実例であり、深い謙遜の証言である。彼の民衆教育実現の事業の永遠な価値と、彼があえていうように、その事業の独創性に対する揺るぎない信念の証言でもある。

さらに、ペスタロッチーの八一年の生涯における教育的努力は、下層民衆の子どもたちに貧しさから抜け出すために必要な「基礎陶治＝基礎学力」を育むことから始まった。そして、前期資本主義の農村への侵入は人びとの知恵と道徳のための自然の場である農耕生産を主とする家庭生活を、親にも子どもにも失わせてしまった。こうした時代状況のなかで民衆の子どもたちに「読み」「書き」「計算する」基礎能力が必要とされていた。しかし、下層民衆の子どもたちが、学ぶ学校はなかった。生きるための基礎学力を身につけさせることによって民衆の人間解放と道徳の向上の必須の前提である経済的自立の能力を育てることこそ、ペスタロッチーの畢生の願いであり、永遠の課題でもあった。ペスタロッチーはこの書の冒頭に掲げた言葉をもって、この『白鳥の歌』を閉じている。「すべての点を検討されよ。よき点はこれを保存し、またもし諸君自身のうちに何かいっそうよき考えが熟してきたら、私がこの書において真実と愛とをもって諸君に与えようと試みたものに、真実と愛とをもってそれを付け加えられよ。……」[62]と。ペスタロッチーのこの願いは、フレーベル（F. W. Fröber）、ヘルバルト（J. F. Herbart）、ナトルプ（P. Natorp）などに継承され、今日においても永遠の課題として検討されつづけなければならないであろう。

八一年のペスタロッチーの生涯に一貫して流れている精神は、下層民衆への教育的格差、貧困、そして偏見に対する挑みであり、「愛」と「祈り」であった。

第7章 ペスタロッチーの墓碑銘
—ペスタロッチーの生涯から学ぶもの—

筆者がペスタロッチーの名前を知ったのは、高校一年の夏休みであった。父の本箱の最上段にペスタロッチーの本があった。そのなかに、玖村敏雄著[1]『ペスタロッチーの生涯』があった。

表紙をあけると、達筆な毛筆で《悩みの底に　神居たまふ》小原國芳（玉川学園創始者　一八八七—一九七七）とかかれていた。次のページには「スタンツー孤児院に於けるペスタロッチー」のカラー写真が入っていた。この書の序文で玖村は、敗戦後の教育の混迷のなかにあって「いまのわが国には、真実の教育者の出現を望む声が切々としてきこえる」と述べている。こうした状況のなかで出版されたものであった。

この本との出会いが、筆者のペスタロッチーとの最初の出会いであった。この書は、いまは装丁も崩れているが、筆者にとっては大切な座右の書の一つである。

その後の筆者の人生のなかで、教育指導の困難な生徒に出会ったとき、ペスタロッチーは、いつも気になる存在であった。教育実践者としての教師の在り方が問われる時、さらに家庭教育の在り方が問題になっている時、彼ならどうその事態に正面から向き合い、どう対応しただろうか、ペスタロッチーの著作の行間から多くの教えを得た。

それは、ペスタロッチーの生涯を一貫した純真な魂の歩みを、「挫折と絶望」のなかから不断によみがえってくる彼の不屈な精神力を、山をも動かすほどの彼の強靭な教育愛の行使を、あるいは、時代の病根をあばき出そうとする彼の飽くなき探究心は、いつの時代でも、子どもの内面に秘められたる可能性の開花に努力している人びとに、多くの勇気と希望を与え続けている。

わが国では、「いじめ」「不登校」「自殺」、さらに「子どもの虐待」など、子どもの成長・発達を阻害することが、大きな社会問題となっているが、子どもの視点に立って問題解決をしようとするとき、ペスタロッチーは、つねに、私たちを「教育的真実とは何か」に立ち返らせてくれる。

本章では、ペスタロッチーの生涯を象徴的に現している墓碑銘に通して、彼の苦難に充ちた生涯から現代に生きる私たちは何を学ぶべきか考えてみたい。

1 最晩年のペスタロッチー〜苦悩に充ちた日々〜

最晩年のペスタロッチーが、ノイホーフ（Neuhof）に帰って来たとき、既に八〇歳になっており、ジルバー（Käte Silber）によれば、「明らかに生活に打ちひしがれ、貧しく、味方もなく、学園もなかったが、勇気はなくはなかった（2）」。半世紀前と同じように、彼がノイホーフに建てた家はなお未完成であったがそこにあった。

ところが、筆者がノイホーフを訪ねたのは、二〇〇一年三月の早春で構内には雪があちらこちらに残っていた。今日のノイホーフの正式な名称は財団法人スイス・ペスタロッチー・ハイム（Stiftung Schweizerisches Pestalozziheim）である。施設長のホヘルさんが二時間ほど、施設内を案内してくれた。入所している青年たちは、全寮制で皆それぞれの施設でいきいきと楽しそうに仕事をしていた。

スイス・ペスタロッチー・ハイムは、一九一四年一月一二日にペスタロッチーの精神に基づいた青少年の職業訓練のための教育施設として再生した。保護者を何らかの理由で失って教護を必要とする男女青年たちの技術の訓練施設として、スイス国内を始めとして、ヨーロッパ各地からやってきた二〇〇名ほどの若者たちが、牧畜、木工、溶接、電気技術、土木・建築、園芸、デザイン、料理等の技術修得に励んでいた。新しいノイホーフとして再生して、活気に充ちていた。

ノイホーフの再興は、ペスタロッチーの精神を生かして、一九一四年にスイス連邦・諸州ならびに広い範囲にわたるペスタロッチー募金の支援をえて実現したものであった。こうしたかたちでノイホーフが、新しい時代の要請に応えて再生としているとは思わなかったので感激した。(3)

ところで、ペスタロッチーが、最後に公の場に現われたのは、ブルック（Burk）における文化協会の会合に参加した時であった。いちばん初期の幼児教育についての彼の論文が朗読されたのち、ペスタロッチー自身が立ち上がって、彼の最も得意な見解である《居間の教育》について情熱をこめて語ったため、多くの聴衆には、ペスタロッチーが「青年の力に光り輝いているかのように」思われた。(4)

ペスタロッチーは、一八二四年、『ブルグドルフならびにイヴェルドンにおける学園長としてのわが生涯の運命』(5)（*Meine Lebensschicksale als Vorsther meiner Erziehungsinstitute in Buragdorf und Iferten* 1826 以下『わが生涯の運命』）を書いたが、それはちょうど学園の崩壊を招いた事件による最も厳しい動揺の時期であった。

『わが生涯の運命』は、自分の生涯の事業が崩壊するさまを見つめる一老人の自己断罪である。それは、自分自身を呵責する最も深い絶望の表現であった。それが多くの人びとに深い感銘を与えたのは、ジルバーによれば「ペスタロッチーが、自分の苦痛のなかにありながら、自分自身のほかには誰ひとりとがめず、崩壊の責任を彼自身の事業の誤った方針よりほかのなにものにも負わせようとしないからである」(6)との指摘は、ペスタロッチーの人間性を端的に表現したことばであった。

ペスタロッチーは、死の近いことを知ってはいたが、なおも二、三カ月生き延びて、彼に対する中傷を論駁できることを切望した。しかし、余命いくばくもないことを知って、友人であるビル村の牧師を呼びにやり、この友人に遺言を託した。

その内容は、主としてシュミットの弁護であった。彼はペスタロッチーの学園と事業を救うためにあらゆることをしてくれたといって、ペスタロッチーはいまや牧師にシュミットの擁護を委託するのであった。ペスタロッチーの全生涯にわたって子どもたちの教育・孤児救済に対する批判・非難する敵に対して、彼らが合法的に調べられ、かつ罰せられるように要請した。

けれども彼は、自分の死が彼らの激情を静めるように、また彼の入っていく平和が、彼らにも平和をもたらすように望んでいた。いずれにせよペスタロッチーは、自分の敵を赦し、自分の友人を祝福し、そして「彼らが死んだ人のことを愛をもって思い出し、彼の死後なおもその生涯の目的を力の限り促進するように(7)」願うのであった。

2 臨終の時

ペスタロッチーの力が急に衰えたので、医師は看護の便宜上、彼をノイホーフから北々東七キロのところにあるブルグへ連れて行くように勧めた。

ペスタロッチーは、最初はノイホーフから離れることを望まなかった。その理由は、「ビル（Birr）村の教会の境内にある校舎のかたわらに埋葬されることを望んだからであった(8)」。しかし、この願いが実現されるという保証をえたのち、やっと彼は移転に同意した。覆いのない橇《そり》が、風と寒気から彼を守るために、クッションを取り付けて用意された。家から運びだされたとき、彼は涙を流し、もう二度とノイホーフを見ることはなかろうといった。彼は見送りのすべての人びとと別れの握手を交わし、彼の孫とその妻からは、新しい家屋を無償で教育の目的のために提供することを約束してもらった。

ブルグ（Brugg）駅から徒歩一〇分のところにある《赤い家》（Rotem Haus）旅館には、あたたかい部屋と上等のベットが用意されていた。孫のゴットリーブ（Gottlieb）とその妻カタリーナ（Katharina）は最後まで彼のそばにいた。(9)友人たちは彼の病床を訪ね、なおも多くの親しい言葉を交わした。しかし、容態は急に悪くなった。ペスタロッチーは激痛に苦しみ、ひっきりなしに唇と手を動かした。二日目の夕方には、いくらか落ち着いたが、一八二七年二月一七日早朝、彼は明るい安らかな顔つきで息を引き取った。

「彼の顔は、眠りから目覚めて子どもたちに楽しい夢を話してやるために、やさしい微笑を浮かべて口を開こうとする人の表情であった。(10)」

筆者がブルグを訪れた際、チューリッヒ中央駅を九時一〇分発の列車にのり、九時三〇分にブルグ駅に着いた。朝の通勤の時間が終わったあとで、駅の周辺には人影もなく閑散としていた。駅から旧市街地を一〇分程歩いたところで、通りかかった中年の婦人にペスタロッチーの最期の家を尋ねたところ、その家まで五分ほどであったが親切に案内してくれた。

その家は、若草色の四階建で一階は、婦人服の店で、二階がペスタロッチーが、孫夫妻に看取られた部屋であった。その家は、ブルグの繁華街に近くアーレ川のほとりに残っている（Hauptstrasse, Old City, Brugg AG）。家の正面の外壁には、ペスタロッチーの横顔が浮き彫りにされた記念額が掲げてあり、次の言葉が読める。(11)

IN DIESEM HAUSE STARB HEINRICH PESTALOZZI 17, FEB 1827.
《一八二七年二月一七日この家でハインリッヒ・ペスタロッチーが死去した》

ジルバーは、葬儀の様子を次のように述べている。

「埋葬の日は、清らかで、明るく、しかもたいそう寒かった。いたるところに凍てついた雪が高く積もっていたが、役僧（der Sigrist）は、教会の境内の道や墓のまわりの空き地の雪を取り除いた。多くの会葬者を予想したからである。

親戚、知人、友人や信奉者、そして遠方や近くの教師たちがノイホーフに集まり、さらに教区の子どもたちや近隣の人びともやってきた。いちばん古い協力者たちは出席しなかった。いちばん近い身内のものたちはとっくに亡くなっていた。しかし、ノイホーフからビルの墓地へ向かう葬列は非常に長く、誰ひとりこの地方でこのような葬列の記憶がないほどであった。近くの村々の教師たちが柩をかついだ。それが地下に降ろされる前に、彼らは子どもたちと一緒に、いくつかの特別に作曲された賛美歌を歌った。やがて、ペスタロッチーの遺体は大地に委ねられた。教会ではシュタイガー牧師（Pfarrer Steiger）が、感動的な仕方で故人の生涯の姿を描き出し、祈りを唱えた。すべての会葬者は、あのようにしばしば誤解されかつ痛め付けられたその人に対し、共感（Teilnahme）と敬慕（Verehrung）を表した。こうして葬儀の日は重々しく

altes schulhaus (*Pestalozzi-Worte*. 1926)

かつ厳かに過ぎ去った。[12]」

ペスタロッチーの墓は、彼の望んでいたように、ビル村の墓地（教会の庭）に、旧校舎の傍らに埋葬された。校舎というのは、この村の小学校の校舎であって、二階建ではあったが、一階・二階とも前面に三つずつの窓があるだけのまことに小さな校舎であった『*Pestalozzi-Worte*』に、その銅版画があるのでここに示しておく。[13]

3　自撰の墓碑銘

この校舎の正面に、一株のバラの樹が植えられた。バラの樹はその場所で年ごとに大きくなり、青々と繁った。

「そして白いバラの花は、そこを訪れる人たちに故人の純粋な心を、刺は彼の苦難の生涯を思いださせた。[14]」

長い間その墓標は、一個の自然石にすぎなかった。ペスタロッチー自身はかつてこういっていた。

「まったく加工していない自然石でけっこうです。私自身は、それ以外のなにものでもなかったからです。」（"Ein ganz roher Feldstein tut's, denn ich bin selbst nichts anderes gewesen.[15]"）

ペスタロッチーは、既に「ペスタロッチーのための墓碑銘」と題して六行二聯の銘文を遺した。自撰の墓碑銘を示しておこう。[16] ビル村のプロテスタント教会の庭の墓石に彫り込まれた自撰の墓碑銘は次のとおりである。

ペスタロッチーのための墓碑銘
彼の墓の上には一本のバラが花咲くだろう。
彼の不幸を永く見、そして
乾いたままであった彼の眼を涙させるだろう

Grabschrift für Pestalozzi
Auf seinem Grab wird eine Rose blühen-die
Augen weinen machen wird, die sein
Elend lange sahen und trocken geblieben.

Auf seinem Grab wird eine Rose blühen, deren
Anbliek Augen weinen machen wird-die
bei seinen Leiden trocken geblieben.

彼の墓の上には一本のバラが花咲くだろう。
それを見て、彼の苦悩の折には
乾いたままであった眼を涙させるだろう。

ペスタロッチー自撰のこの墓碑銘は、孤児救済に全生涯を尽くし、子どもたちの幸福な未来のために挑んできた苦悩の日々に合わされているように読みとれる。

この時、彼と苦労を共にしたアンナ夫人はすでになく、イヴェルドン滞在中の一八一五年一二月一一日に七七歳で永眠していた。アンナ夫人の葬儀の様子が次のように記されている。

「その葬儀で、一つの聖歌がうたわれたあとに、ペスタロッチーは霊柩に向き直って言った『私たちは、すべての人びとに遠ざけられ、そして軽蔑された。病気と貧乏とが私たちを打ちのめした。そして、私たちは、乾いたパンを涙で食べた。厳しい試練のあの日々に、あなたと私に耐える力と希望を失わない力とを与えたものは何であったたか。』

ここで彼は、手もとにあった一冊の聖書を手に取り、それを死体の胸に押しつけ、そして言った『この泉からあなたと私は、勇気と力と平安とを汲みとったのです』[17]。」

仮に二人の死の前後が事実とは逆であった場合、生き残ったアンナ夫人は夫の柩の前でペスタロッチーのことばのような別れのことばを述べたであろうか。イヴェルドンの市内にあるアンナ夫人の墓石には、次のような墓誌が刻まれている[18]。

アンナ・ペスタロッチー・シュルテス　一七三八年八月一〇日に生まれ　一八一五年一二月一一日に死す。
貧しい人の友、教育の慈善家であったペスタロッチーにふさわしき妻、アンナは四六年の長きにわたってペスタロッチーの献身的事業の伴侶として、彼女は死後、感謝と崇拝の記憶を残した。イヴェルドンの城内に埋葬された彼女の亡骸は、市当局の配慮によってここなる墓地に厳粛な儀式により改葬された。　一八六六年八月一一日

さらに、一九二七年ペスタロッチー死後一〇〇周年の祈りに、スイスの婦人たちによって中央に横顔のレリーフが刻まれた立派な記念碑が建立された。

A LA MEMOIRE DE MADAMT　ANNA PESUTALOZZI-SCHULTHESS　FEMMES SUISSES　1927
アンナ・ペスタロッチー・シュルテス夫人の記念碑　スイス婦人会　一九二七年

4　生誕一〇〇年祭の記念碑

一八四六年一月一二日はペスタロッチーの生誕一〇〇年祭にあたり、新しい校舎が建てられた。その三階建の校舎の教会（Evangelisch-reformierte Kirche）の墓地に向いた切妻の側に、感謝を表明したアールガウ州政府は、記念碑を建てた。この記念碑の材料は、大理石である。筆者は二〇〇一年三月五日にここを訪れた。昨夜来の雪があたりをうっすらとそめていた。

『*Pestalozzi-Worte*』にある旧校舎の銅版画を見ると、その前面をペスタロッチーの墓の方に向けていたのであったが、新校舎は、その切妻の側面が墓の方に向いている。その両側にもみの木が植えられていた。

いま、墓の正面に立ってみると、墓は校舎のすぐ前にあるのが実感である。現在は、学校そのものは新しい場所に引っ越したが、この建物はいまもその学校の一部として用いられているとのことであった。

墓の後方の校舎側面を含めた全体そのものがペスタロッチーの墓碑だというのが適切な実感である。さらに、奥に高く聳える校舎の切妻の側面そのものが、いわゆる「しつらえられた記念物」だからである。それはいってみれば墓の背景であるが、墓とその記念物は切り離しては考えられないから、むしろ墓碑銘の背後につける光明を表す光背であるといったほうがよい。

校舎の切妻に描かれた記念物は、側壁全面積の上下二段に分けられている。上の段は縦三面にわかれた記念壁画がある。この壁画はフレスコ画でノイホーフで働く若き日のペスタロッチーを再現している。下段は中央で狭く区切られ奥まったところに、記念碑がある。記念碑には黒色の大理石が使われ、白い円形の部分にペスタロッチーの胸像が刻まれている。その下に金色の碑銘がある。もともと、この大理石記念碑は屋根を冠った建造物になっていて区切りがある。(19) 思い切って全体が一つの祠《ほこら》になっているといったほうがわれわれ日本人にはぴったりとわかる。

中央の区画、つまり碑の中心部には円形にペスタロッチーの胸像がある。この中心部を取り囲んで、上部はアーチ形の外枠になっていて、アーチ状に大文字で「われらの父ペスタロッチーに」と刻まれている。それは天空を覆うが如くである。下部は上部を載せた台座のようになっていて、横二行の金文字が刻してある。第一行は「感謝せるアールガウ」("DER DANKBARE AARGAU")と、第二行は「一八四六」("MDCCXLVI")と読まれる。さらに、碑文を挟む左右の面には一八八四年に改装したことが記してある。このことを、福島政雄は『ペスタロッチー小伝』で、「感謝せるアールガウ県」「一八四六年」の二行が碑文の下に記されていると、また、ドゥ・ガン（Roger de Guimps）は、碑文の上に「われわれの父ペスタロッチーのために」、碑文の下に「感謝に充てるアールガウ」と記されていると記述している。[20]

以上の天地三行の言葉は、碑の通例上「われらの父ペスタロッチーに」「感謝せるアールガウ州」「一八四六年に」と読むべきことは明らかで、「一八四六年に、感謝せるアールガウ州が、われらの父ペスタロッチーに（献ぐる）献辞であって、《献ぐ》の言葉が省かれているのである。

さて、ここで碑銘について述べておきたい。この銘文はアウグスト・ケラー教授（Professor Augast Keller）の撰作であって、古典的な美文であるという。しかし、『ペスタロッチー用語集』（*Pestalozzi-Worte*）[21]がこの評語の最後に掲げたのは、**“Alles für andere, für sich nichts”** の一行だけであるが、この一行を全銘文の代表として掲げたのであろうと考える。

Hier ruht
Heinrich Pestalozzi
geb. in Zürich am 12 Jänner 1746,
gest. in Brugg am 17 Hornung 1827,
Retter der Armen auf Neuhof
Prediger des Volkes in Lienhard und Gertrud,
Zu Stanz Vater der Waisen,
Zu Burgdorf und Münchenbuchsee
Gründer der neuen Volksschule,
Zu Iferten Erzieher der Menschheit.

ハインリヒ・ペスタロッチー
ここに眠る。
一七四六年一月一二日チューリッヒに生まれ、
一八二七年二月一七日ブルックに没す。
ノイホーフにおいては貧民の救済者。
『リンハールトとゲルトルート』においては民衆の伝導者。
シュタンツにおいては孤児の父。
ブルグドルフとミュンヘンブーフゼーにおいては
新しい民衆学校の創設者。
イヴェルドンにおいては人類の教育者。

Mensch, Christ, Bürger.　人間、キリスト者、市民。
Alles für Andere, für sich Nichts.　すべてを他者のためになし、己がためにはなにものをも。
Segen seinem Namen!　彼の名に恵みあらんことを！

この碑文は、苦悩にみちた八一年のペスタロッチーの生涯の偉業を示したものである。とりわけ、最後の一文、「すべてを他者のためになし、己のためにはなにものをも」"Alles für andere, für sich nichts"で締めくくっている。ここに、教育者としてのあるべき生き方を、いや人としてのあるべき姿を示している。

なお、この教会の庭の芝生には、アンナ・ペスタロッチー・シュルテスを顕彰する銅製の顔の部分の記念碑が埋め込まれている。

ペスタロッチーの記念碑に庭をはさんで向かい合う教会の入り口の壁面には、日本の偉大なペスタロッチー研究者・長田新博士の記念碑文が刻まれている。この碑文は、当時のスイス国立ペスタロッチー研究所H・シュテットバッハ博士の撰文によるものである。[22] この碑文の下に長田新博士の分骨が埋葬されている。

ここに偉大なひとりのペスタロッチー崇拝者の遺骨が彼のたっての遺志によって
埋葬され安らかに眠っている。
長田新広島大学教育学教授チューリッヒ大学名誉哲学博士
日本にひろく広がったペスタロッチー運動の基礎を築き、
またペスタロッチーの著作の日本語への翻訳、著作にたゆまざる活動をつづけ、
スイス民主主義の友、信奉者であったことに対して感謝をささげる。

5 生きた時代と生涯の仕事

ペスタロッチーの苦難に充ちた長い生涯が終わった。彼の膨大な著作をみると、彼の生きた時代は、旧体制の終わりから資本主義の初期の時期に及んでおり、前期資本主義のスイスの農村への侵入は、人間の知恵と道徳の教育のための自然の場である農耕的生産を主とする家庭生活を、親にも子どもにも喪失させてしまった。

この点を鋭く批判的に洞察している梅根悟の指摘を引用しておきたい。

「変化に富み、創意をはたらかせて、たがいにはげましあいながら営まれる親子共同の農耕的生活こそ、真の自然的な教育の場であるが、それはマニュファクチュア生産の侵入によってくずれ去りつつある。だから、学校は新なる使命、すなわち、この失われつつある生活教育の場をこれらの子どもたちに提供するという使命をもって新しく作りなおさなければならぬ—これがペスタロッチーの学校観であった。彼の生活教育論は、このように経済社会の変化によってもたらされた健全な教育的環境の喪失をとりかえすためのものであり、前期資本主義社会が生みつつあった時代的な病癖に対する対策として打ちだされたものであった。彼の教育学は政治的には市民革命の時代を、経済的には前期資本主義（マニュファクチュア）の時代を最もよく代表しており、そのような時代の中で、その時代のもたらす病癖にたいして教育が何をなすべきか、また何をなすことができるかを考えぬこうとしたものであった。[23]」

こうした激動の時代にあって、彼は、スイスの愛国者であると同時に、世界市民であり、伝統の崇拝者であると同時に、自由の使徒であり、よきキリスト者であると同時に、ヒューマニズムの代弁者であった。この点について、ジルバーは次のように述べている。

「彼はみずからをただ、後進のために道を用意する先駆者、あるいは「荒野に叫ぶ人」とみなした。彼は他の人びとを自分自身とは異なった人間につくろうと努力した。ソクラテスのように、彼は人びとの良心を駆り立て、彼らがそれに答えざるを得ないように問いかけた。彼は激しい感動をひき起こした。彼は一つの典型、いわば努力しながら迷い、戦いながら勝利し、悩み、愛し、献身しつづけた人間であった。[24]」

彼の生涯の《夢》は、すべての人間の内に秘められたるより優れた可能性を開花させることによって、人びとの幸せを保証し、それによって世界に安らぎと平和をもたらすことであった。彼の実践的な仕事はことごとく挫折し、「私の生涯は、なに一つまとまったもの、完成したものを生みださなかった[25]」と彼が生涯の終わりに認めたように、その理論体系は断片にとどまった。

しかし、ペスタロッチーが回顧した以上に彼の生涯は、後世の人びとが彼を《人類の教師》とさえ呼ぶように実りあるものであった。とすれば、彼の生涯の努力の不変の価値はどこにあるのか考えてみたい。

一七世紀末から一八世紀後半の啓蒙思想が、上流階層や知的階級に限られた時代に、ペスタロッチーは《民衆》を発見した。彼は民衆の教育要求ばかりか、今までずっと顧みられなかった民衆の能力にも普遍的な価値を見いだした。彼はあらゆる人間、いわば最も堕落した人間のうちにさえ宿るより高い可能性を信じ、普遍的にしてかつ平等な人間性についてのこうした理解から、一人ひとりの人間の教育を受ける権利と、この権利を充たさせる社会の義務とを導きだした。このようにして彼は、民主的な文化についての一つの新しい見解を創造し、記念碑文にもあるように、《普遍的な民衆教育・国民教育》ための道を拓いたのであった。

ペスタロッチーの教育の課題は、人間自身のうちに秘められている生きる力を強め、それを否定する力を克服できるように導くことであった。

その方法は人間を安定させること、すなわち人間の生涯にわたる教育のプロセスにおいては、まず母親が、幼児の自然の「純真」「善への意欲、能力、知力」の最初の感性的萌芽、純粋な感謝と好意の心情の最初の守りてとして、重い役割を担う。《母親こそ、子どもの最初の、最も大切な、最もすぐれた教師である。……なぜなら、神（自然）は母親のために子育てに必要な素質を授けているからである。こうして、子どもは、母親との関係を通じて、その心情（Herzen）のうちに「愛」「信頼」「感謝」「素直」などという感情を内的に培われていくのである。他方、共同社会のなかに組み入れることによって、外的に安定させることであり、その手段は、知的・実践的および道徳的な活動を相互に結び付け、均衡のとれた力をもつ調和のとれた《人格の形成＝全人教育》を目指すのである。

さらに、教師の地位を高め、教師養成所の設立を提案することによって民衆教育者を育て民衆教育の遂行を可能にした。彼は教材の無理解な暗記学習を否定して、子どもの自主的・自発的な学びを奨励する新しい教授法を創出した。そして、ペスタロッチーは学校教育と家庭教育との結合を強く要望し、子どもの最初の教師としての母親の重要性と、子どもの初期の情緒的な印象が子どもたちの全生涯に及ぼす影響の大きさを具体的事例をあげて指摘した。彼は、民衆道徳が家庭生活に、政府が民衆感情に依存することを知っていた。彼は健全な市民の中産階級を育て維持するために、よい労働条件の重要性を強調した。彼は政治と経済と教育との関連を明らかにし、それらすべての結合のうちに真実の人間教育の在るべき姿を構想した。

ペスタロッチーの人間教育の限界は、『隠者の夕暮』（*Die Abendstunde eines Einsiedlers*）の冒頭の「玉座の上にあっても木の葉の屋根の陰にあっても同じ人間、その本質における人間、そもそも人間とは何であるか……」(26)で示されているように、彼の教育課題は民衆とりわけ、孤児たちの知的・道徳的向上であった。それゆえ、民衆に対する激しい愛のあまり、《上流階級の人びと》の教育を考えるゆとりを見いだせなかったことである。

6 ペスタロッチーの生涯から学ぶもの

このように、ペスタロッチーは苦難にみちた八一年の生涯を閉じたが、彼の生涯は、「純真」(邪念や私欲のないこと)への信仰と尊敬、これを子どもから大人まで、居間から社会まで、社会から国家まで拡げていく道が、八一年の生涯にわたって、歩みつづけてきた道であった。

困難な時代のなかにあって《教育》を優先させ、教育において《子ども》を優先させ、子どもにおいて《内から》の展開を優先させる。そういう《人間教育》の実現に生涯をかけたペスタロッチーの教育は、いつの時代でも《子どもの内に秘められたる可能性》を信ずる人たちの胸を打ちつづけるであろうし、とりわけ支配と統制、保身と惰性、差別と選別のなかで混迷する教育の実現に対して、厳しい省察の波動を呼び起こさずにはおかないであろう。

玖村敏雄は、既に挙げた著書『ペスタロッチーの生涯』の序文で敗戦直後の困難な教育状況のなかで、真の教育者の出現を願って、次のような一文を寄せていることを、いま一度ここに記す。

「いまのわが国には、真実の教育者の出現を望む声が切々としてきこえる。しかし、この書を読む人たちがペスタロッチーのある一面を模倣して自分独りが目覚めた教育者であるとうぬぼれて起き上がることは望まない。彼の考えなり生き方なりが彼に独自な生命の根深いところから實に必至の勢いもって創り出されたものであることに想い到って、さて自分とはどう考えどう生きてゆくことで落ち着けるかを問題としてほしい。

そして、ペスタロッチーの片言隻句に、彼の全人生がいつも懸かっていたように、夫れ夫れ自分の生命をかけて悔いのない言葉で子どもたちに、青年達に話しかけられるような方向をめざして歩みはじめてほしいのである。このとき始めて今日渇望されている真の教育者が出現するであろう。[27]」

ペスタロッチーの最も強い影響は、いつの時代でも彼の人格から出てくる。彼は肖像や著作のなかに、最も感動的には、膨大な講演や著作の中に生きている。そこに現れている彼の善意、孤児たちに対する愛の力と苦難に耐え忍ぶ力、高貴なものも卑しいものもすべて理解しかつ許容する彼の人間性、子どもたちの未来を拓こうとする人びとの胸をゆさぶり、希望と勇気を与えるであろう。

二一世紀を生きる私たちにとってペスタロッチーは何を意味するか？（Was sagt uns Pestalozzi heute?）

ドイツにおけるペスタロッチー研究の偉才ジルバーのことばをここに記して、本書を終わりたい。

「自然からの離反、労せずして多くを求める傾向、ますます進展する専門化、国家の干渉ならびに大衆の平均化の時代において、彼は自主的な思考、誠実な仕事ならびに個々人の道義的な責任の意義を示し、また自然的な生活領域の確保、すなわち母と子の関係、家族の触れ合い、ならびに教養ある中間層の職業共同体（der beruflichen Gemeinschaft）の確保の重要性をも示している。彼によれば、世の中には《人間》の満足・向上ならびに幸せ以上に必要なものはない。ペスタロッチーは彼の教え以上に、その生涯を通して、いかに困難が大きくても、自己の課題に専念し、みずからを犠牲にする意思さえあれば、一つの信念を実現できる実例を示している。[28]」

ペスタロッチー没後、一八八年余を経過した現在、わが国では教育問題が山積し、《教育の再生》が、国家の最重要課題となっている。《学校とは》《家庭とは》そして《教師とは》本来どうあるべきか、ペスタロッチーの八一年の全生涯をかけた教育実践の根本理念は、次の一文に的確に表現されている。"Alles für Andere, für sich Nichts."（すべてを他者のためになし、己のためにはなにものをも）であった。今日でもペスタロッチーが、教育史上《人類の教師》といわれる所以はここにある。ここに教師の仕事の崇高さがある。

おわりに

私とペスタロッチーとの「出会い」について述べておきたい。

初めてペスタロッチーを知ったのは、高校一年の夏休みのことであった。玖村敏雄著『ペスタロッチーの生涯』（玉川学園出版部、一九四八年）であった。この書との「出会い」が、私の教師としての生涯を決定づけたといっても過言ではない。

この本の表紙を開くと、そこに達筆で次のことばが書かれていた。


「悩みの底に　神居たまふ」　　小原　圀（落款）

「小原圀」とは小原圀芳先生（一八八七―一九七七）で、日本における新教育運動の代表的な指導者であり、玉川学園の創設者である。

この言葉は印象的であった。この《神》とは何か、ペスタロッチーの八一年にわたる苦悩に満ちた生涯の根源に流れ、彼の魂を支え勇気づけた《愛》と《希望》であると、私は考えている。次のページには、コンラート・グロープの「スタンツー孤児院に於けるペスタロッチー」の絵があった。

「序文」で玖村敏雄先生は、敗戦直後の苦悩に充ちた状況のなかで、子どもたちの健やかな成長を願いつつ教育実践に励んでいる教師たちに、次のように問いかけている。

「いまのわが国には真実の教育者の出現を望む声が切々としてきこえてくる。しかしこの書を読む人達がペスタロッチーのある一面を模倣して自分独りが目覚めた教育者であるとうぬぼれて起ち上ることは望まない。彼の考え方なり生き方なりが彼に独自な生命の根深いところから実に必至の勢をもって創り出されたものであることを想い致って、さて自分としてはどう考えどう生きてゆくことで落着けるかを問題にしてほしい。そしてペスタロッチーの片言隻語に彼の全人生がいつも懸かっていたように、自分の生命をかけて悔いのない言葉で、子どもらに、青年たちに話しかけられるような方向をめざして歩みはじめてほしいのである。このとき始めて今日渇望されている真の教育者が出現するであろう。」

玖村先生は、ペスタロッチー没後一二一年後の一九四八（昭和二三）年二月一七日の命日に、敗戦後の混迷した教育現場の真っ只中で教師たちに呼びかけたのである。

次に、私のこころにペスタロッチーを印象づけたのは、敗戦直後の教育を調べているなかで出会った『新教育指針』であった。この冊子は、敗戦直後の一九四六（昭和二一）年五月から翌年の一月にかけて四分冊として文部省から出されたものであった。とりわけ、第二分冊「新日本の建設の根本問題」の最後の一節の次の文章が印象に残った。

「教育の聖者としてたたえられているペスタロッチーは、どんな一生を送ったであろうか。フランス革命のあらしがかれの祖国スイスにも荒れ狂って、親を失ひ家を焼かれたみなし児・貧児たちは、たよる力もなくちまたをさまよっていた。青年時代から革命運動に深い関心をいだいていたペスタロッチーは、結局その一生涯の力をそれらあわれな子どもたちの教育にそそいだのである。

《乞食を人間らしく育てるために、自分は乞食のように生活した。》

と言うのが、かれ自身の告白である。今日の日本の教育者に乞食の生活をせよと言うのではないが、生活の悩みのなかにも高い理想を仰ぎ、貴いつとめによって自ら慰めたこのペスタロッチーの精神こそは、永遠に教育者の力でありひかりでなければならない。

今日の教育者がつちかい育てる青少年の心の若芽、五年、一〇年、三〇年の年月を経て立派にのびてゆくとき、軍国主義や極端な国家主義はあとかたもなくぬぐい去られ、人間性・人格・個性にふくまれるほんとうの力が、科学的な確かさと哲学的な広さと宗教的な深さとをもって十分にはたらかされ、そこに民主主義の原理はあまねく行われて、平和的文化国家が建設せられ、世界人類は永遠の平和と幸福とを楽しむであろう。こうした高く遠い理想を、単なるゆめに終わらせないで、毎日の教育活動を通して、一歩一歩確実に実行してゆくところ、そこに教育者の希望があり喜びがあるのである」

まさに、敗戦直後の虚脱感のなかにおかれている教育者たちに対して、新しい日本の教育が、何を目当てとし、どのような点に重きをおき、それをどういう方法で実行すべきかについて示したものであった。国民の再教育によって、軍国主義を排除し、民主的な、平和的な、文化国家として建て直すことは、日本の教育者自身が進んで果たすべきつとめであり、当時一二〇年前に亡くなったペスタロッチーの八一年に及ぶ苦悩に充ちた生涯をとおして、語りかけ、勇気づけている。

この二つの書物によって、ペスタロッチーとの「出会い」が、私の教師・研究者としてのあり方を決定づけたといえる。

『ペスタロッチーに還れ―教育的格差・貧困・偏見に挑む―』を著す大きな動機であった。

二〇一五年二月一七日

黒澤　英典

ペスタロッチー年譜

西暦	年齢	年譜	参考事項
一七一二			ルソー、六・二八、ジュネーブで生まれる
一七二四			カント、四・二二、ケーニヒスベルクで生まれる
一七二九			石田梅岩、心学を説く
一七三八		八・一〇、チューリッヒでアンナ・シュルテス生まれる	
一七四六		一・一二、チューリッヒでペスタロッチー誕生	
一七四九	三		ゲーテ、八・二八、フランクフルトで生まれる
一七五一	五	外科医の父・ヨーハン・パプティスト病死（三三歳） 父亡きあと、母は三人の子どもを忠実な女中バーベリの協力によって感謝と誠実さあふれる家庭で育てた。ペスタロッチーの民衆に対する愛の根源は幼少期の家庭にあった	
一七五四	八	チューリッヒ・フラウミュンサター近くのラテン語学校入学 このころ友だちは彼を「ばか村の変人ハイリというあだ名をつけた」	
一七六二	一六		ルソー『エミール』『社会契約論』
一七六三	一七	グロス・ミュンスターの上級学校に入学。スイスの歴史・言語学古典語・神学・政治学・人間学などを学び、カール大学に入学し言語学・哲学を学ぶ。モンテスキュー、ルソーの著書にも親しんだ	
一七六四	一八	学友と共に理想主義的・社会改革的な「愛国者団」を結成し、社会活動に入る。その仲間にのちの妻アンナ・シュルテスがいた	
一七六五	一九	『アーギス』刊行 大学を中退する。ペスタロッチーは「名誉と愛を、思索と研究の道に求めるよりもむしろ献身と慈善の道に求めようとする方向へどうしようもなく傾いていった」	
一七六七	二一	アンナ・シュルテスに対する愛の情熱は「稲妻のように」ペスタロッチーの胸に点火され求婚した。彼は自分の愛する妻への義務を祖国に対する義務に従属する旨を、アンナに打ち明けている。この約束に彼は、生涯にわ	

		たって忠実であった	
一七六七・九		キルヒベルグでチッフェリによる農業に関する職業訓練をうける	
一七六八・五			
一七六九	二三	アールガウ州ビルに移住し農場経営を始める	
一七六九・九		アンナ・シュルテス（三一歳）と結婚。「なぜあんな粗野の男と結婚する気になったのか」と、問われたアンナは「だってあの人は美しい心をもっていますもの」と答える	
一七七〇・八	二四	息子ハンス・ヤーコブ誕生	ベートーヴェン生まれる
一七七一	二五	ノイホーフの新居に移る	
一七七四	二八	ヤーコブの『育児日記』を書く	杉田玄白『解体新書』
		農場経営破綻	バセドウ、デッサウに汎愛学校開設
		妻アンナの協力を得てノイホーフに「貧しき者の家（貧民学校）」を創設、貧しい子ども達は紡績技術や読み書きのほか、道徳・宗教教育を受けた	
一七七六	三〇		アメリカ独立
			アダム・スミス『国富論』
一七七七	三一	イーゼリンの「エフェメリデン」誌に「ノイホーフ便り」を発表	
一七八〇	三四	貧民学校閉鎖	ザルツマン『蟹の小本』
		「エフェメリデン」誌に「隠者の夕暮」を発表（ペスタロッチー著作のすべての序曲）	
一七八一	三五	『リーンハルトとゲルトルート』第一部刊行	カント『純粋理性批判』
一七八三	三七	『リーンハルトとゲルトルート』第二部刊行『立法と嬰児殺し』刊行	
一七八四	三八		ザルツマン、シュネッペンタアールに学校を開く
一七八五	三九	『リーンハルトとゲルトルート』第三部刊行	
一七八七	四一	『リーンハルトとゲルトルート』第四部刊行	松平定信による寛政の改革（一七八七〜九三）
一七八八	四二		カント『実践理性批判』
一七八九	四三		フランス革命、人権宣言
一七九〇	四四	『リーンハルトとゲルトルート』の改訂版	カント『判断力批判』
一七九一	四五	息子、ハンス・ヤコブがアンナ・マグダレーナ・フレーリッヒと結婚	

		する	
一七九二	四六	八月二六日、フランス共和国の名誉市民になる	
一七九三	四七	フランス革命に対する『然りか否か』(JaoderNein?) リヒタースヴィルに滞在中フィヒテ(Fichte)に邂逅	塙保己一「和学講談所」開設
一七九四	四八	「シュテーファー村民運動の犠牲者のために」	
一七九五	四九	「チューリッヒ湖畔の自由の友へ」	
一七九七	五一	「人類の発展における自然の歩みについての私の探究」を執筆。「人間学、政治哲学、社会哲学」の確立 孫のゴットリープ誕生	
一七九八	五二	「わが祖国に告げる」「目覚めよ、国民」など執筆 一二月七日政変による混乱のなかで親を失った孤児たちのための施設・シュタンス孤児院に孤児たちに人間の品位を回復させようと決意して着任した	本居宣長『古事記伝』 スイス革命のため国内混乱
一七九九	五三	六月八日、孤児院が閉鎖されたが、シュタンスにおける短期間の、苦労の多かった疲労困憊の月日を生涯の最も幸福な日々に数えた。その後、彼はグルニゲルで保養 ブルグドルフ城に滞在し教師として教育実践に取り組む	
一八〇〇	五四	「メトーデ」を執筆、ブルグドルフ城に教員養成所を開設	昌平坂学問所落成
一八〇一	五五	「ゲルトルート児童教育法」を刊行、カントに依拠しつつ、直観こそ教育の基礎であるとし、最も単純な《要素》(Element)、すなわち身体には運動、知的には言葉・数・形、道徳には信仰・愛・感謝・信頼などを、自己活動によって学び、《自らのなかに人間を発見する》ことで調和的発達を遂げることが人間の形成・陶冶(Bildung)であるとした 息子ヤコブ死去	イタール「野生児の教育」
一八〇二	五六	「メトーデの本質と目的」「わが時代に訴える」を発表	
一八〇四	五八	ヘルヴェーチア共和国崩壊、ペスタロッチー学園、ミュンヘンブッフゼーに移転	カント死亡
一八〇五	五九	ミュンヘンブッフゼーの学園放棄	広瀬淡窓、日田に私塾「咸宜園」を開く

一八〇六	六〇	イヴェルドンに学校開設（女学校・盲学校・聾学校などもあった）。全ヨーロッパの注目を浴び、多くの見学者が訪れる	神聖ローマ帝国崩壊 ヘルバルト「一般教育学」、ザルツマン「蟻の小本」
一八〇七	六一		フィヒテ『ドイツ国民に告ぐ』 ヘーゲル「精神現象学」
一八〇八	六二	フレーベル、弟子を伴ってイヴェルドン学園に住み込む（〜一〇年）	ゲーテ『ファウスト』第一部刊行
一八一〇	六四		ベルリン大学創立
一八一四	六八		ナポレオン退位、エルバ島へ ウイーン会議開かれる。
一八一五	六九	『純真な人びとへ』刊行 一二月一一日妻アンナ・シュルテス死去	ナポレオン、セントヘレナへ流される。
一八一六	七〇	教師間に新たな争いが起こり、多くの教師が去り、学園衰退する	
一八一七	七一	友人ニーデラーとの紛争が始まる	
一八一八	七二		マルクス生まれる。J・ミル「教育論」
一八一九	七三	ペスタロッチー全集一五巻の第一巻がコッタ出版社（Cotta）から刊行される	
一八二五	七九	曽孫ハインリッヒ・カールの誕生 イヴェルドンから身を引いてノイホーフに戻り、著作に従事する ヘルヴェーツィア協会の会長に選ばれる	
一八二六	八〇	自らの全教育思想を統一的に叙述する自伝『白鳥の歌』を執筆刊行。民衆教育の出発点を単純化するための、道徳的・精神的・身体的諸力の合自然的形成と調和の総括と苦難の八十年の生涯の回顧と展望。『ブルクドルフとイヴェルドンにおける教育施設の校長としての私の生涯の運命』 『ランゲンタールの講演』産業の進展と道義の退廃、その原因の糾明と救済手段の提言	フレーベル『人間の教育』刊行
一八二七	八一	二月一七日、孫夫妻ゴットリープとカタリーナに看取られてブルッグで永眠する。遺体は遺言によりビルの学校敷地内に埋葬	ディースターヴェーク「ライン教育時報」創刊

◎追記

一八四六		生誕一〇〇周年にあたり、新しい校舎が建てられた時、感謝を表明したアールガウ州政府は、校舎の破風側に教会の墓地に向けて、彼の功績を讃える記念碑を建てた	
一八五三		ペスタロッチーの孫ヨハン・ゴットリープ死去	ペリー浦賀に来航
一八六八			「五ケ条の御誓文」（明治維新）
一八七二			「学制」公布
一八七七			東京大学開設
一八八九			「大日本帝国憲法」発布
一八九〇		曾孫ハインリッヒ・カール死去。チューリッヒ工科大学学長など歴任したが独身であったためペスタロッチーの家系は終わった	「教育勅語」頒布
一九二七		没後一〇〇年を記念して、ほぼ半世紀の歳月を費やして『ペスタロッチー著作全集』（校訂版・全二八巻）が刊行された	
一九六〇		長田新編『ペスタロッチー全集』（全一三巻）が刊行された	
一九八〇		"Johann Heinrich Pestalozzi: SÄMTLICHE WERKE. Kritishe Ausgabe. Band 28. 完成	

ペスタロッチーの研究資料

一、ペスタロッチーの著作の主な翻訳

(1)全　集

長田　新編『ペスタロッチー全集』(全一三巻)　平凡社　一九五七(新版、一九七四)

小原國芳編『ペスタロッチー全集』(全六巻、「西洋教育宝典」の一部)　玉川大学出版部　一九六五〜六八

(2)主な著作の翻訳

福島政雄訳『隠者の夕暮』　目黒書店　一九三五(新版、福村書店　一九五二)

長田　新訳『隠者の夕暮・シュタンツだより』(岩波文庫)　岩波書店　一九五〇

梅根　悟訳『政治と教育』(『隠者の夕暮』『わが祖国の自由について』)　明治図書出版　一九六五

二、伝　記

澤柳政太郎『ペスタロッチー』　帝国教育会出版部　一九二六(一八九六)

H・モルフ、長田新訳『ペスタロッチー伝』(全五巻)　岩波書店　一九四一

長田　新『ペスタロッチー伝』(上・下)　岩波書店　一九五一

福島政雄『ペスタロッチ小伝』　福村書店　一九五五

ドウ・ガン、新堀通也訳『ペスタロッチ伝』　学芸図書　一九五五

玖村敏雄『ペスタロッチーの生涯』　玉川大学出版部　一九六〇

K・ジルバー　前原　寿訳『ペスタロッチー・人間とその仕事』　岩波書店　一九八一

村井　実『ペスタロッチーとその時代』　玉川大学出版部　一九八六

三、主な研究書(論文)

福島政雄『ペスタロッチの根本思想研究』　目黒書店　一九三四

長田　新『ペスタロッチー教育学』　岩波書店　一九三四

長田　新『ペスタロッチー』　岩波書店　一九三六

福島政雄『ペスタロッチー』　福村書店　一九四七

長田　新『ペスタロッチー』　牧書店　一九五六

福島政雄『ペスタロッチの社会観』　福村書店　一九五六
長田　新『ペスタロッチー教育学』　岩波書店　一九五八（初版、一九三四）
岩崎喜一『ペスタロッチの人間の哲学』　牧書店　一九五九
T．リット著　杉谷雅文・柴谷久雄訳『生けるペスタロッチ』　理想社　一九六一
H．バルト著　杉谷雅文・柴谷久雄訳『ペスタロッチー研究』　明治図書出版　一九六二
E．シュプランガー著　吉本　均訳『教育の思考形式』　明治図書出版　一九六二
武田清子「ペスタロッチ受容の方法と問題」　国際基督教大学学報『教育研究』（No.９）　一九六二
坂東藤太郎『ペスタロッチーの道徳・宗教教育の研究』　共同出版　一九六三
小原国芳『ペスタロッチを慕いて』（重版）　玉川大学出版部　一九七〇（初版、一九三二）
稲冨栄次郎『ペスタロッチーの生涯と思想』　福村出版　一九七一
伊藤忠好『人間と真実～失意時代のペスタロッチ』　玉川大学出版部　一九七一
長尾十三二『ペスタロッチ「ゲルトルート」入門』　明治図書出版　一九七二
黒澤英典「pestalozziに於ける再建と独立の概念」　青山学院高等部『研究報告』（No.５）　一九七三
田花為雄『西洋教育史ノート（二）』　所出版　一九七五
村井　実『いま、ペスタロッチーを読む』　玉川大学出版部　一九九一
長尾十三二・福田　弘『ペスタロッチ』　清水書院　一九九一
岸井　敏『ペスタロッチ 巡礼』　シャローム印刷　二〇〇〇
中野　光『日本のペスタロッチーたち』　つなん出版　二〇〇五
中野　光『ペスタロッチーをどう読んできたか』　つなん出版　二〇〇五
藤井常文『留岡幸助とペスタロッチ～巣鴨家庭学校を舞台にした教育実験』　三学出版　二〇〇七

四、ドイツ語原典の全集・著作集および主な研究書

(1)ペスタロッチーの原書

ペスタロッチー著作全集（コッタ版）
Pestalozzis Sämtliche Schriften, 15 Bände, J. G. Cotta, Stuttgart und Tübingen 1819/26.
ペスタロッチー著作全集（ザイファルト版）
Johann Heinrich Pestalozzi, Sämtliche Werke, Hg. von L. W. Seyffarth, 12 Bände Liegnitz. 1896 ff.

ペスタロッチー著作全集（校訂版）

Johann Heinrich Pestalozzi, Sämtliche Werke, Kritische Ausgabe, Hg. von buchenau, Spranger, Stettbacher, Berlin 1927 ff. Zürich. 1946 ff. Bd. 28.

ペスタロッチー書簡全集（校訂版）

Johann Heinrich Pestalozzi, Sämtliche Briefe, Hg. vom Pestalozzianum und von der Zentralbibliothek in Zürich 1946., Bd. 1-XIII.

ペスタロッチー選集（一〇巻）

Heinrich Pestlozzi, Gesammelte Werke, Hg. von Emilie Boßhart, Emanuel Dejung, Lothar Kempter, Hans Stettbacher, 10 Bände, Rascher, Zürich 1945.

ペスタロッチー選集（フリットナー）

Pestalozzi, Ausgewählte, Hg. von W. Flitner, Düsseldorf/München 1954.（1 Bd.）.

(2)ペスタロッチーに関する主な文献

① Krüsi Hermann. *Pestalozzi: His Life, Work and Influence*. 1875.

② Pinloche, A. *Pestalozzi and the Foundation of the Modern Elementary School*. 1901.

③ Holmn, H. *Pestalozzi: An Account of his Life and Wore*. 1908.

④ Natorp, Paul. *Pestalozzi. Sein Leben und seine* Ideen. Leipzig 1912.

⑤ *Pestalozzi-Worte*, Lebensweisheit eines Menschenfreundes. Quellentreu geschöpft und lexikalisch angeordnet von K. Schwaln. Mit Schriftzüsen und Bildern. 1926.

⑥ Otto, Ernst, *Pestalozzi. Werk und Wollen*. Berlin 1945.

⑦ Silber, Käte. *Anna Pestalozzi-Schultheß und der Frauenkreis um Perstalozzi*. Berlin 1932.

⑧ Walter Muschg: *Begegnungen mit Pestalozzi*. 1945.

⑨ Spranger, Eduard. *Pestalozzis Denkformen*, Stuttgart 1947.

⑩ Litt, Theodor. *Der lebendige Pestalozzi*, Heidelberg 1952.

⑪ Barth, Hans. *Pestalozzis Philosophie der Politik*. Züriech 1954

⑫ Silber, Käte. *Pestalozzi. Der Mensch und Sein Werk*. Heidelberg 1957.

⑬ Thomas Brodbeck, Alejandro Hagen, Andrea Schüpbach, Laurent Sester, *Die Geschichte des Berufsbildungsheims Neuhof im Birr* (AG). vormals schweizerisches pestalozziheim Neuhof（1914–2014）. 2014.

初出一覧

序　章　なぜ、いまペスタロッチーか　～ペスタロッチーの教育の現代的意義を問う～
二〇一二年度武蔵大学・教員免許状更新講習会講義録に加筆

第1章　ペスタロッチーの教育思想の源流　～『隠者の夕暮』の考察
武蔵大学教職課程研究年報　第二四号（二〇一〇年）

第2章「生活が陶冶する」教育的真実を求めて　～『シュタンツ便り』の考察
武蔵大学教職課程研究年報　第二六号（二〇一二年）

第3章　新たなペスタロッチー像を求めて　～『わが探究』の考察
武蔵大学人文学会雑誌、第四二巻二号（二〇一〇年）

第4章　民衆の自己解放の真の学力を求めて　～『ゲルトルートの子ども教育法』
武蔵大学人文学会雑誌、第四四巻一・二号（二〇一二年）

第5章　祖国スイスの存亡の危機と教育による再建　～ペスタロッチー生涯最後の『ランゲタールの講演』～
武蔵大学教職課程研究年報　第二七号（二〇一三年）

第6章　ペスタロッチー生涯の教育実践の総括　～『白鳥の歌』の考察
武蔵大学教職課程研究年報　第二八号（二〇一四年）

第7章　ペスタロッチーの墓碑銘　～ペスタロッチーの生涯から学ぶ～
武蔵大学人文学会雑誌　第二九巻一号（二〇〇七年）

注　記

序　章

（1）シュプランガー（Sprenger Eduard　1882–1968）は、ベルリン出身、ベルリン大学でディルタイに学びフンボルト研究―「W・V・フンボルトと人文理念」および「W・V・フンボルトと教育制度改革」によって学会にデビューし、ライプツィヒ大学教授を経てベルリン大学教授となった。ディルタイの「了解」の原理を、一方では歴史研究や人物研究に適応し、「教育と文化」（一九一九）など、他方では心理研究「生の諸形式」（一九二一）などに適用し独自の文化解釈を樹立し、文化教育学の代表者となった。彼は政治権力の動向に対しては追随的であり、ナチス支配期に交換教授として来日（一九三六）した。ノールやリットと比較して体制協力的態度が目立った。敗戦後まもなくチュービンゲン大学教授（一九四六―一九五二）に迎えられた。教育史研究・ペスタロッチー研究（「教育の思考形式」：Pestalozzis Denkformen, 1947）など独自の業績については、いまなお高い評価が与えられている。チュービンゲン大学における彼の後任がボルノー（Bollnow, Otto Friedrich　1903–1991）である。

（2）イヴェルドン（Yverdon）、スイス・ヴォー州にある自治体で、ヌーシャテル湖の西南端に位置する。ケルトやローマ時代の遺跡が発掘されている古い町であり、一三世紀にサヴォイア家が戦略的な拠点としてこの町を築き築城した。四つの円形の尖塔をもつイヴェルドン城は、市当局が代官のかつての居城を修理し、それをペスタロッチーに終身、無償で提供したものである（*"Pestalozzi-Worte" Lebensweisheit eines Menschenfreundes* 1926, ss, 291–293）。

（3）アンナ・シュルテス（Anna Schultheß　1738–1815）は、美しく、教養があり、かつ有能であった。彼女の家はチューリッヒで最も著名な実業家の家であった。彼女は多くの人々から結婚の申し込みを受けていたが、彼女は両親の家では幸福ではなかったにもかかわらず、結婚の相手を選ぶのにえり好みが強かった。ナネッテ（Nanette・アンナの愛称）がペスタロッチーに初めて出会ったのは三〇歳に近かった。彼は彼女より八歳若かった。彼は醜く資力もなく定職さえもなかった。チューリッヒの町では変人と思われていた。しかし、彼女はペスタロッチーのうちに誠実な心情とすぐれた精神を認め、両親の反対を押し切って結婚した。のちに「あんな粗野な男と結婚する気になったのか」と問われた時、彼女は、「だってあの人は美しい心を持っていますもの」と答えた。アンナはペスタロッチーの苦難に充ちた生涯を支えて、一八一五年一二月にイヴェルドンで七七歳の生涯を終えた。アンナの墓誌には、彼女がペスタロッチーのよき理解者として四六年間、彼を支えたことが刻まれている。亡骸は最初城内に埋葬されたが、一八六六年八月一一日に市の手厚いはからいによって、現在の市の公共墓地に改葬された。その後、彼女の生前の業績に対して一九二七年ペスタロッチー没後一〇〇年の折りに、立派な記念碑がスイス婦人会によって建立された。イヴェルドンでのペスタロッチーには悲しむべきことが多く、アンナの葬送に際して、共に送った苦難の日々のなか、常に「愛」と「信頼」そして「感謝」の念による宗教的信仰によって慰め励まされたことを悲しみのなかで追憶したのであった。

(4) ヨハン・ゴットリープ (Johann Gottlieb　1798-1853) は、祖父ペスタロッチーが経営するノイホーフで育ち、一八四〇年までは妻カテリーナ・シュミット (Katharina Schmid) と共にノイホーフに住み、晩年のペスタロッチーの世話をし、ブルッグで祖父ペスタロッチーの最後を看取った。この孫夫婦には、ハインリッヒ・カール・ペスタロッチー (Heinrich Karl Pestalozzi 1825-1890) という一人息子がいた。彼はチューリッヒ工科大学学長 (Oberst und professor am Polytechnikum in Zürich) などを歴任した。独身であったためペスタロッチーの家系は彼で終わった (*"Pestalozzi-Worte" Familie Pestalozzi*, 1926, *s*, 29)。

(5) ヨハン・ヤコブ (Johann Jacques　1770-1801) は、アンナ・マグダレナ (Anna Magdalena) と一七九一年に結婚し、一人息子ゴットリープが生まれた。しかし、三一歳の若さで亡くなった。

(6) クランディ (Clindy) は、イヴェルドンから徒歩で二〇分の場所で一八一八年九月、ペスタロッチーは、民衆教育者養成のための教員養成所を設けた。

(7) オスウィゴ運動 (Oswego Movement)、一九世紀後半アメリカで展開されたペスタロッチー主義の実物・開発教育運動。ニューヨーク州オスウィーゴ市の教育長E・A・シェルドンの指導のもとに進められ、一八六四年に全米教員協会が任命した調査委員会が翌六五年に発表した。報告書のなかで、その方式を推奨した。各地の師範学校が採用するに至り、全米に普及した。その影響は明治初期の日本にも及んだ。

(8) 高嶺秀夫 (一八五四―一九一〇) は、会津若松生まれ、慶應義塾などで英学を学び、一八七五年文部省よりアメリカのオスウィーゴ師範学校に派遣され、ペスタロッチー主義の教育学を学び、帰国後東京師範学校の校長となった。アメリカの開発主義教授法の導入に努め、のちに高等師範学校校長を経て、一八九七年女子高等師範学校校長になるなど、日本の師範教育の確立、改善に貢献した。

(9) 伊沢修二 (一八五一―一九一七) は、信州高遠藩の下級武士の生まれ、一八七〇年一九歳で藩の貢進生として大学南校に入学、一八七二年文部省に出仕、愛知師範学校校長を歴任。一八七五―七八年師範学科取り調べのため、高嶺秀夫らと、共にアメリカに派遣され、ブリッジウォーター師範学校で教育学を学び、帰国後東京師範学校に勤め、一八七九年に校長となり、体育伝習所主管、音楽取調掛長などに任命され、洋式体操および小学唱歌の創始と普及に貢献した。一八八八年東京音楽学校初代校長、一八九〇年国家教育社を創設し社長となり、国家教育主義運動を起こす。一八九一年官を辞し、学制改革運動、義務教育費国庫負担運動などに挺身、一八九五年台湾総督府随員として台湾に行き、台湾の学務部を創設し、一八九六―九七年学務部長、帰国して貴族院議員となる。一八九九―一九〇〇年高等師範学校校長となる。どもり矯正、視話法の普及に尽力した。一九五八年には『伊沢修二選集』が刊行された。

(10) ハウスクネヒト (Hauskuecht, Emil　1853-1927) は、わが国に最初にヘルバルト主義教育学を導入したドイツの教育学者。一八八七 (明治二〇) 年に日本に招聘され、帝国大学で初めて教育学を担当した。特に一八八九 (明治二二) 年から教育学科特約生のためにヘルバルト学派の教育学を講じたことから、その後、最初の受講生であった谷本富、湯原元一、松井簡治らによってドイツ教育学、とりわけヘルバルトの教授理論が盛んに研究されるようになった。

（11）思想史研究者・武田清子はペスタロッチー受容の方法には問題があったと次のように指摘している（武田清子「ペスタロッチ受容の方法と問題」国際基督教大学学報『教育研究』（№９）一九六二年（一―五四頁）、参照。「高嶺秀夫を中心とする師範教育に見られる開発教育の本質の検討をとうして、人間観（キリスト教に基づいた）を除外したところの技術主義的方法論による摂取であった。…中略…、……そうした技術論が表面上の開明性にもかかわらず、人間観・価値観に対しても、また、社会構造の根底に対しても、基本的に挑むことをせず、むしろ、その上に安住し、尊王愛国の天皇制国家の価値観、倫理観とも容易に妥協するものであることを見た。」と述べている。さらに「留岡たちの教育理念は、社会の片隅における文字通りささやかな孤児や不良少年のための〈社会事業〉〈救済事業〉とよばれる立場に釘づけされて来たのであった。近代日本教育思想史におけるペスタロッチ的教育思想とその実践の足跡は、それ故に、いわゆる教育史をはみ出た領域にまで摸索の手をのばしてその真の姿をすくいあげなくてはその実相をつかめないのである。」と今後のペスタロッチー研究の在り方について注目すべき指摘をしている。

（12）留岡幸助（一八六四―一九三四）感化教育による社会改良事業の推進者、一九一四年に北海道遠軽に北海道家庭学校を創設、留岡は人間社会の理想郷を自然に学びながら育つ社会と考え、〈よく働かせ〉〈能く食わせ〉〈能く眠らせる〉を重視した。こうした留岡の活動は二宮尊徳の報徳精神を生かしたものであるが、ペスタロッチーの教育思想に通じるものがあり、とりわけノイホーフにおける活動やスタンツ等における孤児救済事業に通じるものである。参考資料・藤井常文『留岡幸助とペスタロッチ』（三学出版、二〇〇七年）

（13）澤柳政太郎（一八六五―一九二七）は、松本の出身、明治中期から一九二〇年代にかけて、文部官僚、東北・京都の帝国大学総長などを歴任し、成城小学校の校長を勤め、教育界で重要な役割を果たした。京都帝国大学総長の時、教授の任免をめぐって、のちに「澤柳事件」と呼ばれる事件を起こして辞職、一九一六（大正五）年から帝国教育会会長となり、翌一九一七（大正六）年に成城小学校を創設して校長に就任、同校を教育改革のための研究（実験）学校とし、新教育運動に指導的役割を果たした。ペスタロッチーやデューイ（Dewey, J.）についての先駆的研究者でもあった。主著『実際的教育学』（一九〇九）は、それまでの日本の教育学研究のあり方を問い、科学的研究の課題と方法を提起した著作であり、成城小学校の教育研究構想もそこに発していた。一九七〇年代に『澤柳政太郎全集』全一一巻（国土社）が刊行された。

（14）ドゥ・ガン（Roger de GUIMPS　1812–1894）は、幼い日をイヴェルドンのペスタロッチー学園で過ごした人である。ドゥ・ガンの『ペスタロッチ伝』（その生涯と思想）（Histoire de J. H. Pestalozzi, sa vie et sa pensee. 1874）、新堀通也訳『ペスタロッチ伝』（学芸図書、一九五五）は、単に個人的回想にとどまることなく、師の生涯を思想的発展の観点から余すところなく解明しているという点において高く評価されている。

(15) 澤柳政太郎ほか『ペスタロッチ』(一九二五年)例言より。

(16) 小西重直(一八七五―一九四八)は、米沢生まれ、東京帝国大学哲学科卒業後、欧米に留学し、帰国後広島高等師範学校教授、第七高等学校長など経て、一九一三年京都大学教授、のちに総長となる。その教育学は教育の精神の本質を信に基づく《敬愛》に求め、自己の生活と教育実践によって発展させた人格教育学、体験の教育学、生命の教育学であり、成城学園、玉川学園などの労作教育(Arbeitserziehung)に影響を与えた。著書に『教育の本質観』(一九三〇年)、『小西博士全集』(一九三五年)などがある。

(17) 長田新(一八八七―一九六一)は、長野生まれ、『ペスタロッチー教育学』(岩波書店、一九三四年)でペスタロッチー研究家として認められた。特に、この三章「社会改革家ペスタロッチー」で「立法と嬰児殺し」に焦点を当てることによって、当時追い詰められた未婚の母の嬰児殺害を極刑にしていたのに対して、ペスタロッチーが極力、刑を軽減するように立法の人間化に努力したことを強調して、教育の考察に社会的観点を導入したことは高く評価された。また、モルフ(Morf, H.)の Zur Biographie Pestalozzi(『ペスタロッチー伝のために』)を全訳し、『ペスタロッチー伝』(全五巻、岩波書店、一九三九―一九四一)を公刊し、スイス政府からペスタロッチー賞を受けた。戦後、自らの原爆体験に基づいて、子どもたちの原爆体験文を集め『原爆の子』(岩波書店、一九五一年)を編集した。さらに、『ペスタロッチー全集』(全一三巻、平凡社、一九六〇年)を刊行し、「ペスタロッチーを読まずに教育を語るなかれ」をモットーにわが国におけるペスタロッチー研究に貢献した。こうした長年の努力に対してスイス政府は、長田にチューリッヒ大学の哲学博士の学位を名誉博士として授与した。

(18) 小原國芳(一八八七―一九七七)、日本における新教育運動の代表的な指導者であり、玉川学園の創設者。鹿児島生まれ、家が貧しく中学に進学できず、一時期電信技手を務めた。しかし、教師への思い断ちがたく、鹿児島県師範学校、広島高等師範学校で学んだ後、一九一三年香川県師範学校教諭となる。二年後、京都帝国大学で教育の研究に専念する。卒業後、母校広島高等師範学校付属小学校主事を務め、学校劇の実践と研究で注目を集める。一九一九年に澤柳政太郎の要請を受け、私立成城小学校主事に就任する。一九二一年「八大教育主張講演会」で全人教育論を提唱する。この理念をもとに、一九二四年に玉川学園を創設した。全人教育は真(学問)、善(道徳)、美(芸術)、聖(宗教)という絶対価値と、それを支える《身体》《生活》という手段価値からなる六つの価値の調和的・全面的な育成を目指すものである。主な著作は、『小原國芳全集』(全四八巻、玉川大学出版部、一九七八年)。

(19) 赤井(山本)米吉(一八八七―一九七四)は、石川県に生まれる。一九〇二年石川県尋常師範学校乙種講習科に入学、一九〇三年石川県師範学校に入学、一九〇八年広島高等師範学校入学、西田幾多郎の仲介で赤井家の養子となる。一九〇九年広島高等師範学校本科英語科に進学、小原國芳は予科に入学、生涯の友となる。一九二一年秋田師範学校付属小学校主事に転任、一九二二年秋田師範学校を辞任して、私立成城小学校に幹事として転任、一九二四年『ダルトン・プランの理論と実際』を出版。H・

パーカスト来日、東京を皮切りに仙台・金沢等へ通訳として同行する。この年の五月、明星学園を創設、校長となる。同人は、照井猪一郎、照井げん、山本徳行、資金は実業家茶郷基に負う。一九二八年明星学園中学校、高等女学校開校、校長となる。一九四四年大日本教育会教学動員副部長となる。終戦直後の一九四五年一〇月、連合軍総司令部教育顧問となる。一二月教育制度刷新委員会委員となる。一九四六年教育職員適格審査委員会にて不適格と判定され、一切の教職を辞任する。一九五一年一〇月追放解除となる。一九七二年金沢女子短期大学名誉教授の称号をうける。彼の教師観は「教師の使命は知識を教えるのではない。人間を教育するのだ。賢い教師より愛を抱く教師、子どものこころに共感する教師、それが子どもたちを教育し、ひいてはこの世に平和をもたらすのだと」。『日本教育の再出発』(学芸図書、一九五二年)、『この道―赤井米吉遺稿集』(赤井つる、一九七五年)など。

(20)『新教育指針』第一分冊(第一部前編)「新日本建設の根本問題」文部省、一九四六年五月、「はしがき」一頁。

(21)同上、第二分冊、文部省、一九四六年六月、六〇頁。

(22)同上。

(23)玖村敏雄『ペスタロッチーの生涯』玉川大学出版部、一九四三年、序文。

(24)長田新編『ペスタロッチー全集』全一三巻、平凡社、一九六〇年。

(25)同上、あとがき、四四一頁。

(26)埼玉県中学校校長会(会長・徳橋善四郎)は、一九六七年に新制中学校創設二〇周年を記念して、県内中学校にスイス大使館の許可を得て石膏づくりの「ペスタロッチーのマスク」を頒布した。

(27)「特集=いま《ペスタロッチー》を読む」『総合教育技術』小学館、一九八一年八月号。

(28)波多野完治「いま、なぜペスタロッチーか」同上、二〇―二一頁。

(29)同上、二二頁。

(30)世界人権宣言・国際連合がその設立目的の一つとしてあげている「人権及び基本的自由を尊重するように助長奨励することについて国際協力を達成すること」(国連憲章一条三号)に照らして、第三回国連総会(一九四八)において、人権に関して「すべての国民と国家が達成しなければならない一般基準」として採択した宣言。

(31)ユニセフ(unicef:United Nations Children's Fund)、国際連合児童基金。ユニセフは一九四六年、国連総会の決議によって設立された。当初は、第二次世界大戦で被害を受けた子どもたちに緊急支援を行うことを目的にしていたが、一九五三年に国連総会はユニセフを恒常的な国連機関とすることを決定。ユニセフは、世界の子どもたちを貧困、病気、暴力、差別などから守ることを目的とし、幼児、新生児と妊産婦の健康の改善、子どもへの予防接種、エイズ予防、子どもへの教育、特に女子教育などに力を入れている。毎年、ユニセフは『世界子供白書』を刊行し、世界の子どもたちの置かれた環境とその実情を世界に訴えている。

日本では公益財団法人「日本ユニセフ協会」が国民各層から募金を集め、毎年多額の基金をユニセフ本部に提供している。
(32)「日本子どもを守る会」は、一九五一年五月五日に制定された「児童憲章」の理念を実現するため一九五二年五月一七日に結成された。初代会長は『原爆の子』の著者、長田新であった。日本各地における子どもを守る運動と連携しながら活動を続けているが、社会の変化に伴い子どもの変化はさらに進行し、事態は一層深刻になてきている。『子ども白書』では。子どもをめぐる問題の所在が正確に示され、さらに問題解決の知恵が盛り込まれている。二〇一三年度の『子ども白書』のタイトルは「いのちの輝きを守るために～いじめ・体罰・自殺につながる暴力性を克服する～』である。

第1章

(1) *Pestalozzi Sämtliche Werke*, 1. Band. Schriften aus der Zeit von 1766 bis 1780. bearbeitet unter Mitwirkung von Albert Bachmann, A. Corrodi-Sutzur und W. Clauss von Walter Feilchenfeld, 1927, ss. 263–281.
(2) Eduard Spranger, *Pestalozzis Denkforman*, 1947. 吉本均訳『教育の思考形式』明治図書（一九六三）序文の冒頭で述べている。
(3) ノイホーフを紹介する冊子 “Stiftung Schweizerisches Pestalozziheim Birr” および “Pestalozzi Neuhof” による。
(4) ペスタロッチー著、伊藤忠好訳『人間と真実—失意時代のペスタロッチー—』玉川大学出版部、一九七一年、二八—四四頁。
(5) 同上、四四頁。
(6) 同上、四九頁。
(7) 同上、三九—四〇頁。
(8) 同上、四〇—四四頁。
(9) Käte Silber, *Pestalozzi. Der Mensch und sein Werk.* 1957. ss, 40–45. 前原寿訳『ペスタロッチー～人間と事業～』岩波書店、一九八一年、四三—四九頁を参照。

第2章

(1) “Pestalozzi's Brief an einen Freund Über seinen Aufenthalt in Stanz.” *Pestalozzi Sämtliche Werke.* 13. Band Schriften aus Zeit von 1799–1801, bearbeit et von Herbert Schönebaum. Berlin und Leipzig 1932. ss, 1–32.
(2)『リーンハルトとゲルトルート』は、ペスタロッチーの主著で四部から成っている。第一部・第二部は一七八一年に公にしている。第三部・第四部は一七八五年に刊行している。この物語のなかでは悪人たちが描かれているが、人間の本性を根源的に善とみなすペスタロッチーのなおも毅然とした信念が、この物語の前半を一貫している。一人の人間が、堕落するとき、その責任は人間の本性にあるのではなく、環境にある。それゆえ、悪を招来した境遇を理解し、それを改める必要があると考える。この書の冒頭「これらの草稿は、国民に対して、国民にとって重要な若干の真理を、彼らの頭と心情とに訴えるような方法で伝えようとする試みの物語的な基礎である」と述べているように、「国民のための書」である。

（３）Käte Silber, *pestalozzi. Der Mensch und sein Werk*. 1957. s, 108.

（４）dito, s, 108.

（５）“Pestalozzi’s Brief an einen Freund über seinen Aufenthalt in stanz.” *Pestalozzi Sämtliche Werke*. 13. Band. 1932, s, 32.

（６）dito, s, 4.

（７）dito, s, 5.

（８）dito, s, 6.

（９）dito, s, 3.

（10）dito, s, 3.

（11）dito, s, 4.

（12）dito, s, 6.

（13）Käte Silber, *pestalozzi. Der Mensch und sein Werk*. 1957. ss, 109–10.

（14）Pestalozzi’s Brief an einen Freund über seinen Aufenthalt in Stanz. *Pestalozzi Sämtliche Werke*. 13. Band. s, 6.

（15）dito, ss, 6–7.

（16）dito, s, 7.

（17）dito, s, 7.

（18）dito, ss, 7–8.

（19）dito, s, 8.

（20）Eduard Spranger, *Lebensformen* 1926, s, 379. シュプランガーの《教育愛》については、松月秀雄教授が「日本の一教授に宛てたシュプランガーの教育の定義についての手紙」『教育哲学研究』第三八号、一九七八年、二九―四二頁のなかで詳論している。

（21）Pestalozzi’s Brief an einen Freund über seinen Aufenthalt in Stanz. *Pestalozzi Sämtliche Werke*. 13. Band, ss, 9–10.

（22）dito, s, 10.

（23）dito, ss, 13–14.

（24）dito, s, 14.

（25）dito, s, 14.

（26）dito, s, 15.

（27）dito, ss, 15–16.
（28）dito, s, 17.
（29）dito, s, 17.
（30）dito, s, 17.
（31）dito, s, 18.
（32）dito, s, 18.
（33）dito, s, 18.
（34）dito, ss, 18–19.
（35）dito, s, 19.
（36）dito, s, 19.
（37）dito, s, 19.
（38）dito, s, 25.
（39）dito, s, 26.
（40）dito, s, 29.
（41）dito, s, 29.
（42）dito, s, 30.
（43）dito, s, 32.
（44）dito, s, 32.
（45）Käte Silber, *pestalozzi. Der Mensch und sein Werk*. 1957. s, 114.

第3章

（1）ペスタロッチー著作全集（校訂版）、*Johann Heinrich Pestalozzi, Sämtliche Werke*, Kritische Ausgabe, Hg. von Artur Buchenau, Eduard Spranger, Hans Stettbacher, Berlin 1927 ff, Bd, 1–XXVIII außer XVII.
（2）dito, 12. Band. 1938. Schriften aus der Zeit von 1797–1799. ss, 1–166.
（3）*Pestalozzi Sämtliche Werke*. hg von Artur Buchenau. Eduard Spranger. Hans Stettbacher. 12. Band. 1938. Schriften aus der Zeit von 1797–1799, ss. 1–166. 日本語版、長田新編『ペスタロッチー全集』平凡社版、一九五九年、第六巻。虎竹正之訳、一—一三二頁所収。

（4）dito, 1. Band. 1927. ss, 262–281. 福島政雄訳『隠者の夕暮』目黒書店、一九三五年。長田新訳『隠者の夕暮・シュタンツだより』（岩波文庫）岩波書店、一九五四年。

（5）梅根悟著『世界教育史』光文社、一九五七年。二七六—九頁参照。

（6）Eduard Spranger（1882–1963）、ドイツの哲学者・教育学者、ペスタロッチー研究の第一人者。ディルタイ（Wilheim Dilthey 1833–1911）の流れをくみ精神科学的心理学によって文化哲学に学問的基礎を与えようと努めた。著書に『生の諸形式』『文化と教育』など多数。

（7）Eduard Spranger. *Pestalozzis Denkenform der Erziehung.* 1961. s, 6. 吉本均訳『教育の思考形式』明治書店、一九六二年、二三頁。

（8）*Pestalozzi Sämtliche Werke.* hg von Artur Buchenau. Eduard Spranger, Hans Stettbacher. 9, Band, 1930. ss 437–610. 10. Band, 1931. ss, 315–516.

（9）長田新『探究』［解題］、『ペスタロッチー全集』第六巻、平凡社一九五九年、三—四頁参照。

（10）ペスタロッチーが既に一七八〇年代の始めから『探究』の執筆の構想をもっていたことが一七八五年一二月一〇日のこの書簡でわかる。長田新「『探究』解説」『ペスタロッチー全集』第六巻、平凡社、一九五九年、六頁。

（11）Bemerkungen zu gelesenen Büchern（読書摘録）、*Pestalozzi Sämtliche Werke.* 9. Band. Emanuel Dejung Walter Guyer. Herbert Schönebaum. ss, 297–436. dito, 10 Band, ss, 19–28. これらの『読書摘録』は一七八五／六年および八年のものであるが、ペスタロッチーは、これを見ると『探究』執筆のための一〇数年の歳月と膨大な資料を集め準備したことが推測できる。

（12）*Pestalozzi Sämtliche Werke.* 12 Band. 1938. s, 5.

（13）*Pestalozzi Sämtliche Werke.* 12 Band. 1938. ss, 1–166. および、Entwürte. ss, 167–242.

（14）Jean-Jacques Rousseau（一七一二—一七七八）ジュネーブの時計職人の子として生まれる。母はその数日後に死亡、七歳のころから父と小説や歴史書を読み、このことが理性よりも感情の優位を説く思想のもとになった。一七二五年牧師に預けられたのち、彫金工の弟子となるがその後出奔して放浪。一七三一年上流貴族のヴァランス夫人の下に落ち着き、自己教育の決意を固める。一七五〇年、ディジョンのアカデミーが「学問・芸術の進歩は習俗の純化に役立ったか」の懸賞論文に応募し当選し（『学問芸術論』）、一躍思想界で名声を得る。その後、一七六二年に『社会契約論』『エミール』を発表、しかし、この二書とも発売禁止となり、その後放浪生活を余儀なくされた。そうしたなかで『告白』を書き、さらに『孤独な散歩者の夢想』を未完のまま死亡した。ルソーは生涯にわたって、《人間とは何か》《社会とは何か》を問い続けたが、この究極的な解答は自然人のモデルによって与えられる。人間は本来善良で幸福な存在であり、悪徳と不幸は社会に由来する。したがって、善と幸福に至る道は、内なる良心の声を聞き、本来の自己、本来の人間に回帰することにある。この回帰によって、自己と自己自身、個人と社会、人間と自然の間の透明で直接的な関係を回復すること、これがルソーの生涯追究しつづけたことであった。若き日のペスタロッチーはこのルソーの思想に多大な影響を受けた。特に、『探究』への影響は見逃すことができない。

（15）Johann Gottlieb Fichte.（一七六二―一八一四）ドイツの観念論の哲学者。初期の『フランス革命論』（一七九三年）は、絶対主義的君主の家父長主義的専制を非難し、個人主義的な自由の権利と契約論的小国家的枠組みを主張し、フランス革命を原理的に擁護した。『ドイツ国民に告ぐ』（一八〇八年）は、ドイツ国民を言語文化的共同体と捉えたが、人間性と人類の完成という普遍主義的使命を付与することによって、国民的使命を特殊化することなく、人類という普遍概念に組み込んだ。この人間性と共同性の形成のために、フィヒテは教育を国民的課題として強調したこの国民的使命によって、市民の人間性と共同体の形成は、ペスタロッチーの市民形成の思想に影響を与えている。

（16）「カント哲学」：Immanuel Kant（一七二四―一八〇四）ドイツの哲学者。ペスタロッチーへの影響をみると、「人間はその《経験的性格》については、自然法に従い、外的世界の影響下にあり、不自由であるが、《叡知的性格》に関しては、自由であり、ただ自らの実践理性（意志）にしたがってのみ方向づけられる。人間にとっては道徳法則は定言命法であり、道徳的行為は、幸福追求や愛や傾向性によってではなく、道徳法則への尊敬と義務の遵奉によってのみ可能である。こうしたカントの道徳律はペスタロッチーの根本思想に影響を与えている。備考．六・注（60）「カントの自律思想」参照。

（17）*Pestalozzi Sämtliche Werke*. 12 Band. 1938. s, 5.

（18）dito, ss, 1-166. から目次をつくる。

（19）*Pestalozzi Sämtliche Werke*. 12 Band, 1938. s, 1.

（20）dito, ss, 5-6.

（21）dito, s, 6.

（22）dito, s, 6.

（23）dito, ss, 7-8.

（24）dito, s, 8.

（25）dito, s, 8.

（26）dito, s, 8.

（27）dito, s, 8.

（28）dito, ss, 8-10.

（29）dito, s, 10.

（30）dito, ss, 10-12

（31）dito, ss, 13-14.

（32）dito, ss, 14–18.
（33）dito, s, 18.
（34）dito, ss, 18–20.
（35）dito, ss, 20–22.
（36）dito, ss, 22–23.
（37）dito, ss, 23–25.
（38）dito, ss, 25–26.
（39）dito, ss, 26–27.
（40）dito, s, 28.
（41）dito, ss, 28–31.
（42）dito, ss, 31–34.
（43）dito, ss, 34–36.
（44）dito, ss, 36–38.
（45）dito, ss, 38–43.
（46）Thomas Hobbes（一五八八―一六七九）イギリスの哲学者。自然権（自己保存権）と社会契約説に基づく近代国家論の創始者。経験論、唯物論の流れに属する。彼は人間の自然状態（社会がつくられる前の状態）を、利己的欲望に基づく《万人の万人に対する闘争》の状態とし、自然権を全部、譲り渡した絶対主義国家の形成を考えた。さらに、彼は人間を感情と理性から成り立つと考えたが、理性は特別の能力ではなく、感覚・知覚でとらえた知識を明らかにするだけであり、人間を動かすのは、快・苦の感情だと考えた。自分の利益や幸福への欲望が《快》であり、満足されない時《不快》である。彼は、人間には自分自身の生命を維持するため、各自が欲するままに行動する自由があると説いた。これが彼のいう《自然権》である。このホッブスの自然権は、のちにルソーの『社会契約論』に影響し、さらにペスタロッチーの《自然状態・社会状態》等の社会哲学に影響を与えている。
（47）*Pesutalozzi Sämtliche Werke.* 12, Band. 1938. s, 10.
《パンドラの箱》について説明をしておこう。《パンドラ（Pandora）》は、ギリシャ神話で、ゼウスが鍛冶（カジ）神ヘファイストスに命じて作らせた人類最初の女。プロメテウスが、天井の火を盗んで人間に与えたことに腹を立てたゼウスは、その報いとして人間に災害をもたらそうと考えた。神々からあらゆる魅力や美徳を授けられたパンドラは、プロメテウスの弟エピメテウスのもとにおくられた。エピメテウスはゼウスの贈り物は受け取ってはならないというプロメテウスの忠告を無視し、パンドラを妻にした。彼女は神々からのみやげ物として、のちに《パンドラの箱》として知られるようになる一個のつぼを持参したが、決して開けてはならないと警告されていた。彼女が好奇心を押さえ切れずにふたを開けると、中からあらゆる災害や害悪が飛び出して、あっという間に世界に飛び散った。驚いた彼女が、急いでふたを閉じたため、《希望》だけがつぼに残った。それ以来、人類はさまざまな災難にみまわれることになったという。ほかに、つぼの中には人間が得られたはずのあらゆる恩恵がつまっていたのに、パンドラはそれを逃してしまったのだとする伝説もある。

(48) *Pestalozzi Sämtliche Werke.* 12, Band. 1938. s, 57.

(49) dito, s, 62.

(50) dito, s, 66.

(51) dito, s, 67

(52) dito, s, 67.

(53) dito, s, 68.

(54) dito, s, 76.

(55) dito, s, 79.

(56) dito, s, 100.

(57) dito, s, 105.

(58) dito, s, 106

(59) dito, s, 106.

(60) 「カントの自律思想」(Immanuel Kant(一七二四―一八〇四)ドイツの哲学者)とは、人類の普遍妥当的(あらゆるところであてはまる)な道徳法則は、誰が作り、誰が意志し、行為することを命ずるのか。カントにあっては、それは各自の内的理性であるという。人間は身体をもち、感覚的なものに支配されているが、反面、自己を深く省察する理性をもっている。人間は前者にあっては、自然法に支配されるが、後者においては、自ら立てた道徳法則に、自ら従う自己立法者である。このように、自ら立てた法則に従う行為を《自律》という。彼は「他人ならびに自分の人格において、常に、人格の品位を尊重し、人格を常に目的としてとりあつかい、手段としてとりあつかうことなかれ」といっているが、この彼の言葉は教育基本法第一条の《人格の完成》に通ずる言葉である。わがペスタロッチーはこのような自律的な道徳を、備えた人間と人間との共同生活のあるところに、人類にとっての幸せな共同体が存在すると考えた。この「理想の国家」を形成する市民の陶冶を追究したのである。

(61) *Pestalozzi Sämtliche Werke.* 12, Band. 1938. s, 106.

(62) dito, s, 113.

（63）dito, s, 120.
（64）dito, s, 121.
（65）dito, ss, 122-3.
（66）dito, s, 125.
（67）dito, s, 127.
（68）dito, ss, 129-130.
（69）dito, ss, 150-1.
（70）dito, s, 151.
（71）dito, s, 157.
（72）dito, s, 157.
（73）dito, s, 161.
（74）dito, s, 162.
（75）dito, s, 162.
（76）dito, ss, 162-3.
（77）dito, ss, 163-4.
（78）dito, s, 164.
（79）dito, ss, 164-5.
（80）dito, s, 165.
（81）dito, s, 166.
（82）dito, s, 6.
（83）Eduard Spranger. *Pestalozzis Denkenform*. 1961. s, 4. 吉本均訳『教育の思考形式』明治図書、一九六二、一三―一四頁。
（84）dito, s, 57.
（85）Käte Silber（一九〇二―一九七九）、ここでケーテ・ジルバーについて紹介しておきたい。シュプランガー門下の偉才であり、ドイツにおいて第二次世界大戦後におけるペスタロッチー研究の第一人者であるといえる。特色は一八世紀後半から一九世紀初頭にかけてスイスを中心とする西欧社会の歴史的変動のなかで民衆の生活に光を当てようとするペスタロッチーの真摯な活動を政治改革・社会政策的観点にたってとらえようとしている研究態度が、明確に現されている。彼女は、一九〇二年に東部ドイツに生まれ、ポーランドのボーゼン・ギムナジュウムを終えたあと、一九二七―三一年までベルリン大学でドイツ文学・歴史学ならびに哲学を専攻し、シュプランガー教授のもとで一九三二年、『アンナ・ペスタロッチー＝シュルテスとペスタロッチーをめぐる婦人たち』（*Anna Pestalozzi＝Schultheß und der Frauenkreis um Pestalozzi* 1932）という論文で、哲学博士の学位を取得した。一九三〇年代におけるナチスの台頭は、この俊才の運命を大きく左右した。ユダヤ系であるがゆえに市民権を剥奪され、一切の公職から閉めだされたが、当時の逼迫した状況のなかで数年間、恩師シュプランガー教授の助手として物理的・精神的に支えられ、ペスタロッチーの研究に専念できたことは、彼女の生涯において忘れ難い思い出となっていた。その後、一九三〇年代の終わりまで、ベルリーンの「ペスタロッチー＝フレーベル館」で幼稚園ならびに小学校低学年のための教師の養成に尽力し、あるいは、ささやかなユダヤ人小・中学校の教師として子どもたちの教育に携わった。しかし一九三九年七月、ナチスの弾圧政策とユダヤ人迫害に身の危険を感じ、スコットランドのエディンバラに亡命した。その間ドイツでは一家離散し、彼女の身内はすべてナチスのために殺害された。一九四四年にエディンバラ大学のドイツ語の時間講師ならびに同市の師範学校の代用教員としての職を見いだすまで、彼女は異国の地での知己のない孤独な貧しい歳月を家政婦となって過ごした。一九七六年三月、エディンバラ大学を辞するまで三〇余年間、同大学のドイツ語の講師ではあったが、それも決して彼女にふさわしい職種ではなく、正式な大学講師の称号も与えられてはいなかったようである。むしろ彼女の半生は、もっぱらペスタロッチーの研究にささげられていたといってよい。前記の学位論文のほかに、『ペスタロッチーの理想の女性、ゲルトルート』（一九五三年）、『ペスタロッチー―人間と事業』（一九五七年）、『ペスタロッチーとイギリスならびにアメリカとの関係』（一九六五年）等々の執筆活動、とりわけ、『ペスタロッチー著作全集』（校訂版）第二六・二七巻の共同編集者としての業績は、特筆に値する。彼女の数奇な生涯にとって、ペスタロッチーは彼女の心の支えであった。（備考：Käte Silber. *PESTALOZZI～Der Mensch und sein Werk.* 1957. 前原　寿訳『ペスタロッチー～人間と事業～』岩波書店、一九八一年。《訳者後書きより、ケーテ・ジルバーについて要約した。》

（86）*Pestalozzi Sämtliche Werke.* 1939. 13. Band. s, 52以下参照。

（87）Käte Silber. *PESTALOZZI～Der Mensch und sein Werk.* 1957. *s,* 104.

（88）dito, ss, 243–244.

（89）dito, *s,* 246.

第４章

（1）*Pestalozzi Sämtliche Werke.* herausgegeben von Artur Buchenau Eduard Spranger Hans Stettbacher. 13. Band, 1932.（181～359）、長田新訳「ゲルトルートはいかにしてその子を教うるか」長田新編『ペスタロッチー全集』第八巻、平凡社（一九七四）、鰺坂二夫訳「ゲルトルートは如何にしてその子等を教うるか」『世界教育宝典ペスタロッチ（3）』玉川大学出版部（一九五二）、長尾十三二・福田弘訳『ゲルトルート児童教育法』明治図書（一九七六）等を参考とした。さらに、Käte Silber, *Pestalozzi～Der*

Mensch und sein Werk. 1957. およびこの書の訳書、『ペスタロッチー～人間と事業～』前原寿訳を参考にした。

（2）ザルツマン（Salzmann, Christian Gotthilf 1744～1811）、ペスタロッチーと同時代を生きた。汎愛派に属する著名な教育実践家であり多くの著作を残している。イエナ大学で神学を修め牧師となり、民衆の惨状に接して、民衆救済の方途として民衆教育の重要性に着眼するようになった。一七七四年にゴータ公エルンスト二世後援を得てシュネッペェンタールに自分の学校を創設して、生涯を自己の教育理念に基づく教育実践に精力的に取り組んだ。ザルツマンのめざす教育目的は「健康で壮快で理性的で善良な人間を形成する」ことであった。教育実践家として著名であったばかりか、教育著作家としても名声を博していた。代表的著作として『蟹の小本～不合理な児童教育法』（一七八〇）、『コンラート・キーファー～合理的な児童教育法』（一七九六）、『蟻の小本～合理的な教育者教育法』（一八〇六）など有名である。研究書として“*C. G. SALZMANN-BIBLIOGRAPHIE*” Unter Berücksichtigung von Besitznachweisen in Bibliotheken, herausgegeben von Wolfgang Pfauch und Reinhard Röder. (1981). 拙論『わが国におけるザルツマンの教育思想の受容』流通経済大学論集、vol, 18-4. (1984)

（3）ケーテ・ジルバー（Käte Silber 1902-1979）は、第二次世界大戦後におけるペスタロッチー研究の新しい世界を拓いた代表者の一人として高く評価されているので、ここで彼女の苦難に満ちた生涯について述べておきたい。彼女は、東部ドイツに生まれポーランドのボーゼンでギムナジュウムを終えたあと、一九二七～三一年までベルリーン大学でドイツ文学・歴史ならびに哲学を専攻し、シュプランガーのもとで一九三二年、『アンナ・ペスタロッチー＝シュルテスとペスタロッチーをめぐる婦人たち』（“Anna Pestalozzi-Schultheß und der Frauenkreis und Pestalozzi” 1932）という論文で、哲学博士の学位を取得した。一九三〇年代におけるナチスの台頭は、この俊才の運命を大きく左右した。ユダヤ系なるがゆえに市民権を剥奪され、一切の公職から閉め出されたが、当時の逼迫した状況のなかで数年間、恩師シュプランガー教授の助手として物質的・精神的に支えられペスタロッチー研究に専念できたことは、彼女の生涯において忘れ難い思い出となっていた。その後一九三〇年代のおわりまで、ベルリンの『ペスタロッチー＝フレーベル館』で幼稚園ならびに小学校低学年のための教師の養成に尽力した。さらに、ささやかなユダヤ人学校の教師として、子どもたちの教育に携わった。しかし、一九三九年七月、非人道的なナチスの弾圧政策とユダヤ人迫害に身の危険を感じ、スコットランドのエディンバラに亡命した。その間ドイツでは一家離散し、彼女の身内はすべてナチスのために殺害された。一九四四年にエディンバラ大学のドイツ語の非常勤講師ならびに同市の師範学校の代用教員としての職を見いだすまで、彼女は異国での知り合いのない孤独な貧しい歳月を家政婦となって過ごした。一九七六年三月、エディンバラ大学を辞するまで三〇余年間、同大学のドイツ語の講師ではあったが、それは決して彼女にふさわしい職種ではなく、正式な大学講師の称号も与えられてはいなかったようである。むしろ彼女の半生は、もっぱらペスタロッチーの研究に捧げられたといってよい。学位論文のほかに、『ペスタロッチーの理想の女性、ゲルトルート』（一九五三年）、主著『ペスタロッチー・人間と事業』（一九五七年）など多数の執筆活動、とりわけ、『ペスタロッチー著作全集』（校訂版）第二六・二七巻の共同編集者としての業績は、特筆に値する。このことからもうかがえるように、その数奇な生涯にとってペスタロッチーはジルバーの心の支えであり、導きの星であったのではなかろうか。

（4）Käte Silber, *Pestalozzi, Der Mensch und sein Werk*. 1957, s, 126.

（5）ペスタロッチー・ハウス（Pesutalozzihau）は、ブルグドルフの下町の Kornhausgasse 7, Burugdorf BE. に現在もある。

（6）Käte, Silber. dito, ss, 126–7.

（7）*Pestalozzi Sämtliche Werke*. 13. Band. Schriften aus der Zeit von, 1799–1801. bearbeitet von Herbert Schönebaum, Kurt Schreinert. 1932. ss, 272–3.

（8）Eduard Spranger. *Pestalozzis Denkformen*. 1961, s, 55. なお、吉本均の翻訳『ペスタロッチー研究・教育の思考形式』（明治書院、一九六二）の「日本語版への序文」のなかで、シュプランガーはこの書の意義を次のように述べている。「ペスタロッチーは、彼の時代にも、後世にも、ほかの多くの点でも、重要な貢献は、まことに、彼が真の国民学校の思想を把握したということ、つまり、単に特権階級に対してではなく民衆のすべての子どもたちに対して平等に定められた学校という思想、そしてすべての子どもを、単に彼らの生計維持や社会の単なる自己保存のためではなく、完全に発達した人間にまで教育する学校という思想を把握した点に在ると言えよう」。

（9）*Pestalozzi Sämtliche Werke*. 13. Band, Schriften aus der Zeit von 1799–1801. bear beitet von Herbert Schönebaum Kurt Schreinert (1932). s, 183.

（10）dito, s, 184.

（11）現在はブルグドルフ歴史博物館（Schlossmuseum Burgdorf）となっている。この薄暗い博物館のなかには、ペスタロッチーが民衆の子どもたちを教えるのに使った教具・教材も展示されている。

（12）"Wesen und Zwech der Methode" (1802). この論文は、ペスタロッチーの生存中には印刷されなかった。この論文は『ゲルトルートはいかにしてその子を教うるか』の縮図版と云ってもよい。彼がその著作において追求した認識・技能および宗教教育、道徳教育はこの論文において、内容的にも形式的にも実によく洗練され、極めて整然と定式化されている。したがって、この論文はペスタロッチーのメトーデの本質的なものの良き展望を与えるものであるといえる。この論文は、*Pestalozzi Sämtliche Werke*. 14. Band. Schriften aus der Zeit von 1801–1803. bear beitet von Emanual Dejung, Walter Feilichfeld, Fales Walter Klauser, Alfred Rufer, Herbert Schönebaum.1952. 所収第一四論文。Denkschrift an die Pariser Freunde über "Wesen und Zweck der Methode".Dezember 1802.

（13）*Pestalozzi Sämtliche Werke*. 13. Band. dito, s, 183.

（14）dito, s, 183.

(15) dito, s, 184.
(16) dito, s, 184.
(17) dito, s, 202.
(18) dito, ss, 202–203.
(19) dito, ss, 205–209.
(20) dito, s, 211.
(21) dito, s, 221.
(22) dito, ss, 221–222.
(23) dito, s, 223.
(24) dito, ss, 224–225.
(25) dito, s, 225.
(26) dito, s, 226.
(27) dito, s, 227.
(28) dito, s, 230.
(29) dito, ss, 231–232.
(30) dito, s, 233.
(31) dito, s, 233.
(32) dito, s, 235.
(33) dito, s, 237.
(34) dito, s, 238.
(35) dito, s, 239.
(36) dito, s, 240.
(37) ドゥ・ガン (Roger de Guimps) *Histoire de J. H. Pestalozzi*, sa vie et sa pensee, 1874. 新堀通也訳『ペスタロッチ伝—その生涯と思想—』学芸図書、一九五五、二五七頁。
(38) *Pestalozzi Sämtliche Werke*, 13. Band. s, 240.
(39) dito, s, 241.
(40) dito, s, 241.

(41) dito, s, 242.
(42) dito, s, 242.
(43) dito, s, 243.
(44) dito, s, 244.
(45) dito, s, 247.
(46) dito, s, 248.
(47) dito, s, 248.
(48) *Pestalozzi Sämtliche Werke*, 13. Band, Schriften aus der Zeit von 1799–1801. be-arbeibeitet von Herbert Schönebaum, Kurt schreinert. "Die Methode, Eine Denks chrift Pestalozzi's, 27. Juni 1800. この『メトーデ』は、ブルグドルフの小学校におけるペスタロッチーの成功を心から喜んだ彼の協力者シュタップァーは、ペスタロッチーのとかく軽視されがちの教育思想を広めるために、一八〇〇年の一月「教育協会」をつくった。この協会の求めに応じてペスタロッチーが自ら説明書を作ったのが、この『メトーデ』(Methode) である。ペスタロッチーの『メトーデ』は狭く教育の方法のみを意味するものではない。そうではなくて人間教育の全体をとらえて彼は「方法」と呼んでいる。この『メトーデ』はペスタロッチーの教育論の最初の組織的理論的叙述として重要な位置を占めている。そうした意味から、この『メトーデ』は彼の教育論の序曲といえる。
(49) dito, s, 13. Band. Schriften aus der Zeit von 1799–1801. be-arbeitet von Herbert Schönebaum, Kurt Schreinert. s, 249.
(50) Käte Silber. dito, s, 129, 参照：ジルバーは《直観 (Anschauung)》を次のように説明している。《直観》はペスタロッチーのすべての概念のうちで最も難解なものである。なぜなら、この概念は極めて多義であり、しかもそのなかには彼の人生観の二つの側面が交錯しているからである。一つは、コメニウスや汎愛主義者たちのように、「感覚的直観」で使っている場合と、彼のいう、ただ目によるだけではなく五官による事物の把握と考えている場合である。受動的ではなく、能動的な力として捉えている。
(51) dito, ss, 250–251.
(52) dito, s, 252.
(53) dito, s, 252.
(54) dito, s, 253.
(55) dito, s, 254. ペスタロッチーがここでいう《悟性 (Verstand)》は、カントのいうように感性に与えられたものを認識へと構成する能力で理性と感性の中間にあり、科学的思考の主体として《明晰》な思考へと導くものとして捉えている。
(56) dito, s, 254.
(57) dito, s, 255.

(58) dito, s, 256.
(59) dito, s, 257.
(60) dito, s, 257.
(61) dito, s, 258.
(62) dito, s, 260.
(63) dito, s, 265.
(64) dito, s, 266.
(65) dito, s, 281.
(66) dito, s, 297.
(67) dito, s, 298.
(68) dito, s, 298.
(69) dito, s, 299.
(70) dito, s, 304.
(71) dito, s, 305.
(72) dito, s, 305.
(73) dito, s, 306.
(74) dito, s, 308.
(75) dito, s, 308.
(76) dito, s, 308.
(77) dito, s, 309.
(78) 読み・書き・算の三つの能力は、産業構造の急激な変化のなかで素朴なスイスの農村地帯まで商品経済が浸透し、農村分解が急速に進行して行くなかで、貧しい農民の子どもたちは、読み・書き・算といった基礎能力を身につけることが焦眉の課題であった。
(79) dito, s, 310.
(80) dito, s, 322.
(81) ドゥ・ガン (Roger de Guimps 1812-1894) *Histoire de K. H. Pestalozzi*, sa vie et sa pensee, 1874. 新堀通也訳『ペスタロッチ伝―その生涯と思想―』学芸図書（一九五五）二八七頁。

(82) dito, ss, 310–311.
(83) dito, s, 311.
(84) dito, s, 321.
(85) dito, s, 322.
(86) dito, s, 322.
(87) dito, s, 322.
(88) dito, ss, 323–4.
(89) dito, s, 327.
(90) dito, s, 328.
(91) dito, s, 329.
(92) dito, s, 334.
(93) dito, s, 334.
(94) dito, s, 334.
(95) dito, s, 335.
(96) dito, s, 335.
(97) dito, s, 336.
(98) dito, s, 337.
(99) dito, s, 338.
(100) ペスタロッチーは、人間的感性の豊かさをどのように育てるか大きな課題としながらも、この論究は、第一二の書簡では途中で終わっている。別な機会とは、『体育躯論』(一八〇七)のなかで論究している。
(101) dito, s, 339.
(102) dito, s, 340.
(103) dito, s, 341.
(104) dito, s, 341.
(105) dito, s, 341.
(106) dito, s, 342.
(107) dito, s, 342.

(108) dito, s, 342.
(109) dito, ss, 343-4.
(110) dito, s, 344.
(111) dito, s, 349.
(112) dito, s, 349.
(113) dito, s, 350.
(114) dito, s, 351.
(115) dito, s, 352.
(116) dito, s, 353.
(117) dito, s, 354.
(118) dito, ss, 354-5.
(119) Käte Silber, *Pestalozzi, Der Mensch und sein Werk.*（1957）*s*, 138.
(120) *Johann Heinrich Pestalozzi*, Sämtliche Werke. Kritische Ausgabe. 13, Band. *s*, 356.
(121) dito, ss, 355-6.
(122) Roger de Guimps, *Histoire de J. H. Pestalozzi*, sa vie et sa pensee, 1874. 新堀通也訳『ペスタロッチ伝―その生涯と思想―』学芸図書、一九五五、二八二―三頁。
(123) Käte Silber, *Pestalozzi, Der Mensch und sein*, Werk.（1975）ss, 133-4.

第5章

（1）ヘルヴェーツィア協会（Helvetische Gesellschaft）はスイス連邦諸国の代表的知識人たちの社交団体であった。ペスタロッチーは一七七四年から会員であった。
（2）*Heinrich Pestalozzi Gesammelte Werke in zehn Banden*, Heinrich Pestalozzi Politische Schrifteb seit 1798. "Rede, die ich als diejähriger Präsident der helvetischen Gesellschaft den 26, April 1826 in Langenthal gehalten. *s*, 473. 参照『ランゲンタールの講演』大槻正一訳、『ペスタロッチー全集』第一二巻、平凡社（一九五九年）。
（3）Hans Barth. は、スイスのチューリッヒ大学教授で新進気鋭のペスタロッチーの研究者である。
（4）Hans Barth, *Pestalozzis Philosophie der Politik.* 1954. *s*, 32.
（5）「愛国者団」（Patrioten）とは、学生たちが加入していた歴史―政治結社であり、退廃した社会を改革しようとする一種の青年運動であった。
(6) ルソーの『エミール』(一七六二)はペスタロッチーの社会批判と「自然に還れ」の合自然の思想に大きな影響を与えた。綾部知子『ルソーの教育思想抄』(『エミール』に教育の原点をもとめて)アルベール書房(一九九一年)。
(7)『ランゲンタールの講演』解題(長田新)『ペスタロッチー全集』第一二巻、平凡社(一九五九年)四一六頁を参照。
(8) *Heinrich Pestalozzi Politische Schriften seit 1798*. s, 474.
(9) dito, ss, 474–5.
(10) dito, ss, 475–6.
(11) dito, s, 477.
(12) dito, s, 490.
(13) この点については、マックス・ヴェーバー(Max Weber)の『プロテスタンティズムの倫理と資本主義の精神』(一九二〇、大塚久雄訳、岩波書店)で営利の追求を敵視するピューリタニズムの経済倫理が実は近代資本主義の生誕に大きく貢献したという歴史の逆説を究明した画期的な論考がある。
(14) *Heinrich Pestalozzi Politische Schriften seit 1798*. ss, 494–5.
(15) dito, s, 498.
(16) dito, s, 511.
(17) dito, s, 511.
(18) dito, s, 514.
(19) dito, s, 514.
(20) dito, s, 515.
(21) dito, s, 516.
(22) dito, s, 520.
(23) dito, s, 520.
(24) dito, s, 523.
(25) dito, s, 538.
(26) Käte Silber. *pestalozzi der Mensch und sein Werk*. 1957. s, 235.
(27) ランゲンタールの講演の『教育について』の部分である。この部分については、テキスト(2)に所収されている。Johann Heinrich Pestalozzi. *SÄMTLICHE WERKE,* (Kritsche Ausgabe) Band 28. ss, 1–21. 表題は“Versuch einer Skizze über das Wesen der Ldee

der Elementarbildung und über meine Lebensbestrebungen, die hohe Idee in ein heiteres Licht zu setzen und die Möglichkeit ihrer Anwendung in die Augen fallen zu machen, von H. Pestalozzi. 1826. である。

（28）Johan Heinrich Pestalozzi. *SÄMTLICHE WERKE* (kritsche Ausgabe) s, 21.

（29）「アーギス」（Agis）は、ペスタロッチーが一七六五年二〇歳のときに「愛国者団」の一員として、その機関誌に発表した論文である。内容は都市共同体における《徳》を再興するためにリュクルゴルス（スパルタの立法者）の法律を更新しようとしたスパルタ王の事例を自分の町に紹介したものである。ペスタロッチーは古代に託して「自由と平等」の喪失、都市共和政体の退廃ならびに市当局の暴力を糾弾するものであった。今日と同じように当時にあっても、「政治的危機」はどこにあったか、と彼は問いただした。『アーギス』の論文とランゲンタールの講演との間には六〇年の歳月が流れているが、ペスタロッチーは生涯一貫して共同体（祖国スイス）を構成する市民の〈徳の再興〉に生涯全力を尽くしたといえる。

第6章

（1）「白鳥」は、死が近づいたことを知る時美しく歌うといわれている。ペスタロッチーも、今や、自分の生涯が終わりに近づいたことを考えないではおられなかったのであろう。過ぎ去った八〇年の下層民衆の教育に尽くした歳月の歩みを振り返って、この書物を書いたのである。その意味で、この書は、彼の思想的発展の総括ともいうべきもので、彼自身が苦難に充ちた歩みを振り返って、ペスタロッチー自身どう意味づけようとしているか興味深い。

（2）『ブルグドルフならびにイヴェルドンにおける学校長としてのわが生涯の運命』という表題である。友人のニーデラーとの不幸な争いは、ペスタロッチーの生涯の努力を実現するあらゆる希望と手段とを抹殺してしまった。ペスタロッチーはノイホーフに敗残者のような気持ちで帰った。自己の生涯を概観して、特にブルグドルフとイヴェルドンにおける学校長としての志なかばで挫折せざるを得なかった事情を自伝的に綴ったものである。

（3）*Johann Heinrich Pestalozzi Sämtliche Werke*. 28 Band. 1976. "Pestalozzi's Schwanengesang. 1826. s, 55

（4）dito, s, 55.

（5）dito, s, 56.

（6）dito, s, 56.

（7）Eduard Spranger（1882-1963）. ベルリン大学でパウルゼンやディルタイに学び、フンボルト研究（「W・v・フンボルトと教育制度改革」）によって学会にデビューした。ベルリン大学教授（一九二〇—一九四五）となり、この間、ディルタイ流の「了解」の原理を歴史研究や人物研究に適用し—『文化と教育』（一九一九）など、他方では心理研究—『生の諸形式』（一九二一）などによって、独自の文化解釈を樹立、教育作用では客観的文化の主観化など規定して、文化教育学の代表者となった。しかし、彼は政治権力の動向に対しては、追従的であり、ナチス支配下においても日独交換教授として来日（一九三六）するなど、ノール（Nohl Herman 1879-1960）やリット（Litt Theodor 1880-1962）と比較すると、体制協力的態度が目立った。敗戦後はチュービンゲン大学教授（一九四六―五二）に迎えられ、哲学・教育学を講じたが、その影響は昔日に及ばなかった。教育史研究やペスタロッチー研究など広い領域にわたって独自の業績を残した。チュービンゲン大学におけるシュプランガーの後任がボルノー（Bollnow, Otto Friedrich　1903-1982）である。

（8）Käte Silber（1902-1979）. ホーランドのギムナージュムをおえたのち、一九二七〜三一年までベルリン大学でドイツ文学・歴史ならびに哲学を専攻し、シュプランガー教授のもとで一九三二年、『アンナ・ペスタロッチー＝シュルテスとペスタロッチーをめぐる婦人たち』（“Anna Pestalozzi＝Schulthess und der Frauenkreis um Pestalozzi” 1932）という論文で哲学博士の学位を取得した。一九三〇年代におけるナチスの台頭は、彼女の運命を大きく左右した。ユダヤ系なるがゆえに市民権を剥奪され、一切の公職から締め出されたが、当時の逼迫した状況の中で数年間、恩師シュプランガー教授の助手として物資的・精神的に支えられ、ペスタロッチー研究に専念できたことは、彼女の生涯において忘れ難い思い出となっていた。一九三〇年代の終わりまで、ベルリンの「ペスタロッチー＝フレーベル館」で幼稚園ならびに小学校低学年のための教員養成に尽力し、またささやかなユダヤ人小・中学校教師として働いた。一九三九年七月、ナチスの弾圧政策とユダヤ人迫害に身の危険を感じ、スコットランドのエディンバラに亡命した。その間一家は離散し、彼女の身内はすべてナチスのために殺害された。一九四四年にエディンバラ大学のドイツ語の時間講師ならびに市の師範学校の代用教員として職を見いだすまで、彼女は異国での知己のない孤独な貧しい歳月を家政婦となって過ごした。彼女の半生は、もっぱらペスタロッチーの研究に捧げられたといってよい。学位論文のほかに、『ペスタロッチーの理想の女性、ゲルトルート』（一九五三）、『ペスタロッチー〜人間と事業〜』（一九五七）など、とりわけ『ペスタロッチー著作全集』（校訂版）第二六・二七巻の共同編集者としての業績は大きい。彼女のこの数奇な生涯にとって、ペスタロッチーは彼女の心の支えであり、導きの星であった。

（9）*Pestalozzi Sämtliche Werke*. 28. Band. 1976, “Pestalozzi's Schwanengesang”. Vorrede, s, 55.

（10）dito, s, 56.

（11）*Johann Heinrich Pestalozzi: Sämtliche Werke*. 1896, Hg, von L. W. Seyhorth. 12 Bande, Vorrede.（ザイファルト版、序文）

（12）Eduard Spranger. *Pestalozzis Denkformen*. 1959, s, 117. 一九四七年版には “Das Lebe bildet”. Analyse von Pestalozzis “Schwanengesang” は収録されていない。

（13）Käte Silber. *Pestalozzi, Der Mensch und sein Werk*. 1957. s, 223.

（14）*Pestaozzi Sämtliche Werke*. 28 Band.（1976）“Pestalozzis Schwanengesang”. 1826. 第一部は “Schwanengesang” s, 57〜s, 208.

（15）dito. 第二部は “Schwanengesang” s, 209〜286.

（16）Käte Silber, *Pestalozzi, Der Mensch und sein Werk.* 1957. s, 223.
（17）*Pestalozzi Sämtliche Werke.* 28, Band. 1976. s, 56.
（18）dito, s, 57.（この書と共に出る書とは『わが生涯の運命』(*Meine Lebensschic Ksale als vorstener meiner Erziehungsinstiute in Burgdorf und Iterten.*）を指している。
（19）dito, s, 57.
（20）dito, s, 57.
（21）dito, s, 59.
（22）一般力（Gemeinkraft）は人間に備わる人間的素質（心情・精神・技術力の素質）というものを指している。「善さへの意欲、知力、能力」の総体と考えてもよい。人は誰でも「善くなろうと」という善さへの憧れを心の内奥に抱いているものである。プラトン的にいうならば《愛（Eros)》と呼びうるものと考えてよい。
（23）*Pestalozzi Sämtliche Werke.* 28. Band. 1976. s, 60.
（24）dito, s, 62.
（25）dito, s, 62.
（26）dito, s, 62.
（27）dito, s, 62.
（28）dito, s, 63.
（29）dito, s, 63.
（30）dito, s, 63.
（31）dito, s, 66.
（32）dito, s, 259.
（33）dito, s, 260.
（34）dito, s, 260.
（35）dito, s, 261.
（36）dito, s, 212.
（37）ペスタロッチー家の家系図によれば兄、Johann Baptist（一七四五―一七八〇）（消息不明）、妹、Anna Barbara（一七五一）に生まれ一七七七年にライピチヒの大商人と結婚した。Pestalozzi-Worte. Lebensweisheit eines Menschenfreundes. von. K. Schwalm. (1926) s, 29.

(38) dito, s, 213.
(39) dito, s, 215.
(40) dito, s, 217.
(41) dito, s, 221.
(42) ルソーはジュネーヴの時計師の子で、少年時代に孤独の身となったが、徒弟奉公の半ばで飛び出し、放浪生活ののちヴァランス夫人のもとに身を寄せて（一七三一）、独学に努め、三〇歳でパリに出た。やがてディジョンのアカデミーの懸賞論文に応募した『学問芸術論』（一七五〇）によって名を挙げ、その後『人間不平等起源論』（一七五五）、『社会契約論』（一七六二）、『エミール』（一七六二）によってついにヨーロッパの思想界の寵児となった。彼の教育思想は、ペスタロッチーなどへの影響を通して、近代教育学の成立に道を開いたこと、特に子どもの人権を認めたことなど彼の功績として記憶されるべきである。
(43) *Pestalozzi Sämtliche Werke*, 28. Band. 1976. s, 224.
(44) アンナ・シュルテス（Anna Schulteß）は、ノイホーフ（Neuhof）で一七六九年三一歳の時、二三歳のペスタロッチー（Johann Heinrich Pestalozzi）と結婚した。「なぜあんな粗野な男と結婚する気になったのか」と問われたアンナは、「だってあの人は美しい心をもっていますもの」と答えた。アンナは四六年の長きにわたって貧しき人の友、人類の恩人、教育の改革者であったペスタロッチーの献身的事業の伴侶として、ふさわしき妻として、彼を支え、一八一五年一二月一一日に七七歳でイヴェルドンで亡くなった。
(45) *Pestalozzi Sämtliche Werke*. 28. Band. 1976. s, 225.
(46) dito, s, 227.
(47) dito, s, 228.
(48) dito, s, 232. Käte Silber, Anna Pestalozzi-Schulthess und der Frauen-Kreis um Pestalozzi. 1932. ss, 125–162（参照）
(49) dito, s, 243.
(50) dito, s, 244.
(51) dito, s, 255.
(52) dito, s, 256.
(53) dito, s, 259.
(54) dito, s, 260.
(55) dito, s, 284.
(56) dito, s, 285.

（57）dito, s, 286.
（58）dito, s, 286.
（59）dito, s, 286.
（60）dito, s, 286.
（61）Käte Silber, *Pestalozzi, Der Mensch und sein Werk*. 1957. s, 230.
（62）*Pestalozzi Sämtliche Werke*. 28. band. 1976. s, 286.

第7章

（1）玖村敏雄『ペスタロッチーの生涯』（改訂版）玉川大学出版部、一九四八。初版は、一九二七年に『ペスタロッチー全集』の第一巻に収められていたものを敗戦直後の昭和二三年春に独立させたものである。この書は、八〇年を経過しているがわが国におけるペスタロッチー研究書として貴重なものである。
（2）Käte Silber, *pestalozzi, Der Mensch und Sein Werk*. 1957, s, 236.
（3）ノイホーフの案内資料、"Neuhof"; Stiftung Schweizerisches Pestalozzheim Birr. 2001. 内容は、1. Neuhof-Geschichte　2. Berfusausbildung ① Die Landwirtschaft ② Die Gärtnerei ③ Die Schreinerrei und die Zimmerei ④ Die Metallbau ⑤ DIE Malerei ⑥ Die zentralküche　3. Einweihungen　4. Berufsschule Neuhof　5. Die Wohngruppen　6. Frezeit Erlebnisse. 全寮制で指導者もそこで学ぶ青少年たちによる共同生活である。
（4）H. Morf. *Zur Biographie Pestalozzi*, 4bde, Winterthur. 1868–89. Vol, 4, s, 612.
（5）*Johann Heinrich Pestalozzi, Sämtliche Werke*. Hg. von L. W. Seyffarth. 1896. vol. 12. s, 179.
（6）Käte Silber. *Pestalozzi-Der Mensch und sein Werk*（Eduard Spranger: In Freund schft und Verehrung）1957. s, 238.
（7）L. W. Seyffarth. dito, vol. 12. s, 546.
（8）K. Silber. dito, s, 240.
（9）J. H. Pestalozzi の家系についてみると、ペスタロッチーの息子 Johann Jaeques（一七七〇—一八〇一）は、一七九一年に Anna Magdalena Fröhlich と結婚し、Marianne（一七九四—一八〇三）と Gottlieb（一七九八—一八五三）が生まれる。ペスタロッチーの孫の Gottlieb は一八二二年に Katharina Schmid と結婚し、一人息子 Heinrich Karl Pestalozzi（一八二五—一八九〇）が生れる。Karl はチューリッヒ工科大学教授・学長を勤めるが、独身であったため、Pestalozzi の家系は終わった。Pestalozzi-Worte, dito, S, 29.
（10）K. Silber. dito, s, 240.

(11) ペスタロッチー最期の家の住所は、Hauptstrasse, Old City, Brugg AG. である。
(12) K. Silber. dito, s, 241.
(13) Pestalozzi-Worte (Lebensweisheit eines Menschfreundes) von K. Schwalm. (1926) s, 26. (Birr, altes schulhaus mit Pestalozzis Grab)
(14) K. Silber. dito, s, 241.
(15) K. Silber. dito, s, 241.
(16) Pestalozzi-Worte. dito, s, 256.
(17) H. Krusi. *Pestalozzi* (His Life, Work and Influence) van Amtwert. 1875. p. 58.
(18) 岸井敏『ペスタロッチー巡礼』シャローム印刷、二〇〇〇、六一—六四頁を参照した。
(19) この大理石記念碑の写真は、岸井敏氏のご好意により前掲の七九頁から転載させていただいている。
(20) 福島政雄『ペスタロッチー小伝』福村書店、一九四七、八九頁。Roger de Guimps. *Historie de J. H. Pestalozzi*, savie et sa pensée 1874. 新堀通也訳『ペスタロッチ伝』学芸図書、一九六三、四四八頁。
(21) *Pestalozzi-Worte.* dito, s, 26.
(22) 岸井敏、前掲、八四頁。および中野光『ペスタロッチーをどう読んできたか』つなん出版、二〇〇五、七一—七二頁。
(23) 梅根悟『世界教育史』光文社、一九五五、二七九頁。
(24) K. Silber. dito, s, 243.
(25) L. W. Seyffarth. dito, s, vol. 12. s, 491.
(26) *Pestalozzi Sämtliche Werke 1.*band. Schriften aus der Zeit von 1766 bis 1780. Berlin und Leipzig. 1927. s, 265.
(27) 玖村敏雄、前掲、序文。
(28) K. Silber. dito, s, 246.

ま行

や行

ら行

わ行

は行

た行

な行

さ行

[事 項]

あ行

か行

索　引

［人　名］

［著者紹介］

黒澤　英典（くろさわ　ひでふみ）

1937年埼玉県秩父うまれ
武蔵大学名誉教授（教育学。教育史，教師教育学）
放送大学埼玉学習センター・プロジェクトアドバイザー
主な編著書
『戦後教育の源流』学文社（1994年）
『雑誌「公民教育（1931～1942）」（マイクロフィルム版）解題・総索引・目次』編著　雄松堂書店（1995年）
『私立大学の教師教育の課題と展望～21世紀の教師教育の創造的発展をめざして～』学文社（2006年）
『講座 教師教育学』日本教師教育学会10周年記念刊行（全３巻）共編者　学文社（2002年）
『道徳の理念と教育実践』共著　酒井書店（1981年）
『初期社会科実践史研究』共著　東京出版（1986年）
『高校社会「現代社会」の理論と実践』共著　酒井書店（1983年）
『現代社会の教育課題』共編著　学文社（1987年）
『社会科教育の理論と課題』中学校社会科教育実践講座 第１巻　共編著　酒井書店（1988年）
『高校初期社会科の研究』共著　学文社（1998年）
『教育実習の研究』共編著　ぎょうせい（1992年）
『信頼し合う教師と父母』学校改善実践全集（第23巻）共著　ぎょうせい（1986年）
『危機の時代～武蔵大学公開講座』共著　御茶の水書房（2000年）
『「居場所づくり」から「要場所づくり」へ』（練馬区地域教育力・体験活動推進協議会）共編著　学文社（2006年）
『教師をめざす人の介護等体験ハンドブック』（４訂版）共編著　大修館書店（2014年）

他多数

ペスタロッチーに還れ
――教育的格差・貧困・偏見に挑む――

2015年９月１日　第１版第１刷発行
2018年８月６日　第２版第１刷発行

著者　黒澤　英典

発行者　田中千津子
発行所　株式会社 学文社
〒153-0064　東京都目黒区下目黒3-6-1
電話　03(3715)1501(代)
FAX　03(3715)2012
http://www.gakubunsha.com

印刷所　新灯印刷

ISBN978-4-7620-2809-0